인도네시아 주식 투자의 거의 모든 것

투자의 거의 모든 것
인도네시아 주식

고도성장하는 인구 대국의 잠재력에 투자하는 법

노영래 지음

○ WATER BEAR PRESS

추천의 글

이 책은 현재 동남아시아 및 인도네시아에 관심 있는 투자자는 물론 업계 종사자 그리고 미래를 준비하는 모든 투자자에게도 중요한 가이드가 될 것이다. 학부 시절부터 교수로 저자를 지켜봤는데, 경영학과 말레이·인도네시아 지역학을 이중 전공하고 인도네시아 정부초청장학생으로 중부 자바의 명문인 디포네고로대학교Universitas Diponegoro에 해외 연수를 다녀올 정도로 저자는 오랜 기간 인도네시아에 관심을 가지고 유심히 관찰해왔다. 전문적인 금융 지식을 바탕으로 동남아시아의 가능성에 투자하는 저자를 응원한다.

한국외국어대학교 말레이·인도네시아어과 **서명교** 교수

이차 전지 재료 관련 업무를 여러 해 해오면서, 니켈 자원이 풍부한 자카르타 및 술라웨시섬 등 여러 곳을 방문하고, 사업 진출 방안에 대해서도 많은 고민을 했었다. 인도네시아는 풍부한 자원과 약 3억 명의 인구, 상대적으로 개방적인 정부 등 충분한 성장 잠재 요소를 보유하고 있어 매력적이다. 하지만 투자 실패 사례도 적지 않아서 깊은 고민을 할 수밖에 없었다. 인도네시아에 대한 정확한 이해와 준비를 하지 않으면 투자가 실패하기 쉽다. 사업 진출을 검토할 당

시에 이 책이 있었다면 고민의 시간이 많이 줄었을텐데 아쉬울 따름이다.

　이 책은 인도네시아 자본시장과 산업을 디테일하게 파헤치고 중요한 정보들을 정리했다. 인도네시아 투자를 고민하는 투자자나 인도네시아 진출을 검토 중인 기업인에게는 좋은 가이드가 되어 줄 것이다.

에코프로 전 부사장 박상욱

인도네시아는 세계 4위 인구 대국을 넘어 세계 5대 경제 대국의 비전을 품고 발전에 박차를 가하고 있다. 미국이나 중국을 비롯한 여러 나라에서 협력을 모색할 만큼 급성장하는 신흥국이며, 한국 역시 인도네시아를 중요한 미래 파트너로 보고 있다. 이런 상황에서 인도네시아 투자 환경을 탐색하기 더 없이 좋은 내용으로 가득한 책이다. 저자의 부지런함과 남다른 안목이 인도네시아와 동남아 국가의 투자 이해도를 넓히는 나침반이 되어 줄 것이다.

NH투자증권 Premier Blue 강남센터 김대희 이사

세상은 빠르게 변화하고 있고, 투자 시장 환경도 그에 따라 급변하고 있다. 특히 인도네시아를 중심으로 한 아세안의 약진이 눈에 띈다. 지켜보기만 하다가 레드오션이 된 후에야 뒤늦게 발을 담그지 말고, 지금 남들보다 한 발 앞서 아세안, 그중에서도 인도네시아 시장에 시선을 집중할 필요가 있다.

저자에게는 증권, 투자업계에서 찾기 힘든 아세안, 인도네시아 주식 전문가라는 점 외에도 특별함이 있다. 투자 흐름에 대한 이해와 핵심적인 정보를 빠르게 분석하는 능력이 탁월하다. 그런 그가 국내 투자자에게는 아직 생소한 인도네시아, 아세안 기업들을 역사, 문화적 배경과 경제, 시대적 흐름 속에서 분석하여 소개한다. 이 책이 성공적인 투자의 스펙트럼을 한 단계 넓혀주는 지침서가 될 것이라 확신한다.

NH투자증권 Premier Blue 강남센터 **조인호** 상무

저자와 함께 일을 하면서 놀랐던 점이 있다. 나이에 맞지 않게 노련한데, 역시 요즘 세대가 맞구나 할 정도로 20~30대 MZ 세대의 긍정적인 생각과 생활을 잘 보여주었다. 본인만이 가지고 있는 남

다른 역량과 인사이트를 이 책에서 볼 수 있었다. 직접 경험한 것들과 공부한 지식을 투자로 연결하고 누구나 이해할 수 있게 소개하는, 쉽지 않은 일을 해냈다.

이미 모두가 알고 있는 자산군에 투자하면 좋은 결과를 얻지 못하기에, 증권업에서 20년 넘게 고객의 자산을 관리하면서 늘 고민이 많았다. 이 책을 통해 인도네시아가 지속적으로 성장하는 자산군에 투자할 수 있는 좋은 기회의 땅이라는 사실을 깨달았다.

NH투자증권 WM법인본부장 **김진여** 상무

바야흐로 글로벌 자산 배분의 시대다. 발빠른 투자자는 인구 2억 7,000만의 성장하는 경제, 인도네시아에 주목하지만, 우리나라에서 인도네시아는 일반인들에게 생소하고 투자 정보는 특히 얻기 힘들다. 그런 상황에서 가뭄의 단비 같은 책이다. 디지털 경제, 중산층 소비, 산업화 투자, 배터리 산업까지! 인도네시아에 대한 값진 정보가 가득한 깊은 연구에 감사드린다.

《쉽고 재미있는 인도 투자하자》 저자 **강황맨**

차례

들어가며 15

1부_발 빠른 투자자는 인도네시아를 본다

1. 왜 인도네시아인가?
고도 성장하는 인구 대국의 잠재력 24

골드만삭스의 대전망
세계 4위 인구 대국의 잠재력
젊고 건강한 인구구조
박차를 가하는 도시 개발
최저임금으로 보는 인도네시아의 소비력
동남풍이 불고 있다
바뀌는 국제 질서, 높아지는 인도/아세안의 가치
미국이 선택한 중국 견제의 파트너
인도-아세안은 선택이 아니라 필수다
분산 투자의 최적지
도약의 토대를 다진 인도네시아

2. 인도네시아 이해하기
5가지 이야기로 인도네시아 맥락 잡기 58

① 무지개 분대의 메시지: 인도네시아의 이슬람 민족주의와 교육 59
  국민 영화 〈라스카 뻴랑이〉로 보는 인도네시아
  통합 국가의 구심점으로서 이슬람
  세련되고 진보적인 독특한 원리주의
  무함마디야와 인도네시아 교육
  인도네시아의 자원 민족주의

② 두 기업가 이야기: 살림 그룹으로 보는 인도네시아 기업　　　70
　　삼성과 살림, 출발은 비슷했다
　　내수 시장에 안주해버린 살림 그룹
　　화인 자본의 한계

③ 농끄롱과 무샤와라: 수다의 문화와 협의의 정치　　　77
　　수다쟁이들의 천국
　　다문화 국가를 유지하는 힘
　　무샤와라, 그리고 연합과 합의의 정치
　　최근의 선거 지형
　　선거의 결과와 인도네시아의 향방

④ 밍케의 이유 있는 반항: 인도네시아의 질곡, 자바주의　　　87
　　낮은 노동 생산성의 원흉과 그 기원
　　식민 통치 극복을 위한 '청년의 맹세'
　　수하르토의 독재와 공고해진 자바주의
　　프라무디야, 반-자바주의의 기치를 올리다

⑤ 인도네시아의 상처들: 쁘레만과 뽕리의 그늘을 너머　　　94
　　《아름다움 그것은 상처》와 인도네시아 현대사의 비극
　　쁘레만의 폭력과 묵인하는 관료 엘리트
　　안와르 콩고의 후회
　　고질적인 불법 갈취 관행 뽕리
　　조코위의 블루수깐 리더쉽과 부조리 척결

⑥ 그 외에 알아두면 좋을 몇 가지 이야기　　　102
　　수도 이전의 맥락과 의미
　　팔로워 800만의 블링블링 변호사 핫만 파리스
　　인도네시아의 못말리는 주술 사랑
　　순다랜드와 파푸아 문제

3. 인도네시아 증권 시장 이해하기
주식 매매 방법부터 증권 시장 특징까지   125

6,000억을 투자해 10조로 만든 투자자
인도네시아는 소액 주주나 외국인 주주에게 적대적이다?
중소형주보다는 대형우량주로 접근하자
인도네시아 주식 매매하기
인도네시아 산업 분류

2부_인도네시아 주식 투자, 어디에 할 것인가?

4. 기초소재 산업
아네까땀방[ANTM], 짠드라아스리[TPIA]   148

니켈 밸류체인에 미래를 건 인도네시아

종목 1 **아네까땀방[ANTM]**
이차 전지 산업 성장의 핵심 수혜주   151
인도네시아 대표 니켈 국영 기업
니켈 산업에서의 혁신이 가져온 기회
인도네시아 니켈 산업 현황
아네까땀방의 니켈 비즈니스

종목 2 **짠드라아스리[TPIA]**
폭증하는 신흥국 석유화학 제품 수요 수혜주   163
고도성장 국가의 심장에는 석유화학 기업이 있었다
인도네시아 유일 나프타분해시설 보유 기업
롯데케미칼로 보는 짠드라아스리의 잠재력
막대한 아세안의 석유화학 제품 예상 수요
지켜봐야 할 과제들

5. 에너지 산업
유나이티드트랙터스[UNTR], TBS에너지[TOBA]   180

인도네시아 에너지 산업의 지형

종목 1   유나이티드트랙터스[UNTR]
고도성장하는 아세안의 에너지 수요 증가 수혜주   184

탄탄한 실적과 재무구조
발전하는 아세안, 급증하는 에너지 수요
아세안은 아직 석탄이 필요하다
니켈 산업으로의 적극적인 진출

종목 2   TBS에너지우따마[TOBA]
확장되는 전기차 시장의 떠오르는 강자   194

전기차에 진심인 인도네시아
엄청난 규모의 캡티브 마켓
유력 정치인의 적극적 지원
인도네시아 전기 이륜차 생태계 핵심 브랜드, 일렉트럼

6. 필수소비재 산업
미뜨라끌루아르가[MIKA], 유니레버인도네시아[UNVR]   204

빠르게 증가하는 중산층 소비력
인도네시아 소비재 산업의 변화
중산층 성장 투자처 1: 헬스케어
중산층 성장 투자처 2: 필수소비재

종목 1   미뜨라끌루아르가[MIKA]
중산층 헬스케어 수요 증가 수혜주   210

인도네시아 최고 수익성의 병원 기업
수요 증가에 대응하기 위한 넉넉한 현금
뛰어난 비용 관리

종목 2   유니레버인도네시아[UNVR]
중산층 필수소비재 수요 증가 최대 수혜주   217

인도네시아 필수소비재의 왕
석유화학 산업 발전과의 시너지

7. 금융 산업
뱅크센트럴아시아[BBCA]   222

중산층 성장의 최대 수혜 섹터, 금융

종목 1 **뱅크센트럴아시아[BBCA]**
인도네시아 시가총액 1위 민영은행   224
- 인도네시아의 가장 건실한 민간은행
- 안정적인 인도네시아 금융 환경
- BCA 은행 현황

8. 인프라 산업
자사마르가[JSMR] 텔콤인도네시아[TLKM]   232

- SK텔레콤이 보여주는 인프라 산업의 가능성
- 빠르게 발전하는 인도네시아 인프라

종목 1 **자사마르가[JSMR]**
빠르게 확충되는 인도네시아 도로인프라 대장주   237
- 인도네시아 도로인프라 점유율 압도적 1위
- 도로 개발에 박차를 가하는 인도네시아
- 건실한 재무 구조와 성장 잠재력

종목 2 **텔콤인도네시아[TLKM]**
인도네시아 통신인프라 시장 독과점 기업   242
- 인도네시아 TMT 섹터 대표 주식
- 안정적인 배당금 수익

9. 테크 산업
씨리미티드[SE], 그랩[GRAB]   247

- 인도네시아의 삼성전자?
- 인도네시아의 FAANG을 찾자
- 인도네시아 테크 산업의 간략한 역사
- 인도네시아 3대 빅테크 개요
- GGS를 추격하는 테크 기업 3개

종목 1 씨리미티드[SE]
동남아시아의 아마존 259
게임사로 시작해 동남아의 아마존을 꿈꾸다
성공적인 이커머스 시장 진입
알리바바를 벤치마킹하다
아마존의 길을 가다
이커머스 기업의 가능성을 보는 두 가지 방법
아직 시장 크기 대비 낮은 시가총액
아마존의 과거와 비교하기
유사한 다른 기업과 비교하며 기업가치 따져보기
지켜봐야 할 것들

종목 2 그랩[GRAB]
아세안 6개국 점유율 1위 승차공유 플랫폼 282
아세안 주요 국가들의 국민 승차공유 플랫폼
빠르고 탄탄한 수익성 강화
지켜보면 좋을 요소들

마치며 288
참고 도서 및 읽을 거리 293

부록 1: 인도네시아 진출 한국 기업 10선 295
부록 2: 인도네시아 시가총액 상위 100개 종목 리스트 335
부록 3: 인도네시아 전 종목 리스트 342

일러두기
- 한글 전용을 원익으로 했으나, 필요한 경우에 원어나 한자를 병기했다.
- 인명 지명 등의 외래어 표기는 검색이 용이하고 널리 사용되는 표기를 따랐다.
- 책·신문·잡지 등의 제목은 《 》, 논문·기사·사설 등의 제목은 〈 〉으로 표기했다.
- 국내 출간 도서명은 국내 출간 제목을 따랐고, 미출간 도서명은 원제에 가깝게 옮겼다.

들어가며

"인도네시아요?"

증권사 PB로 일하며 좋은 투자처를 묻는 질문을 많이 받았는데, "인도네시아 쪽은 어떠세요?"라고 답하면 이런 반응이 돌아오곤 했다. 그만큼 인도네시아는 한국인에게 투자처로 낯선 것을 넘어 안중에도 없을 가능성이 높다. 자주 들어본 굴지의 기업이 있는 것도 아니고, 발리를 제외하면 여행지로서도 선호도가 높은 편이 아니며, 중국은 물론 인도나 베트남보다 신흥국 투자 관련해서 덜 언급되니 당연하다면 당연한 반응이다.

나라고 다르지 않았다. 경영학과 함께 말레이-인도네시아어를 복수 전공하기는 했지만, 처음부터 인도네시아에서 미래에 무엇을

할 것인가에 대한 구체적인 답을 갖고 공부한 것은 아니었다. 그러다 대학 시절 우연한 기회에 인도네시아 정부초청장학프로그램Darmasiswa을 통해 1년간 인도네시아 중부자바 중심도시 스마랑Semarang에 지낼 기회가 생겼다. 스마랑은 수도인 자카르타와는 달리 영어가 잘 통하지 않고, 최저임금은 자카르타의 절반 수준이었으며, 자카르타에서 밀려난 제조업 공장들이 세워지는, 인도네시아를 경험해 본 사람에게는 '그 먼 곳에서 고생하셨네요'라는 소리를 듣는 지역이었기 때문이다.

그러나 세계 3대 투자자 짐 로저스Jim Rogers가 《어드벤처 캐피탈리스트Adventure Capitalist》[1]에서 "어느 나라에 가든 술집 여주인이나 매춘부, 암시장의 중개인들을 만나 이야기해보는 게 그 나라의 장관을 만나 이야기하는 것보다 그 나라에 대해 훨씬 더 많이 배울 수 있다는 사실이다"라고 했던 말을 되새기자 생각이 바뀌었다. 이왕 몸도 마음도 편한 자카르타나 발리 같은 곳으로 가지 않게 된 김에 제대로 인도네시아를 겪어보고 오리라 마음먹었다. 그래서 현지인의 삶에 녹아들고자 건기에 물이 귀해지면 흙탕물 샤워를 강요당하기도 하는 꼬스Kos라는 현지식 고시원에서 지냈고, 과속방지턱을 넘으면 머리가 천장에 쿵쿵 부딪히는 현지식 마을버스 앙꼿Ang-

---

[1] 짐 로저스가 1999년부터 2002년까지 3년에 걸쳐 116개국을 일주한 내용을 담은 책이다. 그는 이 책을 통해 복잡한 금융 이론과 리포트에 파묻히는 것보다 여행을 하며 다른 나라의 삶과 경제를 체험해 본 것이 실질적으로 투자에 더 큰 도움이 될 수 있음을 몸소 보여준다.

kot에 껴 타고 이동했다.

시간이 날 때면 고층 건물이 즐비한 자카르타나 휴양 천국인 발리와 같은 여행 명소뿐 아니라 수마트라의 메단, 팔렘방, 방카-블리뚱 섬, 술라웨시의 마카사르, 토라자 등을 여행하며 넓은 인도네시아의 다채로운 문화를 가능한 많이 겪어보고자 했다. 한국과 달리 인도네시아는 수도에 인구 전체의 10분의 1밖에 살지 않기에 인도네시아에 어떤 가능성이 있는지를 보고자 한다면 수도 밖의 지역을 봐야한다고 생각해서였다.

사서 고생을 한 1년은 그만한 가치가 있었다. 그러지 않았다면 여전히 몰랐을 인도네시아의 가능성을 생생하게 느껴볼 수 있었다. 내가 머물렀던 1년 사이에도 스마랑 지역은 빠르게 변했다. 고작 1년 머물다 왔는데도, 도로 위 차량의 숫자가 많아지고, 교통 체증이 심해지는 것을 확인할 수 있었다. 도시 곳곳에 대형 쇼핑몰과 고급 주상복합 건물들이 세워지고 있었고, 길거리마다 쉽게 편의점을 찾아볼 수 있어 먹고 사는 데에 불편함을 겪지 않았다.

무엇보다 현지에 있으면서 인도네시아의 발전을 방해하는 요소가 기후나 문화와 같은 요소가 아니라는 생각이 강해졌다. 확답을 듣기 힘들고, 수시로 말이 바뀌고, 시간 약속을 엄격하게 지켜야 한다는 관념이 약해서 서구나 한국 문화에 익숙한 사람들은 답답해할 만한 지점은 있었지만, 그건 온화함과 배려심의 뒷면에 가까웠다. 인도네시아의 중산층에 가까운 사람이 많은 스마랑에서 내가

본 인도네시아는 사람들이 게을러서 성장하지 못하는 모습과는 거리가 멀었다. 더 나은 삶을 살고자 노력하는 활기가 있었다. 오히려 발목을 잡고 있는 것은 정치적인 요소들로 보였기에, 내 눈에는 잠재력을 터뜨리지 못하고 있는 가능성의 무대였다.

그렇게 인도네시아를 마음 속에 품고 살아가다가 대학을 마치고 증권사에 입사해 전문 투자자의 길을 가게 되면서 인도네시아의 가능성을 다시 한번 진지하게 검토해보게 되었다. 대학 시절의 여행으로 인도네시아가 큰 가능성을 품고 있는 지역이라는 사실을 몸으로 느꼈다면, 한국으로 돌아와 증권사에 다니면서는 인도네시아가 한국 사람들에게는 저평가되어 있는 매력적인 투자 대상이라 확신하게 되었다. 투자자의 시각에서 다양한 자료를 분석해봤더니, 여행을 다니던 시절보다 인도네시아의 가능성이 더 분명하게 눈에 들어왔다. 이 책은 내 눈에 들어온 인도네시아의 가능성을 좀 더 많은 사람들과 공유하고자 썼다.

동남아시아, 인도네시아 주식을 잘 선별하여 높은 변동성을 인내하고 장기투자한다면 초창기 아마존, 엔비디아와 같은 미래의 텐베거 종목을 발굴할 수 있지 않을까? 증권사 PB로 일하며 이런 생각을 항상 하곤 했다. 그러나 자료를 찾아보려고 해도 시중에 인도네시아의 인문, 지리를 다룬 서적은 어느 정도 있었으나, 투자 정보를 다룬 책은 많이 부족했다. '목마른 사람이 우물을 판다'는 말처럼, 이 분야에 대해 공부하다가 내친김에 책까지 기획하여 쓰게 되었다.

한국에 살면서 인도네시아의 가능성에 투자할 수 있는 방법은 현실적으로 주식 투자다. 인도네시아에서 사업을 벌이거나 부동산에 투자를 하기는 쉽지 않을테니까 말이다. 그래서 이 책에서는 주식 투자에 도움이 될 만한 정보를 주로 다룬다.

1부에서는 본격적인 산업이나 기업 정보를 다루기 이전에 인도네시아라는 시장 자체가 어느 정도의 가능성을 품고 있는지를 다루려고 한다. 1장에서는 아세안과 인도네시아의 '인구-경제-지정학'을 살펴본다. 다시 말해 현재 인구구조나 산업 발달 상황 등을 포괄하여 경제 성장과 발전 상황을 보고, 앞으로의 전망이 어떠할지를 따져본다. 인도네시아가 현재의 국제정치-국제경제 안에서 어떤 의미가 있는지를 분석해 인도네시아 시장의 전망을 가늠할 정보를 제공한다. 2장에서는 인도네시아의 '정치와 문화'를 소개한다. 정권의 세부 정보나 일상의 문화를 전달하는 것이 목적이 아니라, 인도네시아의 가능성과 리스크를 따져볼 수 있는 정보들을 다룬다. 3장에서는 인도네시아 증시 시장의 기본적인 특성을 다루어 인도네시아 주식에 투자할 때 염두에 두어야 하는 것과 인도네시아 산업의 전반적인 양상을 확인하려 한다.

2부에서부터 본격적으로 주식 투자에 직결되는 내용을 다룬다. 4장부터 9장까지는 인도네시아의 주요 산업들을 하나하나 살펴보면서 주목할 만한 기업들을 소개한다. 4장은 에너지, 5장은 기초소재, 6장은 헬스케어/필수소비재, 7장은 금융, 8장은 인프라, 그리고

9장은 인터넷 및 테크를 다룬다. 각 장은 각 산업 구분 내에서 구체적으로 주목할 만한 분야를 특정하고 그 분야에서 두각을 드러내는 기업 2개를 투자 포인트와 함께 소개한다. 더 많은 기업들을 궁금해 하실 분들을 위해 인도네시아 상위 100개 기업의 주요 지표들과 인도네시아 전 종목의 지표들을 담은 자료를 부록으로 첨부했다.

오랜 시간 인도네시아를 관찰하는 학계의 전문가나 현지에서 산전수전 겪으며 분투하는 비즈니스맨이라면 이 책의 내용에 동의하지 못할 수도 있고, 내용의 깊이가 아쉬울 수 있다. 그렇지만 기본적인 정보를 정리하고 투자를 시작하기에는 부족함이 없다고 생각하며, 부족한 부분은 다른 누군가가 채워주리라 믿는다. 내가 투자 업계에 종사하고는 있지만, 탁월한 통찰과 많은 경험을 갖춘 '고수'라고 생각하지 않는다. 그렇기에 투자에 도움이 될 만한 정보들을 잘 정리해서 참고가 될 수 있게 하는데 집중했으며, 깊이 있는 분석의 측면에서 아쉬움을 느끼는 분들도 있을 것이다. 이는 전적으로 내 역량이 부족한 탓이며, 추후에 조금 더 보완해보도록 하겠다.

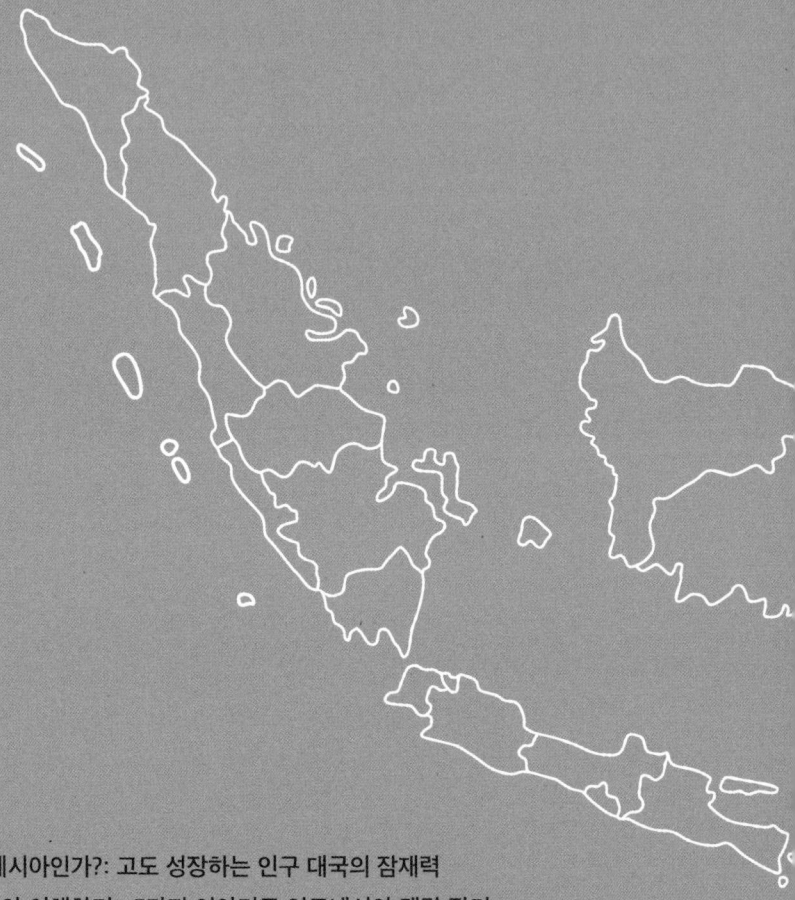

1. 왜 인도네시아인가?: 고도 성장하는 인구 대국의 잠재력
2. 인도네시아 이해하기: 5가지 이야기로 인도네시아 맥락 잡기
   ① 무지개 분대의 메시지: 인도네시아의 이슬람 민족주의와 교육
   ② 두 기업가 이야기: 살림 그룹으로 보는 인도네시아 기업
   ③ 웅끄롱과 무샤와라: 수다의 문화와 협의의 정치
   ④ 밍케의 이유 있는 반항: 인도네시아의 질곡, 자바주의
   ⑤ 인도네시아의 상처들: 쁘레만과 뿅리의 그늘을 너머
   ⑥ 그 외에 알아두면 좋을 몇 가지 이야기
3. 인도네시아 증권 시장 이해하기: 주식 매매 방법부터 증권 시장 특징까지

1부

발 빠른 투자자는
인도네시아를 본다

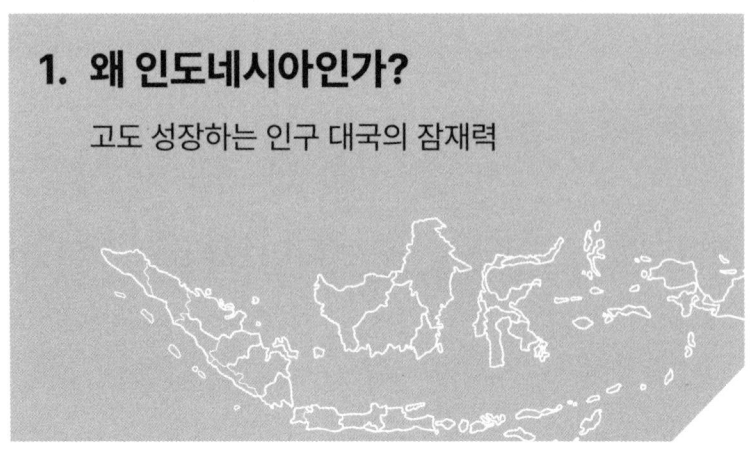

1. 왜 인도네시아인가?
고도 성장하는 인구 대국의 잠재력

골드만삭스의 대전망

골드만삭스는 20년간 각국의 장기 성장 전망을 연구해 왔는데, 2022년 12월에 그간의 연구 내용을 담아서 《2075년으로의 길 The Path to 2075》이라는 보고서를 발간했다. 이 보고서는 2075년까지 전 세계 경제 성장이 어떤 양상으로 이루어질 것인지 4가지 테마로 나눠서 설명하고 있는데, 해외 투자에 관심 있는 투자자 입장에서 가장 눈이 가는 것은 보고서의 결론이 응축되어 있다고도 볼 수 있는 아래의 표다.

골드만삭스의 세계 경제 대전망

순위	1980	2000	2022	2050	2075
1	미국	미국	미국	중국	중국
2	일본	일본	중국	미국	인도
3	독일	독일	일본	인도	미국
4	프랑스	영국	독일	인도네시아	인도네시아
5	영국	프랑스	인도	독일	나이지리아
6	이탈리아	중국	영국	일본	파키스탄
7	중국	이탈리아	프랑스	영국	이집트
8	캐나다	캐나다	캐나다	브라질	브라질
9	아르헨티나	멕시코	러시아	프랑스	독일
10	스페인	브라질	이탈리아	러시아	영국
11	멕시코	스페인	브라질	멕시코	멕시코
12	네덜란드	대한민국	대한민국	이집트	일본
13	인도	인도	오스트레일리아	사우디아라비아	러시아
14	사우디아라비아	네덜란드	멕시코	캐나다	필리핀
15	오스트레일리아	오스트레일리아	스페인	나이지리아	프랑스

위 표에서 2022년을 보면 GDP 규모가 큰 상위 5개 국가는 미국, 중국, 일본, 독일, 인도고 한국이 12위다. 30년 후인 2050년에도 의외로 큰 변동이 없다. 중국과 인도의 순위가 올라가고, 미국, 독일, 일본, 영국, 프랑스, 러시아가 여전히 상위권에 위치해 있다. 한국이 안타깝게도 15위권 밖으로 밀려나긴 하지만, 아직 경제 규모 10권 순위에 들어가 있는 국가들은 큰 변화가 없다. 중국과 인도가 세계 최고의 경제 대국들이 되리라는 사실은 그리 새로운 이야기가 아니다.

그런데 눈치 빠른 사람이라면 이 표에서 눈에 띄는 사실을 하나 발견했을 것이다. '급부상'이라고 해도 좋을 정도로 30년 사이에 빠르게 세계 경제 대국들과 어깨를 나란히 할 것이라고 골드만삭스가 예상하는 의외의 나라가 있다. 바로 인도네시아다. 인도네시아의 부상을 2075년이 아니라 2050년으로 예상하고 있다는 사실이 중요하다. 2022년에는 경제 규모 순위권에도 없고, 현재 한국 투자자들에게 베트남보다도 인지도가 떨어지는 국가 인도네시아가 다른 여러 개발도상국들보다 빠른 시기에 경제 대국으로 발돋움하리라 예상하고 있기 때문이다. 골드만삭스는 왜 인도네시아의 가능성을 이토록 높게 보고 있을까?

세계 4위 인구 대국의 잠재력

골드만삭스가 인도네시아의 부상을 전망한 이유를 좀 더 구체적으로 살펴보기에 앞서, 우선 2075년의 전망을 살펴보자. 앞의 표를 보면 50년 후에는 세계 경제 규모가 중국 > 인도 > 미국 > 인도네시아 > 나이지리아 순이 될 것이며 그 뒤를 파키스탄, 이집트, 브라질이 잇는다. 독일, 영국, 일본, 프랑스 등 현재의 경제 대국들은 그 뒤에나 등장한다. 이게 무슨 뜻일까?

현재 인구 규모 순위를 보면 앞의 2075년 경제 규모 전망과 상당히 비슷하다는 것을 확인할 수 있다. 즉, 2075년 전망은 시간이 지날수록 지금과는 달리 인구 수와 경제 규모가 비례하게 되리라는 예측을 담고 있다. 이는 골드만삭스가 제시한 4가지 테마를 보면 이해가 된다.

1. 인구 성장 둔화에 따라 글로벌 잠재 성장은 낮아진다.
2. 아시아 강국이 주도하는 가운데, 성장은 이머징마켓에 집중된다.
3. 지난 10년간 미국의 예외적 성장은 반복되지 않을 것이다.
4. 글로벌 전체 불평등은 감소하나, 지역 내 불평등은 증가한다.

글로벌 전체의 불평등이 감소한다는 것은 각 나라의 평균적인 생활 수준이 비슷해진다는 의미다. 1번 테마가 함축하듯 선진국들의 성장은 더뎌지고 개발도상국들의 성장이 계속되면 각국의 1인당 평균 GDP는 점점 비슷해진다. 그리고 골드만삭스는 여기에 한 가지 내용을 더한다. 지난 50년간 연 2%에 달했던 글로벌 인구 성장이 현재 1%로 줄어들었으며, UN 인구 전망에 따르면 2075년에 인구 성장은 0%에 수렴할 것임을 강조한다. 즉, 큰 인구 변동은 없을 것이라는 전망이다.

생활 수준은 점점 비슷해지고 전 세계 인구가 앞으로 크게 바뀌지 않는다면, 결국 지금 인구로 향후 경제 규모를 대강 예측해 볼 수 있다. 2075년의 경제 규모 순위가 바로 그 사실을 담고 있다. 경제 발전을 생각할 때 인구 규모가 중요하지 않았던 적은 없지만, 그

중요성은 시간이 갈수록 점점 높아질 가능성이 높다.

인도네시아 인구는 2023년 기준 약 2억 8,000만 명으로 세계 4위이며, 합계 출산율은 2.15로 견조하다.

젊고 건강한 인구구조

현재 세계 경제를 주도하는 국가들이 30년 후에는 그 순위가 내려가거나 한국처럼 순위권 밖으로 밀려나는 이유는 무엇일까? 사례에 따라서 설명이 다를 수밖에 없고 한 가지 사례도 여러 설명이 가능하지만, 인구구조에 대한 설명을 빠뜨릴 수는 없다. 가장 좋은 사례는 1980년, 2000년대까지 세계 경제 규모 순위권에 이름을 올렸던 네덜란드 같은 북유럽 국가들이다.

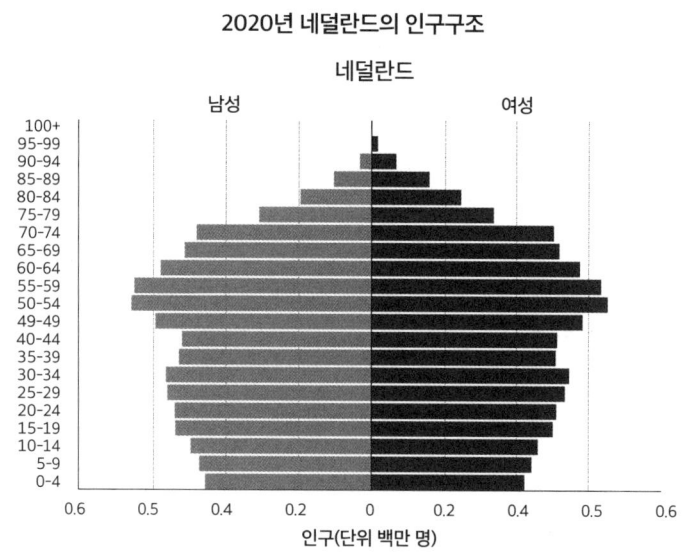

위의 그림은 네덜란드의 인구구조 피라미드인데, 저성장, 저출산에 접어든 국가의 모습을 잘 보여준다.

《북유럽 3개국의 부동산 금융정책과 시사점(2022.6.22)》이라는 국토연구원 자료를 보면, 이런 양상에 접어든 네덜란드, 덴마크, 스웨덴의 성장은 부동산 경기 부양과 가계 부채 확장을 통해 이뤄졌다. 유럽 국가의 담보인정비율(LTV)은 네덜란드 100%(신규 주택 대출의 평균 LTV는 94%다), 덴마크 95%다. 스웨덴은 85%로 비교적 낮지만 평균 대출 상환 기간이 140년에 육박한다. 고령화에 접어들어 헤어나오기 힘든 장기 저성장의 덫에 빠지자 성장 전략으로 낮은 이자율과 담보대출비율 상향 등을 통한 주택 경기 부양 정책을 선택한 것이다. 이는 빠르게 GDP 성장율을 끌어올릴 수 있고, 주택 자산을 보유한 고령 인구층을 만족시킬 수 있다.

유럽 국가들은 주택 경기 부양을 위해 저금리로 주택담보대출을 장려했다. 그리고 유럽중앙은행(ECB)은 유로존의 기준금리를 매우 낮게 유지하며 돈을 많이 빌릴 수 있게 했다. 2022년 7월 금리 인상 전 유로존 기준금리는 10여 년 이상 0.00%~0.50% 수준에 불과했다. ECB는 2022년도 2월 시작된 러시아-우크라이나 전쟁을 겪으며 미국보다 심각한 에너지발 인플레이션을 마주했지만, 미국처럼 쉽게 금리를 올려 물가를 잡을 수 없었다. 급격한 금리 인상 시 미국보다 유로존이 훨씬 가계 경제가 취약하기 때문이었다. 결국 미국은 2022년 3월부터 빠르게 금리를 올리기 시작했지만, 유럽은

늑장을 부리다 7월이 되어서야 마지못해 금리 인상을 시작했다. 유럽은 초저금리에 너무나도 오랜 기간 취해 있었다.

한국은 아직 가보지 않은 길이지만, 점차 유럽처럼 주택시장 부양을 통한 쉬운 성장에 의존할 가능성이 높다. 한국보다 고령화의 길을 먼저 간 일본도 비슷한 길을 갔다. 일본은 기준금리를 2024년 3월 -0.1%에서 20bp 올렸는데 5월 기준 여전히 0.1%다. 즉, 한국도 본격적으로 저출산, 저성장 국면에 진입하면 머지않아 북유럽 국가들처럼 초저금리정책, LTV 100% 정책, 100년 이상 만기의 주택 대출 상환 정책 등이 나올 가능성이 충분하다. 한국의 인구구조를 보면 네덜란드의 하부보다 훨씬 얇다.

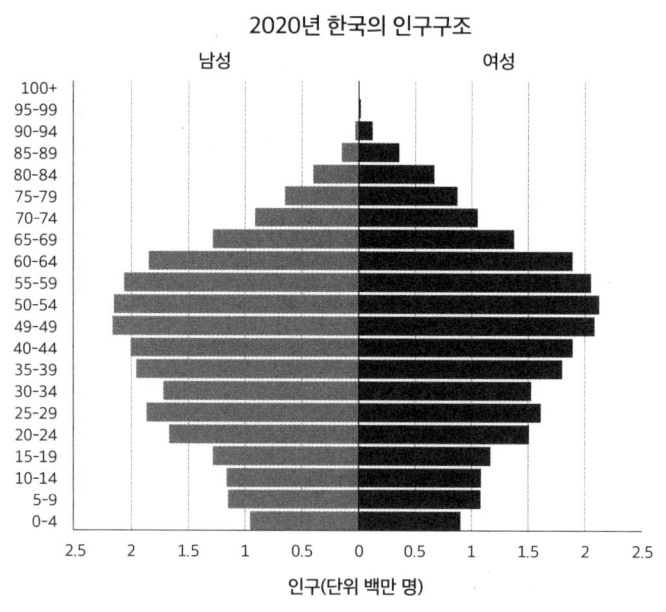

유럽의 현 상황을 보면 알겠지만, 주택 경기 부양 정책에만 의존하는 건 근본적인 경제 성장을 위한 해결책이 될 수 없다. 펀더멘털이 탄탄한 경제 성장을 위해서는 먼저 인구구조가 활력이 넘쳐야 한다. 젊은 사람들이 많은 국가는 일자리도 풍족하고, 저축 및 소비도 활발하며, 정치적으로도 역동적이다. 노인들은 젊었을 때 저축한 돈 및 연금으로 여생을 살아야 하기에 소비도 아끼며 돈을 적게 쓴다. 노인이 많은 국가는 정치적으로 젊은이들이 반길 만한 신성장 동력을 발굴하기 위한 투자 및 정책보다는 연금 확대, 주택 가격 부양 정책에 무게가 쏠릴 가능성이 높다.

그리고 다양한 양질의 산업, 특히 제조업 일자리가 많아져야 중산층이 두터워진다. 주택 경기 부양에서 생기는 건설 일자리는 상당수가 외국인 근로자들로 채워지고 있기에 자국민을 위한 양질의 일자리를 제공하는 데에는 한계가 있고, 근로자 월급으로 준 돈이 해외 송금으로 빠져나간다. 그런데 이 양질의 제조업 일자리는 전 세계적으로 유럽, 일본, 한국에서 중국, 인도네시아, 베트남, 인도 등으로 이전되고 있다.

이제 인도네시아의 인구 피라미드를 보자. 뿌리부터 탄탄한 아름다운 종모양 커브의 피라미드 인구 구성을 보이는 인도네시아는 동아시아 및 유럽에 비해 상당히 유리한 위치에 있다. 경제가 활력이 넘치며 여러 제약 조건에도 불구하고 긍정적인 분위기가 넘친다. 대도시 및 주요 거점 도시에서는 제조업 공장, 건설 현장, 오토

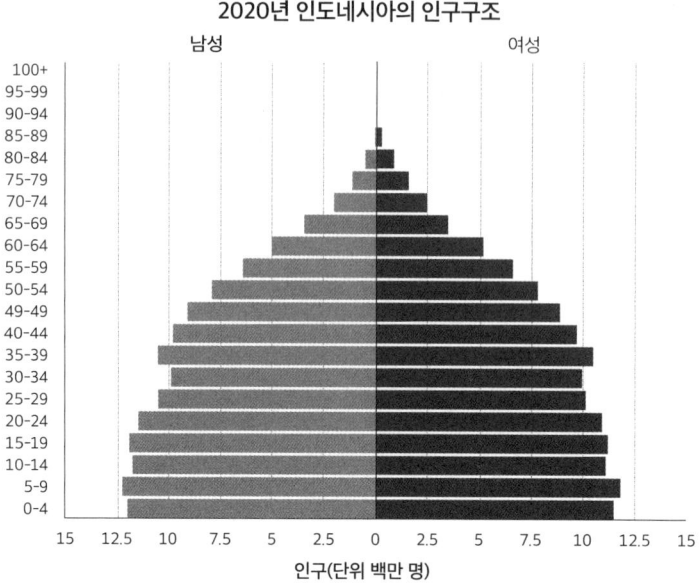

바이 배달, 물류 창고, 마트/편의점 캐셔 등 농촌에서 갓 도시로 올라온 젊은 저숙련 노동자를 위한 일자리가 상당히 많이 만들어지고 있다. 농촌에서 놀고 있는 청년도 여전히 많다.

이런 분위기를 압축적으로 보여주는 것이 중위연령과 합계출산율이다. 중위연령은 매우 젊다. 일본과 한국의 중위연령은 각각 48.6세, 44.2세인데, 2.8억 인구의 인도네시아는 30.2세다. 한 여성이 평생 낳을 것으로 예상되는 자녀 수 지표인 합계출산율은 2.15명으로, 1.18명의 중국은 물론이고 인도와 베트남보다도 높다. 상당 기간(최소 20년) 인구 보너스 효과를 누릴 수 있다는 뜻이다.

박차를 가하는 도시 개발

이 사진은 1978년 압구정 현대아파트의 모습을 담고 있는데, 앞에 농부가 소로 밭갈이를 하고 있다. 이 당시 대한민국의 도시화율은 53.2%였고, 2022년의 도시화율은 81.4%이다. 한국의 경험에 비춰봤을 때, 도시화율이 40~50%대라면 여전히 도시 개발 여력이 많이 남아있고, 대도시 부동산 섹터가 유망하다고 볼 수 있다.

인도네시아의 도시화율은 2022년 기준 58%다. 36%, 39%인 인도와 베트남에 비해서는 높은 편이지만, 도시화율 50%대 당시 한국의 풍경을 기억하는 이들이라면 현재 인도네시아 도시화율은 오히려 본격적인 도시 개발 단계에 섰다는 뜻임을 알 것이다. 좀 더

구체적으로는 압구정과 같은 주요 중심 지구는 개발이 많이 진행되었으나 아직도 수도 중심부 외곽이나 2선 도시들의 성장 여력은 크게 남아 있다. 우리로 치면 강남, 광화문, 여의도 등 중심 지구 이외에의 개발이 남은 상황이다.

최저임금으로 보는 인도네시아의 소비력

인도네시아 중산층의 소비력 수준은 한국과 비교했을 때 대략적으로 몇 년 정도 이전 수준이라고 볼 수 있을까? 부자와 중산층 사이의 부 차이가 심한 나라에서는 1인당 GDP로 중산층 소비력을 정확히 잡아내기 힘들다. 대신 정확하지는 않지만 감을 잡기 좋은 지표가 있는데, 바로 최저임금이다. 자카르타 최저임금(월급 기준)과 한국의 최저임금(월급 환산)을 역사적으로 비교해보면 인도네시아 중산층의 소비 수준이 한국의 몇 년도와 비슷한지 대략적으로 짐작할 수 있다.

한국은 1988년부터 최저임금제가 실행되었기에 1989년부터의 데이터 밖에 없다. 그래서 1989년부터 2009년까지 한국의 20년간 데이터를 집계했다. 인도네시아는 각 주마다 최저임금이 다르고 자카르타의 최저임금이 타 지역 대비 1.5~2배가량 높은 편이나, 중산층들의 사무직, 제조업 일자리가 수도 자카르타에 모여 있기에 자카르타 20년간 최저임금 변화를 정리했다.

2023년 자카르타 최저 월급은 490만 루피아로, 환율 0.08을 적용해 원화로 환산하면 39만 2,000원이다. 한국에서 주 5일 하루 8시간 노동 기준 최저임금으로 한 달에 약 40만 원을 받았던 시기는 2001년이다. 인도네시아 자카르타 중산층의 현재 소비 수준은 20년 전 한국과 비슷하다. 물론 20년 전 한국은 주 5일 하루 8시간보다는 더 노동 시간이 길었기에 실제 소득 수준과는 차이가 있으나, 한국 노동자 한 달 최저임금 40만 원에서 그 두 배인 80만 원 수준까지 오르는 데에 걸린 시간은 고작 8년이었다. 2004~2023년 20년간 인도네시아 평균 임금 상승률은 11.07%로, 한국의 고성장기였던 1990~2009년의 평균 임금 상승률 10.02%보다 높다. 견조한 경제 성장과 인도네시아의 양호한 인플레이션 관리 능력을 감안하면, 향후 7~8년 이내로 자카르타 중산층의 최저 월급이 80만 원 수준까지 올라갈 것이며, 10년 이내로 100만 원 수준에 도달할 것으로 예상된다.

다만 각 주에 요구하는 최저임금이 막상 실제로 적용되다보면 다소 다를 수 있다. 현지 언론에 따르면 4대 은행 텔러들의 월급은 400~500만 루피아 전후 수준으로, 원화 환산시 32~40만 원 정도다. BCA 은행 500만 루피아, BRI 은행 480만 루피아, 만다리 은행 450만 루피아, 그리고 BNI 은행 400만 루피아 순이다.[2]

안정적인 고연봉 일자리로 알려진 은행원의 월급이 자카르타 최

---

2 Banyak Diincar, Ini Gaji Teller Bank BRI, BNI, BCA, dan Mandiri, kompas.com, 05/07/2022

저임금을 밑도는 현실은, 여러 복잡한 과정을 거쳐 실제 적용되는 최저 금액이 다를 수 있음을 보여준다. 그래도 20년 전 자카르타 최저임금은 월에 고작 5만 원 밖에 안 되었던 것을 감안하면 꾸준히 상당한 발전이 있었고, 이는 앞으로도 이어질 전망이다.

인도네시아 최저임금의 급격한 상승은 한국인들이 현지에 많이 진출한 봉제업체의 위기를 의미한다. 자카르타 인근에 한인 봉제업체들이 밀집해 있는데, 수천 명을 고용하는 노동집약적 산업이다 보니 다들 원가가 급격히 늘어났다고 호소한다. 일부는 자카르타 최저임금의 절반 수준인 중부 자바로 옮기기는 했으나, 이 지역들도 7~8년 정도의 시간차가 있을 뿐 결국 연에 7~8% 수준의 빠른 속도로 임금 비용이 오를 것이다. 오죽하면 인건비가 비싸 인도네시아에서 못 해먹겠다며 "내가 10년만 젊었어도 방글라데시나 이디오피아로 갔을 텐데"라며 한탄하는 사장님도 있을 정도다.

20년 전 한국 중산층 사이에서 어떤 소비 트렌드가 유행했는지를 알면, 인도네시아 주식 투자에 도움이 되지 않을까? 인도네시아 중산층들은 가처분 소득이 빠른 속도로 늘고 있다. 예전에 쇼핑몰에서 에어컨만 쐬고 산책만 하며 아무 것도 사지 않았던 사람들이 이제는 몰에 들어가면 한두 개씩 물건을 집어 들고 결제한다. 여전히 인당 1,000원 수준의 노점상 음식을 많이 먹긴 하지만, 럭셔리한 쇼핑몰에서 인당 10,000원 수준의 근사한 저녁 식사를 과거보다 더 자주 즐기는 모습을 보인다.

2010년도 초반 중부 자바 주도 스마랑에는 교통 체증이 거의 없었다. 5년이 지난 2016년도에 들어서면서 점차 교통 체증이 심각해졌고, 지금은 훨씬 심해졌을 것이다. 자카르타 외곽 지역 2선도시에서도 도로 위 자동차 대수가 크게 늘고 있다. 한 가족이 하나의 오토바이에 4명을 태우며 이동했던 과거와 달리, 이제는 기후와 사고로부터 좀 더 안전한 자동차를 타기 시작한다. 도로 위에는 자동차 캐피탈 대출 광고가 이전보다 많아졌고, 온라인 채널을 통한 서민의 대출 접근성이 높아졌다.

2.8억에 가까운 인구가 자신이 살았던 동네가 상전벽해하는 과정을 매해 목격하고 소득이 빠르게 증가해 삶의 질이 눈에 띄게 좋아지면서 저소득층이 중산층으로 변하는 경험을 상상해보자. 심지어 탄탄한 출산율의 뒷받침까지 받고 있다. "왜 우리 아버지는 압구정에 투자를 안 하셨을까?"라고 생각하지 말고, 인도네시아에서 기회를 찾아보는 것은 어떨까?

동남풍이 불고 있다

인도네시아의 급부상을 점치는 골드만삭스의 전망을 인구 하나로 설명할 수는 없다. 인구는 중요하지만, 그것만 가지고 투자를 고려할 수는 없다. 그런데 다른 요소들을 더 살펴보기 전에 우선 글로벌 컨설팅 기업 맥킨지가 2012년에 내놓은 지도 한 장을 보자.

세계 경제 중심축의 변화

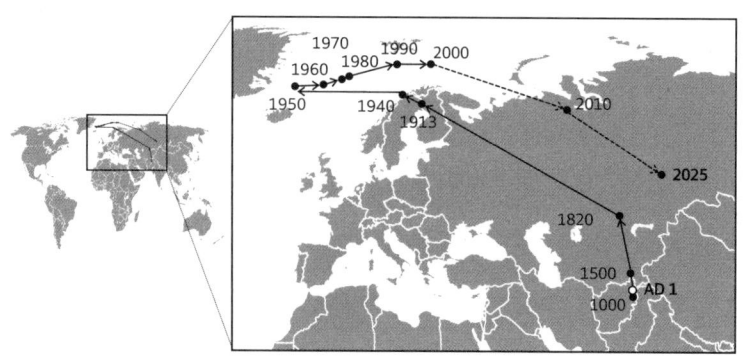

이 지도는 맥킨지가 경제사학자 앵거스 메디슨Angus Medison의 장기 GDP 데이터(AD 1년부터 2025년까지)를 토대로 만들었으며 발표 당시 전 세계에 상당한 충격을 주었다. 지도는 세계 경제 중심축의 변화를 직관적으로 나타내고 있다. 1820년부터 1950년까지는 유럽과 미국 경제가 타 지역을 압도하는 경제 성장을 보이면서 세계 경제 중심축이 북서쪽으로 이동했다. 그러다 1950년 이후에는 일본의 성장으로 북동쪽으로 방향을 전환하며 동진한다. 2000년부터 2025년 전망치까지의 흐름을 보면 동진하던 흐름은 유지되지만 좀 더 남쪽을 향한다. 화살표의 길이도 길어졌다.

이것이 의미하는 바는 간단하다. 1820년부터 1913년까지 약 100년간 서쪽으로 향한 경제 중심축 이동을 불과 25년 만에 다시 동쪽으로 되돌아가는데, 19세기 이후 100여 년간 서방의 영향력이 확대되는 속도와, 21세기 초반 이후 25년간 남동쪽 아시아의 영향력이 확장하는 속도가 비슷하다는 것이다.

이 지도는 '영향력의 확대'를 담고 있기 때문에 화살표가 남동쪽으로 빠르게 이동하고 있다고 해서 미국이 쇠퇴한다는 이야기는 아니다. 미국은 여전히 건재하고 앞으로도 그 위상은 흔들리지 않을 가능성이 높다. 그렇기에 화살표의 방향이 단순히 동쪽이 아니라 동남쪽으로 빠르게 옮겨가는 것은 중국의 부상만으로는 설명할 수 없다. 유럽의 상대적인 쇠락과 남아시아와 동남아시아가 폭발적으로 성장한다는 전망이 있어야 맥킨지의 지도가 설명된다.

결국 맥킨지가 장기 GDP 데이터를 토대로 만든 지도에 따르면 남아시아와 동남아시아가 중국 못지 않게 세계 경제에 미치는 영향이 커질 것이며, 심지어 그 속도는 이전까지의 국제 경제 변화에 비해서 훨씬 빠를 것이다.

바뀌는 국제 질서, 높아지는 인도/아세안의 가치

미-중 두 패권국가들의 충돌은 거스를 수 없는 흐름으로 다가오고 있다. 1978년 덩샤오핑 집권 이후 약 반세기 동안 서서히 구축되었던 '미국이 소비하고 중국이 생산한다'라는 미-중 중심 자유무역체제는 이제 정점을 지나고 있다.

전 세계는 공급망 재편을 앞두고 있다. 중국은 이제 산업 전반에 걸쳐 확고한 기반을 갖추어 놓았다. 석유화학, 철강 등 중화학 기초 산업은 물론 반도체, 이차 전지, IT, 방산/우주 등 첨단 산업까지

무서운 속도로 확보했다. 게다가 저렴하게 만들어서 경쟁력도 있다. 이제 정말로 중국이 못 만드는 것은 찾아보기 어렵다. 1793년 영국 사절단이 청나라 건륭제를 알현하며 무역통상조약을 요청했을 때 "중국에는 없는 것이 없으니 자네들이 만든 건 필요 없다"고 일축했던 당시의 자신감을 가져도 될 만한 상황이다.

강력한 경쟁국 중국의 부상으로 인해 미국이 인도-태평양 전략을 새로 내놓으면서 인도/아세안의 몸값이 높아지고 있다. 미국의 인도-태평양 전략을 한 마디로 정리하면, 태평양과 인도양 주변 국가들을 연결해 중국을 견제하는 것이다. 한국, 일본, 대만, 호주 등 기존 전통 우방국에 더해 아세안과 인도를 함께 우군으로 끌어들이는 게 주 목적이다.

2018년 5월 당시 미국 국방부장관 제임스 매티스는 미군 태평양사령부Pacific Command의 명칭을 인도-태평양 사령부Indo-Pacific Command로 변경했다. 관할 구역을 인도양까지 포함하여 아세안/인도와의 협력을 통해 보다 중국을 효과적으로 견제하겠다는 의도가 담겨 있다. 이에 대해 중국 외교 당국은 '아시아태평양판 NATO'가 될 것이라며 반발하는 상황이다. 미국이 주축이 되어 인도-태평양 전략에 핵심 역할을 하는 국제협정은 다음과 같다.

- QUAD: 미국, 인도, 호주, 일본 4개국의 국제안보 정상회담.
- FIVE EYES: 미국, 영국, 캐나다, 호주, 뉴질랜드가 참여하는 정

보기관 공동체.
- AUKUS: 미국, 영국, 호주 3개국이 결성한 첨단군사기술동맹.
- IPEF: 인도-태평양 지역경제 프레임워크로 미국의 대중국 경제 견제 기구.

미국은 이런 다자 기구를 통해 미-중 분쟁의 전선을 동중국해, 남중국해, 말라카해협을 넘어 인도양까지 확장하고 더 많은 국가를 동맹으로 끌어들이고자 한다. 미국은 군사력에서 전 세계 부동의 1위이지만, 전선이 너무나도 넓어 비용 투입 대비 화력을 집중하기 어렵다. 미국의 패권 요인 중 하나가 전 세계 해상 교역로를 장악하고 있다는 것인데, 전 세계 각지에 주둔하고 있는 해군을 다 철수해서 중국에 집중할 수는 없다. 반면 중국은 국지전 형태로 본인이 원하는 지역에 효과적으로 화력을 집중할 수 있다. 즉, 인도-태평양 전략은 본인이 전선을 줄일 수는 없으니 중국의 전선을 더 넓게 퍼뜨려 함께 패널티를 안고 싸우자는 의도를 내포한다.

마침 중국 패권의 부상은 이웃 아세안, 인도를 자극하고 있다. 아세안과는 남중국해에서 대만, 베트남, 말레이시아, 브루나이, 필리핀, 넓게는 인도네시아까지 해양 영토 분쟁이 벌어지고 있다. 인도와는 히말라야 산맥을 가운데에 두고 인도 최북단 카슈미르 인근 악사이친 지역과 북동부에 위치한 아루나찰프라데시 지역에 대한 영유권 분쟁이 이어지고 있다.

다만, 인도와 인도네시아는 예로부터 비동맹 외교 기질이 다분한 국가, 지역이다. 인구, 넓은 국토가 뒷배경으로 있다 보니 이른바 '대국 마인드'가 있어서 초강대국 미국의 말이라 해도 기본적으로 잘 듣지 않는다. 인도 초대 수상 네루는 미/소 초강대국들에 얽매이지 않는 중립적, 독자적 외교 노선을 강조했다. 인도네시아 또한 1955년 반둥 회의를 개최하여 제3세계 연대를 주도했을 만큼 비동맹 외교 뿌리가 깊으며, 1967년 동남아시아 국가들을 끌어들여 아세안을 결성하여 전 세계를 향해 좀 더 크고 단합된 목소리를 내고 있다.

그동안 미국의 말에 비협조적이었던 동남아시아, 남아시아 국가를 두고 미국이 적극적으로 구애하고 있는 상황이다. 또한 중국 기업들은 미국향 관세를 피하기 위해 상당수의 공장 설비를 베트남, 인도네시아, 인도 등으로 이전하는 중이다. 중국 기업 외에도 테슬라, 아마존, 애플 등 글로벌 기업의 제조업 생산 기지 및 데이터센터 거점 건설을 위해 인도, 아세안으로 돈이 향하고 있다. 현 상황으로 미뤄볼 때 미국과 중국 모두 동남아시아를 향한 적극적 구애는 계속될 것 같다. 대형 함선의 뱃머리를 돌리기 시작하면 이를 멈추기 어렵듯이 이 거대한 흐름의 방향은 이젠 돌이킬 수 없다.

미국이 선택한 중국 견제의 파트너

20세기 전 세계 1위 초강대국으로 오른 미국은 어떤 나라라도 자국 GDP의 절반 가까이 도달하면 이를 심각한 경고로 받아들였고, 이를 누르기 위해 수단과 방법을 가리지 않았다. 미국의 견제에 대표적으로 당한 나라가 일본이다. 미국은 1980년대 미국 경제를 턱밑까지 쫓아온 일본을 견제하기 위해 1985년 일본 및 영국, 프랑스, 독일 재무장관을 뉴욕 플라자호텔로 불러 달러화 하락, 엔화 강세를 압박했다. 엔화가 크게 오르자 일본 제조업 수출 경쟁력이 크게 약화되었고, 결국 버블 붕괴 이후 30년간 장기 불황을 겪게 된다. 일본 GDP/미국 GDP는 1995년 73%를 정점으로 폭락해 2022년 17%까지 떨어졌다.

현재 중국의 경제 굴기는 마치 1980~90년대 초의 일본과 비슷할 정도다. 2000년대 초 중국/미국 GDP는 10% 초반 수준에 불과했으나, 그로부터 20년이 지난 2021년에는 76%까지 치고 올라왔다. 미국은 현재 여야 관계없이 중국의 기세를 어떻게 해서라도 억눌러야 한다는 뜻에 동의하고 있다. 이를 위해 고관세, 반도체/AI 기술전쟁, 중국을 배제한 공급망 구축, 미국-대만 관계 강화 등 여러 정책을 시행 중이다.

중국을 견제해야 하는 상황에서 미국의 핵심 파트너로 떠오르고 있는 국가는 인도와 동남아시아 국가들이다. 미국은 앞으로 중국의 GDP 성장을 억제하려 과거 일본에게 했던 것처럼 온갖 수단과 방법을 가리지 않을 것이며, 인도와 동남아시아 국가 네트워크를 강화하고 경제, 안보, 외교 등 여러 분야에서 포괄적으로 협력을 강화할

출처: Worldbank

것이다. 인도/미국 GDP와 아세안/미국 GDP는 10% 중반대에 불과한데, 아직 경쟁 대상이 아니라 인도와 아세안은 인도-태평양 전략을 통해 중국을 견제하는 데에 핵심 역할을 하기 안성맞춤이다.

향후 중국/미국 GDP는 내려갈 압력이 더욱 높아지고, 인도+아세안/미국 GDP는 미국 주도의 국제 질서하에 앞으로 그 비중이 크게 올라갈 가능성이 상당히 높다. 인도와 아세안은 미국에게 큰 위협이 되지 않으면서, 이 지역 국가들과 협력 관계를 강화한다면 인접 국가인 중국을 견제하기에 효과적이기 때문이다. 역사적으로 미국의 외교 전략은 강력한 패권 경쟁국이 등장하면 이를 억누르기 위해 경쟁국과 인접하면서 그 경쟁국과의 관계가 원만하지 않은 국가들에게 지원을 아끼지 않는 방식으로 이루어졌다.

시대	미국의 경쟁국	지원대상	지원방법
1950년대	소련	서유럽	마셜플랜
1970년대	소련	중국	미국중국수교
1980년대	일본	한국, 대만	반도체 지원
2020년대	중국	인도, 아세안	IPEF(인도태평양경제프레임워크)

제2차 세계대전 직후 초강대국으로 떠오른 미국에게 있어 가장 강력한 경쟁자는 또 다른 승전국 소련이었다. 소련은 동유럽을 포섭하며 점차 공산주의 이념을 확장했고, 이를 저지하기 위해 영국, 프랑스, 서독 등 서유럽 강대국들을 중심으로 마셜 플랜을 통해 지원했다.

이제는 중국이 미국 입장에서 가장 위협적인 경쟁자다. 마침 아세안 국가들은 남중국해 지역에서 심각한 수준의 해상 국경 분쟁을 겪고 있고, 인도도 여러 접경 지역에서 중국과 마찰을 일으키고 있다. 아세안과 인도는 향후 미국의 지원이 집중될 가능성이 높은 국가다. 또한 이 신흥국 국민들도 앞으로 더 잘 살아보겠다는 의지가 강하며, 중위 연령이 20대 후반에서 30대 초반 정도로 젊은 국가다. 이 지역에 앞으로 큰 기회가 있을 것이며, 구체적으로 어떻게 투자해야 기회를 잡을 수 있을지 찾아보아야 한다.

인도-아세안은 선택이 아니라 필수다

한국 입장에서도 인도-아세안은 그 중요성이 점점 부각될 것이다. 한국은 북쪽으로 육로가 막혔고, 나머지 세 방면으로 바다가 둘러싸고 있어 사실상 육로로 타국가와 교류가 불가능한 섬나라나 마찬가지다. 육로를 통한 접근이 불가능하다는 위기감은 인천, 부산 등 대규모 항만 투자로 이어져 한국이 해상 무역 강국으로 도약하는 데에 기여했다. 내수 시장이 크지 않은 한국은 필연적으로 바닷길을 통해 타국가 진출을 모색해야만 한다.

그런 입장에서 아래와 같이 지구본을 뒤집어 놓으면 더욱 직관적으로 아세안-인도의 중요성을 파악할 수 있다.

바닷길로 가장 가까운 이웃국가는 일본과 중국이다. 북방으로의 길은 사할린섬과 시베리아로 통하나, 이쪽 지역은 아직 인구도 적고 기후가 혹독해 진출하기 어렵다. 그렇기에 한국의 주력 진출 방향은 남방일 수밖에 없다. 남방으로 진출하면 바로 아세안이다.

대만 해협을 통과하면 한국 사람들에게 가장 익숙한 동남아 국가인 필리핀을 마주하게 된다. 남중국해를 가로질러 남진하면 베트남을 만나고, 베트남 남부 호치민을 넘어 좀 더 가면 남쪽으로 길게 돌출한 말레이반도의 동부를 마주하는데, 이 지역은 해상 교역상 이점이 많이 없어 아직 개발이 덜 이루어졌다. 이 말레이반도 남쪽

끝에는 전 세계 물류의 중심지이자 아시아 금융 허브인 도시국가 싱가포르가 있다. 싱가포르 남쪽으로 가면 동남아시아 최남단 도서국가인 인도네시아 자카르타 탄중 프리옥항으로 이어진다. 싱가포르를 기점으로 북쪽으로 가면 해상 실크로드 메인 루트에 진입한다. 말라카해협을 통과해 말레이시아 주요 도시들을 거치게 되고, 이후 미얀마, 인도 등 남아시아 국가가 보인다. 그다음에는 중동, 유럽 등으로 이어진다.

아세안은 중국, 일본 다음으로 한국과 가까운 지역이다. 그동안 한국 외교의 주요 관심 국가는 한-중-일 동북아시아 및 북한이었다. 그러다가 문재인 정부가 들어서며 '신남방정책'이라는 화두를 던지며 아세안, 인도의 경제/외교적 교류를 대폭 확대했다. 윤석열 정부는 '인도-태평양 전략'을 제시하며 전 정부의 아세안, 인도 지역의 중요성 확대 기조를 이어가고 있다.

'신남방정책'과 달리 '인도-태평양 전략'은 대중국 견제 개념이 포함되어 있다. 신남방정책은 중국 대상으로 견제하겠다는 의도가 없으나, 인도-태평양 전략은 미국 주도의 대중국 해상 포위망 구축 개념이 포함되어 있다. 지도를 거꾸로 뒤집어보면, 미국에게 있어 동남아시아가 왜 지정학적으로 중요한지 직관적으로 알 수 있다. 미국이 동남아시아를 꽉 쥐고 있으면 중국은 자기 앞바다에서조차 재해권을 장악할 수 없다.

분산 투자의 최적지

교토삼굴狡兔三窟, 지혜로운 토끼는 세 개의 숨을 굴을 파 놓는다고 한다. 단정적으로 하나의 미래 시나리오에 베팅하기보다는, 앞으로 발생할 수도 있는 만일의 위기를 대비해 굴을 여러 개 준비해 놓자는 뜻이다.

한국은 싱가포르 같은 도시국가를 제외하고 보면 전 세계적으로 전례 없는 초고속 성장을 했고, 높은 수준으로 번영하고 있다. 전 세계적인 투자 전략가 레이 달리오Ray Dalio는 경제/군사/질서/시민의식 등의 국력 지표 데이터를 여럿 취합하여 정량적으로 점수를 내는데, 한국이 미국-중국-유로존-독일-일본에 이어 세계 6위였다. 유로존은 엄밀히 말하면 국가가 아니니 이를 제외하면 5위다. 게다가 미-중 패권 전쟁의 주도권을 결정짓는 핵심 산업인 반도체, 이차 전지 분야에서 일류 기술력을 갖춘 몇 안 되는 나라다.

그렇다면 10년 후, 20년 후 한국은 어떤 나라로 남아있을까? 아마 반도체, 모빌리티, 배터리 등 분야에서 첨단제조업 강국으로는 남아 있지 않을까 싶다. 바이오, 엔터테인먼트, IT/소프트웨어 등 차세대 산업도 여럿 성장하여 경제 성장을 더욱 뒷받침할 수도 있다.

그런데 한국은 인구구조 관점에서 볼 때 매우 취약하다. 고령화와 저출산이 맞물려 소수의 젊은이들이 다수의 노인들을 부양해야 하는 사실은 피할 수 없다. 그런데 청년들의 취업은 갈수록 어려워지고 있다.

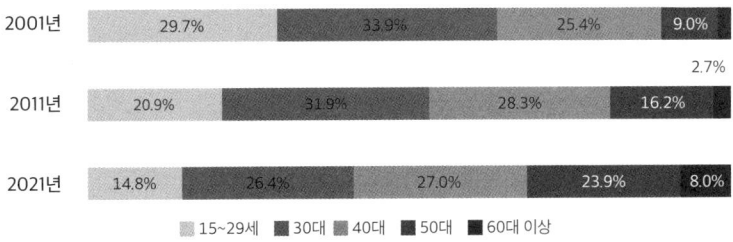

자료: 전국경제인연합회, 고용노동부

    중소기업연구원의 〈대-중소기업 간 노동시장 격차 변화 분석〉 보고서에 따르면 대한민국 대기업 근로자 평균연령은 43.1세로, 2011년 41.6세보다 1.5세 상승했다. 또한 2001~2021년 한국 제조업 근로자 연령대별 비중을 분석한 전경련의 조사에 따르면 50세 이상 고령 근로자의 비중은 2001년 11.0%에서 2021년 31.9%로 20년만에 20% 이상 증가했다. 반면 15~29세 청년 근로자 비중은 2001년 29.7%에서 2021년 14.8%로 15% 가까이 감소했으며, 30대 근로자는 33.9%에서 26.4%로 줄었다. 신입사원 정기 공개 채용 규모는 예년 대비 크게 줄었고, 코로나19 위기가 끝났음에도 불구하고 청년들은 매년 채용문이 좁아지는 걸 체감하고 있다.

    국민연금, 건강보험 등 사회 안전망의 지속 가능성은 매번 시험대에 오를 것이며, 강도 높은 연금 개혁이 없는 한 정부 부채의 증가는 불가피하다. 많은 젊은이가 본인이 나이가 들면 국민연금을 안전하게 수령할 수 있다는 기대를 점차 버리고 있다. 또한 가계

자산의 80% 이상은 부동산으로 구성되어 있기에, 정부는 국민들의 부가 무너지는 걸 막기 위해 부동산 가격을 인위적으로 떠받쳐야 한다. 이로 인해 금리 정책의 자율성이 제약되고 가계 부채는 현재 수준보다도 더 팽창할 가능성이 있다.

이런 시나리오대로 간다면 정부와 가계가 더 많은 빚을 지게 되고, 가계는 상당히 고령화되어 활력적으로 생산 활동에 임하지 않게 된다. 한국은 점차 인구구조가 역피라미드형으로 머리가 두꺼워지고 있으며, 저성장 경기침체에 빠진 유럽, 일본이 걷고 있는 길에 올라섰다. 게다가 저출산 고령화 사회로의 출발이 늦긴 했으나, 진행 속도가 빨라 큰 위기로 돌아올 수 있다. 한국의 피부양 인구수/부양 인구수 비율은 지속가능하지 않다.

그러면 미래의 대한민국은 어디서 곳간을 채워야 할까? 정부 자금의 원천은 채권과 세금이다. 기축통화를 보유하지 않은 국가가 무한으로 국채를 찍는 건 지속가능하지 않으니 세금을 더 많이 걷어야 하는데, 고령화가 상당히 진행된 국가에서 젊은 세대에게 걷을 수 있는 세금에는 한계가 있다. 그러면 기업이 내는 법인세를 높이자는 말이 나오고, 법인세를 올리면 KOSPI, KOSDAQ 상장기업들의 순이익이 감소하고, 미래를 위한 R&D, CAPEX 투자 비용 축소로 이어지거나 국내를 떠날 것이다. 중장기적으로 한국 증시 밸류에이션 하락 요인이 될 수 있다.

대외적으로는 어떤가? 미-중 분쟁은 경제, 문화 등 여러 측면에서 이미 진행 중이며, 앞으로도 오랫동안 이어질 가능성이 높다. 심지어 미-중 간 대규모 군사적 충돌이 있을지 없을지에 대한 논의까지 활발한 상황이다. 만약 두 패권국이 격돌하며 극한의 고통을 마주해야 하는 시점이 오게 된다면, 미국은 중국을 둘러싼 대만, 한국, 일본, 필리핀 등 여러 동맹국가들을 전방으로 내몰고 자기들은 후방에서 지원하는 방향으로 전쟁에 돌입할 것이다. 그리고 만약 본격적인 물리적 군사력 충돌이 벌어진다면, 민주주의 국가인 미국은 베트남전에서 보여줬듯 국민 여론을 오랜 기간 관리하기 어렵기 때문에 권위주의 국가인 중국보다 전쟁의 고통을 인내할 의지가 부족할 수 있다.

교토삼굴이라는 주제로 다시 돌아와서, 이 책이 '대내적/대외적 위기에 대비하여 굴을 어떻게 설계해야 하는지'라는 질문에 대한 하나의 답변이 되었으면 한다. 자산배분적 관점에서는 현금성 자산과 부동산에 치중된 자산을 주식, 채권 등 금융자산으로 확대해야 할 것이다. 또한 지역 배분적 관점에서는 국내에 치중된 자산을 미국, 아시아 신흥국으로 분산해야 한다.

향후 한국은 중국 위주의 수출 구조에서 벗어나 인도, 동남아시아로 다변화를 해내야만 한다. 글로벌 공급망 재편의 최대 수혜국이자 주인공은 인도와 동남아시아다. 이제는 과거처럼 중국으로 집중 진출해 돈을 쉽게 벌기는 어렵다. 좋든 싫든 인도, 동남아시아 지역을 전진기지로 삼아야 한다.

사회가 부패해서, 카스트제도나 이슬람이 싫어서, 사람들이 게을러서, 소비 시장이 생각보다 크지 않아서 등 동남아시아나 인도 진출을 꺼리는 다양한 이유가 있을 수 있다. 그런데 한국에게 다른 마땅한 대안이 없다. 아프리카는 여러모로 갈 길이 아직 멀기도 하고, 고향을 떠나 고생해서 사업을 일구겠다고 자원하는 사람도 거의 없다. 중남미는 물리적 거리가 멀 뿐 아니라 특유의 정치적 불안정성이 커서 국가 역량을 집중하기엔 무리가 있다.

인도와 동남아시아 이외에는 중국을 대체할 만한 선택지가 없다. 인도와 인도네시아는 세계 1위, 4위 인구대국이자 전 세계에서 가장 빠른 속도로 성장하는 나라이며, 타 지역 대비 시장에 대한 지리적, 문화적 접근성이 훨씬 좋다. 앞으로 한국은 인도, 인도네시아, 다른 동남아시아 주요 국가들에 성공적으로 뿌리를 내려야만 미래의 저성장 시대에 지혜롭게 대처할 수 있을 것이다.

한국은 베트남을 제외한 나머지 동남아시아 국가에서 중국과 일본에 크게 뒤처져 있다. 동남아시아 자동차 시장은 도요타, 혼다 등 일본산이 거의 대부분을 차지하고, 일본 상사들은 이미 굉장히 오래전부터 동남아의 전력 인프라 및 광물 자원 등에 투자해 막대한 현금흐름을 창출하고 있다. 동남아 각국에서 이온AEON, 미쓰이Mitsui, 이세탄Isetan, 세븐일레븐7-Eleven 등 일본의 리테일 브랜드들을 어디서나 쉽게 찾아볼 수 있다. 일본의 소프트뱅크Softbank는 약 10년 전부터 고투GOTO, 그랩Grab, 라인야후LY Corp., 페이티엠Paytm, 플립카트Flipkart 등 동남아시아, 인도의 유력 IT업체들의 지분에 대규모로 투자해 왔다.

중국은 비록 외교적으로 사이가 좋지 않은 인도나 베트남 시장 접근은 어느 정도 차단당할 가능성이 높으나, 이외 국가에는 일대일로라는 장기 국가 프로젝트를 통해 막대한 차이나 머니를 뿌리며 인프라 건설에 적극 진출하고 있다. 캄보디아의 항구 도시 시하누크빌은 이미 중국 본토인들로 북적이며, 스리랑카의 함반토타 항구는 2017년 중국 국영기업에 99년간 사용권이 넘어갔다. 미얀마의 차우크퓨 가스 파이프라인을 통해 말라카해협에서 미국으로부터 봉쇄를 받지 않는 새로운 에너지 루트를 개척했고, 인도네시아 니켈 제련소에 집중 투자해 이차 전지 소재 광물을 안정적으로 수급받고자 한다. 더 나아가 동남아시아 이커머스 1위 씨리미티드Sea Limited는 텐센트Tencent가, 2위 라자다Lazada는 알리바바Alibaba가 대주주다.

동남아 자동차 산업, 리테일, 자원, 인프라, IT 기업 등 동남아시아 산업 전반에 일본 및 중국의 지분이 상당하다. 물론 한국 기업 다수도 이 시장에서 분투하고 있으나, 일본과 중국의 움직임을 고려할 때, 현재 상황에 만족하지 않고 훨씬 적극적으로 활로를 개척해야 하는 상황이다.

도약의 토대를 다진 인도네시아

인도, 아세안의 중요성이 높아졌다는 것을 염두에 두고, 이쯤에서 다시 골드만삭스의 전망으로 돌아와보자. 맥킨지의 전망을 참고하고, 변하고 있는 국제 정세를 이해한다면 인도와 아세안 국가들이 빠른 시기에 부상하리라 예상되는 이유가 좀 더 명확해졌을 것이다. 이제는 그중에서도 왜 인도네시아가 다른 아세안 개발도상국들보다 빠른 시기에 경제 대국으로 올라서리라 골드만삭스가 전망하는지 살펴보려 한다.

신흥국의 성패를 어느 정도 볼 수 있는 자료로 보통 보건, 교육, 부패를 꼽는다. 인구구조가 좋음에도 불구하고 의료 서비스, 치안, 교육 여건이 나쁘면 좋은 인구구조가 그 잠재력을 꽃피우기 힘들기 때문이다. 아래는 표는 각 나라가 대강 어떤 분위기인지를 느낄 수 있는 요소들을 정리해보았다.

	중국	인도	인도네시아	베트남
저축률(GDP 대비)	45%	30%	37%	33%
마약유병률	0.13~0.25% (15-64, 2012년)	0.10% (18-75, 2018년)	0.008~0.049% (15-64, 2016년)	0.16~0.54% (15-64, 2013년)
마약경험자수	131만~254만명	85.4만명	1.4만~8.9만명	10만~33.6만명
인신매매등급	3등급	2등급	2등급	3등급
10만명당 피살자	1명	3명	1명	2명
주요수출품	전자제품(25.58%)	ICT(33.88%)	광물(14.67%)	전자제품(42.08%)
연간 총수출액	2조 8,100억 달러	4,750억 달러	1,770억 달러	3,150억 달러
문맹률	3%	26%	4%	4%
최고대학교 및 랭킹	북경대학교 17위	인도공과대학 (봄베이), 149위	인도네시아대학 237위	두이탄대학교 514위
부패지수순위	65위	85위	110위	77위

출처: UNDOC, UNAIDS, US Department of State, Worldbank, QS Ranking 2023, imf data, Corruption Perceptions Index 2022 등

여기서 우선 두 가지에 주목해야 한다. 저축률과 마약 관련 숫자들이다. 이 수치들로 한 국가의 발전 가능성을 어느 정도 점칠 수 있다. 잉여생산물 축적과 재투자가 경제적 진보의 필연적 조건이기 때문이다. GDP가 너무 낮고, 미래가 암담한 지역에서는 저축을 거의 하지 못한다. 사유재산권 안정 또한 저축률에 영향을 끼치는 주 요소인데, 만약 내가 가진 돈을 세금당국, 경찰, 군인이나 동네 갱단들에게 쉽게 빼앗기는 분위기라면 저축보단 소비에 몰두하게 될 것이다. 마약, 성매매 등 불법적 방식으로 돈을 벌어들인 사람들은 자기 재산을 언젠가 빼앗길 수도 있다는 걸 알기에 유흥, 고가의 차량, 도박 등으로 쉽게 돈을 탕진하는 경향이 있다. 중남미 국가들의 낮은 저축률이 여기서 비롯된다.

저축률을 보면 중국이 45%로 아직 타국가 대비 높다. 다만 인도 인도네시아, 베트남도 30~40%로 생각보다 낮지는 않고, 많이 올라왔다는 사실에 주목해야 한다. 일단 이 나라들은 아프리카 다수 국가들처럼 극빈국이 아니며, 현재 이 나라의 10대 20대들은 해를 거듭할수록 자기 인생이 더 나아지고 있음을 경험하고 있다.

인도네시아는 베트남과 인도에 비해서도 저축률이 높다. 1인당 GDP 5,000달러에 곧 진입하는데, 한국의 경험에 비추어보면 인도네시아 중산층들은 지금 삶이 나아지는 경험을 하고 있다고 볼 수 있다. 나는 인도네시아 현지에 머무를 때, '미래에 대한 낙관주의'가 널리 퍼져 있음을 실감했다. 인도, 인도네시아, 베트남에서는 마쉬멜로를 지금 먹지 말고 오랜 기간 참으면 수십배의 보상이 기다린다는 교훈이 통한다.

게다가 인도네시아는 마약 유병율과 경험자수가 압도적으로 적다. 이는 굉장히 긍정적인 요소다. 마약은 중독뿐만 아니라 필연적으로 폭력 조직, 부패 등 심각한 사회 문제들이 따라온다. 마약이 성행하는 국가 중 강대국으로 발돋움할 수 있는 나라는 찾아보기 어렵다. 20세기 초중반 멕시코는 신흥국 중 선진국 도약 가능성이 가장 높은 국가로 큰 기대를 불러모았으나, 기대 수준에 비해 잠재력을 보여주지 못했다. 마약과 연관된 카르텔, 갱단의 힘이 공권력에 대항할 수 있는 수준으로 강력하다는 점이 그 이유 중 하나다.

동남아시아의 경우 마약 관련한 수치는 지역에 따라 차이가 크다. 필리핀이나 태국, 미얀마, 라오스는 마약 생산이나 유통이 활발지만, 베트남, 싱가포르, 인도네시아는 상대적으로 관리가 잘 되고 있다. 인도네시아나 싱가포르는 심지어 마약 사범에 사형을 집행하기까지 한다. 인도네시아는 2015년 비교적 최근 시점에 헤로인 운반으로 체포된 외국인에게도 총살형을 집행했다. 호주와 같은 국력이 높은 국민이 사형 리스트에 포함되어 있는데도 아랑곳하지 않을 정도다.

여기에 더해서 인도네시아는 많은 인구에 비교하면 문맹률도 낮다. 문맹률은 기초 교육의 주요 지표인데, 인도의 문맹률은 20%가 넘는데 반해서 인도네시아는 베트남과 비슷한 수준인 4%다. 인도의 높은 문맹률은 포스트 차이나 1순위로 꼽히고 있는 인도의 주요 한계로 꼽히는데, 이를 고려하면 인도네시아는 많은 인구가 경제 발전을 만나 폭발력을 내리라 기대할 수 있는 부분이다.

아쉬운 지점이라면 아직 인도에 비교해서 세계적인 수준의 대학이 부재하다는 것과 부패 지수다. 상위 엘리트를 배출하는 고급 교육기관은 기술 패권 시대에 활약할 고학력의 인재 수를 확보할 수 있는 기반이 약하다는 의미인데, 이는 앞으로 인도네시아가 해결해야 나가야 할 과제 중 하나다. 그리고 인도네시아는 앞에 소개한 4개의 신흥국 중 가장 부패 지수가 높다. 이는 뒤에서 설명하겠지만, 네덜란드 식민시대부터 이어진 봉건 질서가 복종과 겸손의 미덕을 강조하는 자바 문화와 결합해 이어졌고, 부패가 고위 정치인부터 말단 지방까지 뿌리 깊게 박힌 결과다. 다만 이 문제는 현재 인도네시아 민중의 부패 해결에 대한 요구와 의지가 높아서 시간이 지나면 해결될 것으로 보인다.

2. 인도네시아 이해하기
5가지 이야기로 인도네시아 맥락 잡기

인도네시아의 경제, 산업, 기업은 한국 그리고 서구권의 그것과 상당히 다른 특성들이 있다. 이를 이해하기 위해서는 인도네시아의 역사를 어느 정도는 알아야 하는데, 이 짧은 책에서 인도네시아의 긴 역사를 모두 다룰 수는 없다. 이 장에서는 비교적 간단한 이야기 몇 가지를 통해 투자자와 비즈니스맨이 알아두면 좋을 인도네시아 정치, 경제, 사회, 문화에 관한 지식을 정리하려고 한다. 투자와 비즈니스에 직접적인 연관은 없지만, 인도네시아 뉴스와 중요한 변화들을 이해하는 데 도움이 될 것이다.

① 무지개 분대의 메시지
인도네시아의 이슬람 민족주의와 교육

국민 영화 〈라스카 쁠랑이〉로 보는 인도네시아

〈라스카 쁠랑이Laskar Pelangi〉는 2008년 인도네시아 박스오피스 역사상 가장 높은 수익을 올린 영화로 2005년에 출간된 같은 제목의 소설을 원작으로 한다. 원작 소설은 역사상 가장 많이 팔린 인도네시아 문학인데, 한국에는 《벨리통 섬의 무지개 학교》라는 제목으로 소개됐다. 원작 제목을 직역하면 '무지개 분대'인데, 한국인이 이해하기 좋게 소설의 배경이 되는 지역의 이름을 넣었다. 한글 표기법에 맞춰 벨리통으로 번역되었는데, 현지 발음으로는 블리뚱Belitung이다.

소설은 수도 자카르타 근교 블리뚱 섬의 외진 마을에 있는 학교에서 이야기를 시작한다. 이 학교는 이슬람식 근대주의를 추구하는 무함마디야 소유의 학교인데, 10명의 신입생을 모집하지 못하면 폐교될 위기에 처한다. 다행히 마지막 한 명이 폐교 직전 채워져서 10명의 신입생을 모집하며 작은 학교에서의 이야기는 시작된다. 한 아이는 학교를 가기 위해 악어떼가 있는 강을 건너기도 하며, 다른 아이는 매일 학교에서 집까지 왕복 80km를 자전거를 타고 달린다. 아이들끼리 첫사랑 이야기도 있고, 천재 아이도 등장하는 등 여러 아름다운 에피소드들이 있다.

국민 영화 〈라스카 뻴랑이〉 영화 포스터

인도네시아 내에서 엄청나게 각광받았던 이 작품을 통해 인도네시아 대중이 어떤 메시지에 공감하는지 엿볼 수 있다. 소설의 몇 부분을 통해 그것들을 살펴보자.

"린탕의 아버지는 이제 린탕을 학교에 보내기로 한 결정이 올바른 것이었다고 생각했다. 무엇보다도, 아들의 끓어오르는 열정을 바라보는 것만으로도 행복했다. 린탕이 언젠가 동생 다섯을 학교에 보낼 수 있기를 바랐다. 그래서 가난의 굴레에서 벗어날 수 있게 해주기를 바랐다. 그래서 있는 힘껏 린탕의 교육을 뒷바라지해주었다."

한국 부모의 생각이라고 해도 좋을 이 내용에는 교육은 시골 사람이든 도시 사람이든 누구에게나 평등해야 한다 생각이 전제되어 있다. 교육이 가난한 사람들의 희망이 되려면 국가는 차별없이 보편 교육을 실행해야 한다.

"태양 바로 아래에는 아라비아어로 적은 문장이 있었다. 2학년 때 아라비아어를 배운 뒤, 난 그 문장이 "좋은 일을 하고 나쁜 일을 하지 마라"는 뜻이라는 걸 알았다. 이것은 3,000만 명 이상의 회원을 보유한 인도네시아에서 두 번째로 커다란 이슬람 조직인 무하마디야의 교훈이다. 이 문장은 우리 가슴속에 새겨져, 어른이 되어가는 내내 마음속에 남아 있었다."

여기서 이슬람 무함마디야 단체가 설립한 학교가 기초교육에 큰 역할을 한다는 사실을 알 수 있다. 교육은 인도네시아인들의 희망인데, 그 교육을 떠받치는 중요한 기둥 중 하나가 이슬람이다.

통합 국가의 구심점으로서 이슬람

중국 시장 대신 선택할 만한 시장으로 상당수의 한국 사람들이 베트남을 꼽는 건 같은 유교 문화권이기도 하고, 한국인 입장에서 좀 더 이해하기 쉽기 때문이다. 이미 삼성 등 대기업이 터를 닦아 놓았고, 아무래도 적응하기 쉽다. 사실 인구 규모나 잠재력으로 보면 베트남이 중국 시장의 대안이 되기는 힘들다. 오히려 인구가 3억 이상인 인도네시아, 말레이시아, 싱가포르 등 말레이-인도네시아어권이 인구 1억인 베트남보다 훨씬 큰 시장이지만 한국인이 꺼리는 가장 큰 이유는 결국 이슬람이다.

일단 한 가지 사실을 분명히 해두고자 한다. 인도네시아의 국교는 이슬람이 아니다. 그래서 엄밀히 말하면 이슬람 국가가 아니며, 인도네시아는 다른 종교를 잘 존중해주는 나라이기도 하다. 그렇기에 인도네시아에 살거나 사업을 하기 위해 이슬람 교리를 깊게 이해하거나 개종할 필요는 없다. 다만, 이슬람 교도가 인구의 대다수를 차지하고 있다는 것도 사실이다. 그렇기에 이슬람이 인도네시아 사회에 어떤 영향을 끼치고 있는지를 이해할 필요는 있다.

이를 이해하기 위해서는 우선 인도네시아가 한국과는 달리 하나의 민족 국가로 살아온 세월이 그리 길지 않다는 사실을 알아야 한다. 만약 100년 전 인도네시아 사람에게 "너는 어디 사람이니?"라고 물으면 "인도네시아 사람이에요"라고 대답할 사람은 거의 없었을 것이다. 자바인, 바딱인, 순다인, 발리인 등 부족명으로 답하는 사람이 대부분이었을텐데, 당시 자바인에게 '너는 자카르타에서 4,000킬로미터 떨어져 있는 파푸아인과 같은 인도네시아 사람이야'라고 말하면 갸우뚱 했을 것이다. 인도네시아인들이 자신을 '인도네시아인'으로 이해한 세월은 그리 길지 않다.

각기 다른 부족으로 흩어져 있던 공간들을 하나로 합쳐지게 된

계기는 네덜란드가 오늘날 인도네시아 지역의 섬들을 18세기 말부터 20세기 초까지 차근차근 식민화하면서부터다. 다음 지도는 어떻게 오늘날의 인도네시아 영토가 만들어졌는지를 보여준다.

아랍 상인의 영향으로 이슬람이 오늘날 인도네시아 영토 전역에 퍼지긴 했으나, 오직 알라만 유일신으로 인정하는 정통 이슬람이 아닌 토착 신앙 및 주술적 요소가 혼합된 이슬람이 대세였다. 20세기 초까지 동인도제도의 대다수 지역은 이슬람 자체보다 토착 신앙과 애니미즘이 주를 이루었다고 볼 수 있다.

20세기 초가 되어서야 인도네시아에서 도시의 독실한 이슬람 교도들로 불리는 산뜨리Santri의 삶이 새롭게 제안되었다. 다르게 말하면, 힌두, 애니미즘, 토착 종교 등 주술적 신비주의 요소가 혼합된 이슬람을 거부하는 개혁적, 근대적 이슬람의 비약적인 발전이 있었다. 1912년 '꾸란과 하디스로 돌아가자'라는 구호를 내건 이슬람 단체 무함마디야Muhammadiyah가 설립되었고, 영향력을 급속히 확장했다. 그 결과 많은 사람들이 전근대적 미신과 주술적 삶에서 점차 벗어나게 되었다.

인도네시아에서 정통 이슬람 문화가 본격적으로 확산된 역사가 짧기에 토착 신앙과 애니미즘에서 비롯된 문화가 인도네시아 곳곳에 뿌리박혀 있으며, 다른 종교와 문화의 흔적도 많다. 인도네시아를 대표하는 유적 및 문화 유산은 족자카르타Yogyakarta 인근에 위치한 힌두사원 프람바난Prambanan과 불교사원 보로부두르Borobudur이다. 인도네시아의 전통 인형극 와양 쿨릿Wayang kulit은 인도 전설 라마야나Ramayana와 마하바라타Mahabharata의 내용을 전통 악기와 함께 구현한 것이다.

이슬람이 빠르게 인도네시아인의 삶으로 파고들게 된 계기는 네덜란드로부터의 독립이었다. 네덜란드의 식민 통치로 공간은 하나가 되었는데 사람들의 국가 정체성은 제각각인 상황에서 독립을 하게 되자, 통합된 근대 국가를 만들기 위해 인도네시아 공간에 있는 모든 사람들이 받아들일 수 있는 정체성을 만들어야 한다는 과제가 대두되었다.

이에 초대 대통령 수카르노는 독립 이전 인도네시아어를 국어로 제안했고, 집권 초기 빤짜실라Pancasila라는 5개 원칙(유일신 신앙, 인간의 존엄성, 인도네시아 통합, 만장일치 민주주의, 국민에 대한 사회 정의)을 제시했다. 후기엔 NASAKOM(민족주의+종교+공산주의)을 국가 이념으로 내세웠다. 인도네시아 현대사를 거치며 NASAKOM 중 공산주의가 탈락하고 민족주의와 종교(이슬람)가 결합해 살아남았다. 개혁주의와 근대주의를 내세운 무함마디야는 국가를 현대화하고 하나의 국민 정체성을 만들어야 한다는 과제에 훌륭하게 부합했기 때문이다.

세련되고 진보적인 독특한 원리주의

인도네시아에 뿌리를 내린 이슬람 단체 무함마디야는 '원리주의' 성격이 강하다고 평가된다. 이 말만 들으면 인도네시아에 자리잡은 이슬람이 ISIS, 알카에다 같은 폭력 조직과 궤를 같이 하고 있고, "알라후 아크바르" 외치며 자살 폭탄 테러를 하는 이미지가 떠오를 수 있다. 그러나 흥미롭게도 무함마디야는 인도네시아에서 세련되고 지성적인 이미지가 강하며, 진보적인 개혁 운동에 앞장선다. 오히려 세속화에 좀 더 개방적인 나흐다툴 울라마Nahdlatul Ulama, NU이 현지에서 전통주의를 고수하는 보수적 이미지가 강하다.

인류학자 기어츠의 설명이 이를 이해하는데 도움이 된다. 여타 종교가 그렇듯, 이슬람은 인생에 있어 선과 악을 명확하게 나눌 수 있는 기준을 이해하기 쉬운 이분법적 구도로 사회 구성원에게 제시한다. 이슬람적인 삶을 살며 온화하고 남을 잘 도와주는 착한 사람은 '선한 사람Orang baik', 술, 담배, 혼전 성관계를 즐기며 남에게 거짓말을 밥 먹듯 일삼는 사람은 '나쁜 사람Orang jahat'이다. 기어츠는 도시에서 이슬람적인 삶을 착실하게 살고 있는 계층을 산뜨리Santri, 농촌에서 토착 종교 및 주술사에게 의존하는 경향이 있는 계층을 아방안Abangan으로 분류하는데, 이슬람 세계관이 지배하는 사회에서 대다수 사람들은 본인이 교육받은 산뜨리 계층이나, 선한 사람으로 타인에게 비춰지기를 원한다. 시골 촌뜨기 취급을 받지 않는 가장 좋은 방법은 본인이 이슬람을 신실하게 믿는 계층에 속해 있음을 보이는 것이다.

이슬람의 자살 폭탄 테러에 대해 어떻게 생각하는지 다수의 친구들에게 물어본 적이 있는데, 하나같이 같은 답변이 돌아왔다. "ISIS 같은 극단주의 테러리스트 집단이 말하는 이슬람은 참된 이슬람이 아니며, 이슬람의 본질은 평화의 가르침이다"라는 것이다. "이슬람이라 미안해, 우리나라도 이슬람을 버리고 세속화, 서구화를 추구하는 나라가 되어야 해"라고 말하는 사람은 거의 없었다. 문제의 원인은 이슬람 자체가 아니라 이슬람을 이상하게 받아들인 테러범들이라는 게 이 나라에서의 컨센서스이다.

물론 이슬람적 교리가 음주, 혼전성관계 등 쾌락적 요소를 금지하는 건 맞으나, 일탈을 하는 인도네시아 무슬림들은 자신의 종교를 저버리지 않으면서 본인의 일탈 행위를 '유연하게' 합리화하는 데에 이미 오래전부터 익숙하다. 이슬람을 버리고 무교를 선언하거나 다른 종교로 갈아타는 일은 극소수의 일탈 정도로 그칠 것이다. 그러므로 인도네시아를 이해하려면 이슬람 문화를 접하고 익숙해지는 방법에 대해 어느 정도는 고민해야 한다.

무함마디야와 인도네시아 교육

이슬람은 수백 개의 인도네시아 종족들을 하나로 묶는 구심점이기도 하지만, 민족적 자부심과도 연결되어 있다. 인도네시아의 문맹률은 4%로, 인도의 26%보다 훨씬 낮다. 특히 인도네시아가 섬으로 이루어져 있다는 지리적 특성상 단절된 곳이 많음을 감안한다면 상당히 양호한 수치다. 이 비교적 낮은 문맹률은 무함마디야와 깊은 관계가 있다. 기초 교육의 상당수는 이슬람 단체 무함마디야가 세운 학교일 정도로 이슬람이 기초 교육에서 상당한 역할을 도맡고 있기 때문이다.

2015년 8월 2일 현지 언론 《리퍼블리카Republika》 기사에 따르면 무함마디야 소속 교육기관은 10,381개에 달하며 4,623개 유치원, 2,604개 초등학교, 1,772개 중학교, 1,143개 고등학교, 67개 이슬람 기숙학교, 172개 대학교일 정도로 교육에 끼치는 영향력이 상당하다. 이 중 이슬람 기숙학교를 뽄독 쁘산뜨렌Pondok Pesantren이라고 부르며, 상위 명문 쁘산뜨렌의 경우 한국의 특목고 입학처럼 경쟁이 매우 치열하다.

즉, 이슬람은 교육을 통해 본인과 아이들의 삶을 바꾸겠다는 열망이 강한 인도네시아 대중 속에 깊이 자리잡았다. 여기에 더해, 그간 공무원들과 결탁해 자원을 독점하고 있던 화교, 외국계 기업

등에 저항하며 반부패와 부조리 척결의 목소리를 높이고 있는 것도 이슬람 단체를 중심으로 이루어지고 있다.

인도네시아의 자원 민족주의

〈라스카 쁠랑이〉에서 인도네시아의 자원 민족주의도 읽어낼 수 있다. 소설이 배경이 되는 블리뚱 섬은 45분 정도 비행기를 타고 가면 나올 정도로 수도와 매우 가까운데다 바다가 매우 아름다워 현지인들이 주로 찾는 주말 여행지 중 하나로 유명하다. 그런데 바로 옆에 있는 섬 방카Bangka와 더불어 캔, 유리, 액정 등에 사용되는 주석의 대표 산지이기도 하다.

참고로 호주의 시가총액 1위 광물자원 기업인 BHP 그룹은 2001년 호주의 BHP와 영국의 빌리턴Billiton이라는 두 거대 기업의 합병으로 만들어졌는데, 이 빌리턴의 모태가 바로 블리뚱 섬에서 이뤄졌던 주석 사업이었다. 회사 이름도 1860년에 세워지면서 섬의 이름을 그대로 따서 지어졌다. 150년이 넘는 채굴 기간에도 불구하고 이 섬에서는 여전히 막대한 양의 주석이 생산되고 있을 정도로 매장량이 매우 풍부하다. 현재 이 섬에서의 주석 사업은 국영기업인 티마PT Timah가 주로 담당하고 있다.

이 자원에 관한 이야기가 〈라스카 쁠랑이〉에 등장한다.

"'PN 티마Timah'라는 이름의 회사가 그 엄청난 자연자원(주석 등)을 개발했다. PN은 국가소유 기업이라는 뜻이고, 티마는 주석을 의미한다.

(…)인도네시아 정부는 식민지 네덜란드로부터 PN을 인수했다. 자산만 몰수한 게 아니라 봉건적인 정신까지도 그대로 이어받았다. 인도네시아 정부가 인수한 뒤에도 토착 원주민 고용인들에 대한 PN의 대우는 여전히 매우 차별적으로 남아 있었다. 카스트와 비슷한 틀에 따라 차별대우를 했다.

가장 높은 카스트는 PN 경영진이 독차지했다. 우리는 이들을 '스태프'라고 불렀다. 가장 천한 카스트는 다름 아닌 우리 부모들이었다."

이 불만 섞인 서술에서 자원은 특권 집단이나 외국인의 것이 아니며, 인도네시아 대중을 위한 것이라는 자원 민족주의의 정서를 엿볼 수 있다. 이는 문민정부 조코 위도도(이하 조코위) 정부가 들어선 이후로 점차 강해지고 있다. 조코위 대통령은 이에 부응하고 강화하려는 듯한 행보를 보였으며, 인도네시아인들은 대체로 속시원하다는 반응이다. 일례로 조코위 대통령은 2018년 12월 21일 기존 대주주인 미국 프리포트 맥모런Freeport McMoran이 보유하고 있던 세계 최대 그래스버그Grasberg 금·구리 광산 지분 90% 중 상당수를 넘겨받았다. 이로 인해 국영기업 인알룸Inalum 등이 이 광산 지분의 과반수(51%)를 차지하게 되었다. 그래스버그 광산은 금 보유량이 전 세계에서 가장 많고, 구리 광산도 세계 2위 수준에 달한다.

다만 조코위 정부가 유독 중국 정부에 큰 소리를 내지 못하고 있다는 의견도 있는데, 이런 의견 역시 민족주의 색채를 띈다. 최근 이차 전지 핵심 소재인 니켈 매장량 1위인 인도네시아가 여러 러브콜을 받고 있는데, 이미 중국 업체들이 너무나도 좋은 조건으로 인도네시아와 계약을 체결했다는 것이다. 경제금융개발연구소 선임 경제학자 파이살 바스리는 니켈 제련 다운스트림 산업으로부터 나오는 수익의 90%는 중국이 가져갔고, 단지 10%만 인도네시아의 몫이라고 주장했다. 인니 언론 CNBC 인도네시아CNBC Indonesia는 이를 두고 '조코위가 뼈 빠지게 일할 때, 중국은 연이어 승리하고 있다'고 논평했다. 조코위는 자신이 니켈 원광을 그간 싸게 팔아 넘겼던 관행을 버리고, 인니 기업과의 합작 제련소를 통해 부가가치를 크게 창출했다며 과시했으나, 실제로는 인도네시아의 니켈 제련소 중 95%가 중국의 제련소라는 주장이 제기되고 있다.

② 두 기업가 이야기
살림 그룹으로 보는 인도네시아 기업

삼성과 살림, 출발은 비슷했다

찰스 디킨스가 쓴 《두 도시 이야기》는 프랑스 혁명 시기 런던과 파리 두 지역을 중심으로 시드니 칼튼과 찰스 다네이라는 비슷하면서도 다른 두 인물이 주인공으로 등장한다. 이 소설과 비슷한 구도로 이야기를 만들어도 좋을 두 걸출한 사업가가 1945년과 1947년에 갓 독립한 대한민국과 인도네시아에 있었다. 삼성 그룹의 창업자 이병철과 살림 그룹의 창업자 수도노 살림Sudono Salim이 그 주인공이다.

한국, 인도네시아 경제사의 두 거인 이병철(좌)과 수도노 살림(우)

비슷한 시기에 태어난 이병철(1910년생)과 수도노 살림(1916년생)은 오늘날 양 국가를 대표하는 시가총액 1위 기업의 창업주다(이병철: 삼성전자, 수도노 살림: BCA은행). 또한 둘 모두 제당업, 제분업과 같은 수입대체 식품가공 경공업에서 출발했다는 공통점이 있다.

삼성그룹의 뿌리는 제일제당이다. 한국전쟁 와중인 1953년 당시

대한민국은 제지, 제약, 설탕 등 기초 물품조차 생산할 수 없는 상황이었고, 당시 북한에만 대일본 제당 공장이 있었을 뿐 남한에는 전무했다. 이병철은 무역업으로 번 돈을 투자해 1953년에 한국 최초의 현대적 제당 생산 시설을 설립했으며, 1957년 제분 공장을 추가로 준공했다. 제일제당으로 기술 경험치와 자본을 축적한 후에는 기술 난이도가 높은 모직, 비료, 전자, 석유화학, 기계, 반도체 순으로 진출했고, 모두 성공을 거두었다.

수도노 살림의 초창기 삶은 이병철보다 더 극적인 측면이 있다. 중국 푸젠성에서 태어나 20세가 되던 해 고국을 뛰쳐나가 수마트라의 중심 도시 메단으로 건너가 조그마한 무역 회사를 시작했다. 당시 메단에서 훗날 대통령이 되는 보급장교 수하르토Suharto와 친분을 쌓았고, 그의 인맥 투자는 대박을 터뜨렸다. 1957년 살림은 현재 인도네시아 시가총액 1위이자 최대 민간은행인 BCABank Central Asia를 설립했다.

1965년 수하르토가 정권을 잡게 되면서 살림은 독점 경제의 최대 수혜자가 된다. 살림은 수하르토의 이복동생과 함께 정향 수입 독점권은 물론, 밀가루 제분 독점권까지 얻게 된다. 이 밀가루 독점권을 토대로 보고사리Bogosari라는 인도네시아 최대 제분업체를 세웠고, 뒤이어 미고랭 볶음면을 만들어서 밀가루의 부가가치를 높여 팔아 현금을 쓸어 담았다. 한국 사람의 주식이 쌀밥이듯 인도네시아 사람의 주식은 미고랭이다. 살림 그룹의 볶음면 사업은 잘

될 수밖에 없었고 훗날 볶음면 사업부는 인도네시아의 식품 공룡 기업인 인도푸드Indofood가 되었다.

이후 삼성처럼 여러 산업으로 사업 다각화도 진행했다. 금융, 부동산, 섬유, 고무, 시멘트, 목재 등 여러 분야로 사업을 확장했고, 더 나아가 인도 인도모빌Indomobil이라는 자동차 회사도 설립해 벤츠, 폭스바겐, 아우디, 닛산, 스즈키, 기아 등 외국계 자동차 회사의 제품들을 조립했다.

내수 시장에 안주해버린 살림 그룹

두 기업인의 시작은 비슷했으나 발전 방향 및 국가에 끼친 영향은 매우 달랐다. 한국의 재벌 이병철은 '사업보국'을 기치로 내걸며 상당한 수준의 국민적 호응을 이끌어 냈고, 삼성을 글로벌 기술 경쟁력이 있는 기업으로 성장시켰다.

반면 푸젠성 화인 출신 인도네시아 재벌 수도노 살림은 독점권의 보호를 받는 내수 시장에서 돈을 벌기 쉬운 사업에 주력했다. 살림 그룹의 기업들은 글로벌 경쟁력이 없었고, 그것을 추구하지도 않았다. 독점으로 보호받는 인도네시아 밖을 벗어나면 살림 그룹의 비즈니스는 통하기 어려웠다. 일례로 인도네시아에서 외국계 자동차 기업들은 국가의 보호받는 국내 조립업체들을 거쳐야만 인도네시아에서 사업을 할 수 있었는데, 인도모빌은 지금의 현대기아자동차의 길을 가기보다 외국계 자동차 기업의 조립 공장으로 만족했다. 이처럼 살림 그룹의 기업들은 기술 격차를 통해 경쟁 우위를 확보하려 하지 않았고, 막대한 R&D 비용 없이 손쉬운 독점력을 행사하여 인도네시아 내에서 다른 경쟁사보다 우위에 설 수 있었다.

인도네시아 사람들은 먹는 것부터 시작해 필수소비재, 은행 대출 이자 등 살면서 살림 그룹에 많은 돈을 지불했지만, 살림 그룹의 비즈니스는 인도네시아의 산업 기술 진보에 크게 기여하지 못했다. 수도노 살림은 인도네시아인과 생김새가 확연히 다른 화인 출신이었기에 살림 그룹을 지지해 달라는 애국심에 호소할 수 없었으며, 본인도 그럴 생각이 없었다. 1998년 독재자 수하르토가 하야했을 때 수천 명의 중국계 사람들이 살해당했으며, 수도노 살림은 전 국민적 원성을 받으며 싱가포르로 쫓겨났다.

삼성은 1950년대 중반에 이루어진 은행 민영화 당시 시중 4대 은행 지분 전체의 절반을 소유하며 금융기관을 장악한 바 있으나, 이 은행들의 지분은 1960~1961년 혼란기를 거치며 다시 국유화되었다. 반면 살림 가문의 돈줄이었던 BCA는 금산분리 명목의 국유화 압박으로부터 자유로웠다. 1998년 아시아 외환위기 당시 뱅크런 위기를 겪자 일시적으로 정부에 인수되었으나, 우여곡절을 거쳐 결국 또 다른 민간 재벌 자룸Djarum그룹으로 넘어가게 된다.

국가 발전 초기 단계에서 은행을 민영화해 민간 자율에 맡기면 자본이 단기적으로 안전하게 돈을 벌기 쉬운 부동산 같은 소비자 대출로 향하는 경향이 있다. 즉, 단기적으로는 실패 확률이 높으나 중장기적 관점으로 국가 발전에 도움이 되는 산업 및 기술 육성을 위한 기업 대출에 돈이 가지 않는다. 다르게 말하면 모험자본 투자보다는 지대 추구에 골몰하게 된다. 인도네시아는 그 전형이라 해도 좋을 정도였다.

화인 자본의 한계

삼성 오너 가문이 보유한 삼성 그룹 주식은 한국 증권 시장에 상장되어 있다. 반면 살림 그룹의 중간 지주회사 인도푸드아그리Indo-food Agri는 싱가포르, 독일에 상장되어 있으며 최종 지주회사 퍼스트퍼시픽First Pacific Company Ltd은 홍콩에 상장되어 있는 데다 핵심 사무소 중 일부가 버뮤다 같은 조세피난처에 흩어져 있다. 인도네시아에서 벌어들인 부를 1998년 대규모 소요 사태 훨씬 이전부터 영리하게 해외로 옮긴 덕에 살림 그룹의 부는 BCA 은행을 빼앗긴 것을 제외하면 큰 타격없이 보존될 수 있었다.

살림이 그랬듯 인도네시아는 물론이고 동남아시아의 주요 자본가들은 화인, 즉 중국계다. 싱가포르판 신데렐라 영화 〈크레이지 리치 아시안Crazy Rich Asians〉을 보면 주인공 영 가문 친척들의 배경이 싱가포르, 대만, 홍콩 등 상당히 국제적이다. 2007년 기준 대륙별 화교/화인의 수와 분포 통계를 보면 총 4,543만 명 중 3,349만 명이 동남아시아에 거주하고 있으며, 이는 전 세계 화교/화인 인구

의 73.5%를 차지하는 수준이다.[3]

중국 해상무역상들은 일찍이 동남아에 진출했고, 15세기 초부터는 자바의 수라바야, 수마트라의 팔렘방 등에 중국인 집단 거류지가 이미 형성되었다고 한다. 17세기 중반부터 청나라는 해금조치를 해제했고, 이 시기부터 중국의 동남지역 푸젠성과 광동성 주민들이 대거 동남아 항구도시로 진출하게 된다. 이후 19세기 중반 아편전쟁, 20세기 초반 제1차 세계대전을 계기로 동남아시아에서 기회를 찾기 위해 화인들이 대거 이주를 한다. 화인들은 동남아 각지에서 수백 년 이상 온갖 고생을 하며 큰 부를 쌓아 번영을 누리고 있다. 싱가포르의 UOB 은행과 OCBC 은행, 태국의 CP 그룹, 인도네시아의 살림 그룹과 시나르마스 그룹은 인도네시아 화인 경제를 대표하는 재벌 그룹이다.

상당수의 화인들은 중국으로부터 이주한지 굉장히 오랜 시간이 흘렀기에 중국 본토 국민으로의 정체성은 희미해졌으며, 본인을 1970~1980년 이후 이민 온 신이민자와 분리하려는 경향이 강하다. 특히 동남아로 진출한 화인 남성과 토착민 여성과의 결혼은 흔했는데, 아무래도 먹고 살려고 남성 혼자 본토를 빠져나온 나온 경우가 많았기 때문이다. 중국인 남성과 토착민 여성 사이의 혼혈 2세를 말레이시아, 인도네시아, 싱가포르에서는 페라나칸Peranakan(현지 발

---

[3] 리궈량 외 10인 저, 《동남아화교화인과 트랜스내셔널리즘》, 송승석 역, 학고방, 2014. 46-47p. 참고.

음은 뻐라나깐), 필리핀에서는 차이니즈 메스티소Chinese Mestizo라 부른다.

이렇게 동남아 각지에 정착한 화인 자본가들은 삼성이 보여주었던 '보국'의 개념이 별로 없다. 동남아 화인 재벌들은 살림처럼 동남아시아 내 해외로 자본을 자주 밖으로 빼돌리는데, 요즘은 주로 패밀리 오피스 설립 건수가 급증하고 있는 싱가포르가 선택된다. 인도네시아 정부는 싱가포르로 빠져나간 화인 자본을 자국으로 다시 돌려놓으려는 시도를 수차례 했는데, 구체적인 규모가 통계에 잡힌 것도 부족하고 매번 유의미한 성과를 내는 데에 실패했다.

③ 농끄롱과 무샤와라
수다의 문화와 협의의 정치

수다쟁이들의 천국

1년간 UNDIP라는 인도네시아 상위 10위 안에 들어가는 지방국립대에 지낸 적이 있는데, 그때 현지 대학생들과 함께 지내며 인상 깊었던 점이 있다. 대학생들이 하나같이 말을 굉장히 잘했다. 어지간한 말빨로는 이기기 힘든 토론의 명수들이 발에 채일 정도로 많았고, 몇 시간 내내 이야기해도 지치지 않았다. 나중에 알게 되었지만 이는 인도네시아인 대다수가 어렸을 때부터 친구 집이나 와

룽(작은 식당) 같은 곳에 주저 앉아서 몇 시간이고 밤 늦게까지 도란도란 이야기를 나누는 습관이 있기 때문이었다.

꼭 주제를 놓고 일관성 있는 대화를 하는 게 아니다. 주변 친구, 인스타셀럽, 사진, 연애, 맛집 등 여러 시시콜콜한 이야기를 한다. 처음 보는 사람들끼리도 거리낌없이 합류해 수다를 떨고, 대화 중에 자리에 없는 친구가 생각나면 영상통화 걸어서 원격으로 같이 이야기를 나눈다. 그 시간은 보통 4~5시간은 우습게 보낼 만큼 길다. 이렇게 긴 수다로 스트레스를 푸는 문화를 농끄롱Nongkrong이라고 한다.

농끄롱은 나이를 가리지도 장소를 가리지도 않는다. 나이 차이에 관계없이 버스나 기차에서 모르는 사람과 거리낌없이 수다를 떨곤 한다. 한국에 여행 온 인도네시아 친구가 도착해서 처음 놀랐던 게 지하철을 탔는데 사람들끼리 아무도 말을 하지 않고 각자 핸드폰만 만지작거리는 것이었다고 한다. 남에게 피해를 안 끼친다는 점에서 좋긴 한데, 왠지 모르게 삭막하게 느껴졌다는 말도 덧붙였다.

"한국에도 술자리나 회식 문화가 있지 않느냐?"라고 생각할 수 있지만, 좀 다르다. 일단 술 없이도 긴 시간 동안 대화를 나누고 장소의 구애를 별로 받지 않는다. 농끄롱은 친하다고 말하기 힘든 사람들과도 심심찮게 이루어지며, 강제성이나 계획성 없이 자발적으로 자연스럽게 이루어지는 경우가 많다.

다문화 국가를 유지하는 힘

그럼 농끄롱은 언제 끝나는 것일까? 대화에 참여한 모든 이들이 자기가 하고 싶은 말을 어느 정도 다 했다며 만족했을 때다. 즉, 모두가 만족했다는 만장일치적인 합의가 있어야 자리를 다 같이 뜰 수 있다. 그래서 농끄롱이 4~5시간 이상 길어지는 것이다.

인도네시아에서 이루어지는 의사결정은 상당히 늦는 편인데, 이는 농끄롱이 길어지는 이유와 연결되어 있다. 인도네시아에는 무샤와라Musyawarah라는 만장일치 협의 전통이 있다. 무샤와라는 앞서 소개한 인도네시아 5대 건국 이념에도 포함되어 있을 정도로 인도네시아 사회를 이해하는 중요한 개념으로, 거대한 다문화 국가가 분열없이 유지되는 원동력이기도 하다.

인도네시아 문화에서는 모든 이들이 용기 있게 목소리를 내는 것을 상당히 중요한 가치로 여긴다. 소외되는 사람 없이 모든 이들의 의견을 진지하고 경청하는 것을 중요하게 생각하며, 말하는 내용이 아무리 터무니없더라도 용기를 북돋우며 상대방을 존중해준다. 독재 정부를 경험한 인도네시아 사람들이 더 이상 약자의 목소리가 소외되지 않도록 하기 위해 오늘날 더욱 강조하는 덕목이기도 하다.

이는 강의실이나 비즈니스 회의장에서 쉽게 확인할 수 있다. 한국에서는 대학교에서 교수가 질문을 해도 학생이 대답을 하지 않는 경향이 있다. 강의실 내에서 '나대는' 행위를 조심하는 분위기다. 하지만 인도네시아에서는 너도 나도 대답하려고 나선다. 비즈니스 회의에서 백데이터와 근거 없는 큰 그림과 직관적 판단을 앞세워 이야기를 하는 경우가 왕왕 있는데, 회의에서 이를 제지하거나 문제 삼는 경우는 많지 않다.

무샤와라, 그리고 연합과 합의의 정치

무샤와라를 건국 이념을 삼았던 만큼, 인도네시아의 정치에서도 무샤와라적 합의제 전통이 작동한다. 인도네시아 정당 정치는 지지율 분포도가 상당히 잘게 쪼개어진 다당제다. 거대 양당제가 아니기 때문에, 각 군소 정당은 지지율에 비해 큰 협상력을 갖출 수 있다. 한국에서는 군소 정당이 대통령 후보로 나오면 들러리로 나오는 게 아니냐는 비판이 나올 정도로 영향력이 미미하지만, 인도네시아에서는 군소 정당도 정치에 큰 영향력을 행사한다.

이는 중요한 정치적 의사결정의 신속함을 방해하기도 한다. 조코위 대통령은 신수도를 사람이 거의 살지 않는 칼리만탄섬 정글 한복판에 세우기로 결정했다. 왜 그랬을까? 여러 이유가 있지만, 지난한 의사결정 과정을 피하기 위해서라는 의견도 있다. 자바섬에서 대규모 토지를 마련하는 것은 이제 불가하고, 본인의 임기가 얼마 남지 않았는데, 신속한 사업 진행을 위해서는 대규모 국유지를 활용하는 게 나아 보였기 때문이라는 것이다. 정부 땅이기 때문에 토지 수용을 위한 무샤와라 만장일치가 필요 없다.

2024년 2월 14일에 인도네시아 총선과 대선이 있었는데, 이날 국회의원, 대통령, 부통령 선거가 한꺼번에 진행됐다. 인도네시아 대통령 임기는 5년 중임제로 3선이 불가하기 때문에, 조코위는 2023년을 마지막으로 임기를 내려놓아야만 했다. 재미있는 사실은, 전 세계 정치인들에게 치명적이었던 코로나19 위기를 겪었음에도 불구하고 임기 마지막 해인 2023년 초 조코위의 지지율은 76%에 달했다.

대통령 후보를 제출하기 위해서는 의회 의석의 20%(115/575석) 이상을 확보하거나, 직전 선거에서 25% 이상의 표를 받은 정당 또는 연합이어야만 한다. 여기서 '연합'이 중요하다. 2019년 총선 기준 단독으로 의회 의석의 20% 요건을 만족하는 정당은 이 비율을 간신히 넘긴 투쟁민주당Partai Demokrasi Indonesia Perjuangan, PDI-P 하나밖에 없다. 즉, 정당 연합은 필수다. 대선에 출마하는 정당 후보자들은 여러 정당과 연합해 표 대결을 하게 되며, 최종 국면에 이르기 전까지 정치적 거래를 활발히 주고받는다. 어느 정도 정당 간 합의가 이루어진 후반부에 이르러서야 최종 후보가 결정된다.

최근의 선거 지형

이번 대선에서는 3명의 주요 후보가 있었다. 전 대통령 조코위의 출신 정당인 PDI-P의 후보 간자르 프라노워Ganjar Pranowo 중부자바 주지사, 3번째로 대통령에 도전하는 위대한 인도네시아 운동당Gerindra의 프라보워 수비안토Prabowo Subianto 국방부 장관, 나스뎀NasDem당의 지지를 받는 아니스 바스웨단Anies Baswedan 자카르타 주지사다.

PDI-P 간자르(좌) - 진보 / Gerindra 프라보워(중) - 보수 / NasDem 아니스(우) - 중도

중부자바 주지사인 간자르는 경찰의 아들 출신으로 서민 출신 조코위와 마찬가지로 정치 엘리트 가문이나 군부 뒷배경이 없는 새로운 세대의 정치인이다. 간자르는 1990년대 반독재 운동에 참여하여 국부 수카르노의 맏딸 메가와티의 눈에 들었고, 그녀가 이끄는 PDI-P에 합류하며 정치 커리어를 시작했다. 2013년 중부자바 주지사 선거에 당선된 간자르는 청년들을 조직해 지역 내 반부패 운동을 벌였으며, 경찰관의 불법 징수 관행을 호되게 질타해 큰 호응을 얻기 시작했다. 또한 전 대통령 조코위는 이슬람 이미지가 다소 약하다는 약점이 있었는데, 간자르의 경우는 NU의 이슬람 기숙학교(쁘산뜨렌) 배경을 가진 여성과 결혼했기에 신실한 이슬람교도로 인정받는 편이다.

다만 치명적인 말실수를 하는 게 단점인데, 대표적으로 2023년 3월 간자르와 투쟁민주당은 20세 이하(U-20) 월드컵에서 종교적 이유로 이스라엘을 보이콧해야 한다고 주장했다. 그러자 FIFA는 대회를 불과 두 달 앞두고 인도네시아를 개최국에서 제외했고 대신 아르헨티나에서 대회를 진행했다. 배타적 이슬람 이미지가 강해지고 큰 규모의 축구 대회를 자국에서 개최되는 것을 막았다는 불만이 쌓이면서 지지율이 낮아졌고, 결국 대선에서 패했다.

대통령 후보로만 벌써 3수생인 프라보워는 유력 가문 출신 엘리트 정치인이자 사업가이며, 전직 육군중장 출신으로 강력한 카리스마를 지녔다. 할아버지는 인도네시아 대형은행 BNI의 설립자였고, 아버지는 재무장관으로 일하며 수하르토 정부의 경제 정책을 입안했다. 아내는 수하르토의 딸이다.

주변 인물과 배경뿐만 아니라 본인의 화려한 커리어도 많은 인도네시아 사람들의 존경을 자아낸다. 육군 중장이 되기 이전에는 코파수스Kopassus 특수부대 사령관으로 대테러 작전을 성공적으로 완수했고, 명예로우며 결단력 있는 유능한 이미지가 강하다. 그뿐만 아니라 직접 자신의 사업을 성공적으로 운영한 경험이 있어서, 경영 및 국방 운영 능력 측면에서 그를 능가한다는 평을 받는 정치인은 쉽게 찾아볼 수 없다. 수하르토 시대의 강력한 리더십의 향수가 남아있는 사람들뿐만 아니라 온건한 성향의 유권자들도 지지한다.

프라보워는 한국인들에게는 불명예스러운 '먹튀' 이미지가 강한

데, 그가 국방부장관으로 재임하면서 기존 방산 사업 전면 재검토를 지시했기 때문이다. 그중 하나가 한-인니 공동 전투기 개발사업 KF-21이다. 한국과 인도네시아는 KF-21 차세대 전투기를 공동 개발하기로 하고, 전체 사업비 8.8조 원 중 인도네시아가 1.7조 원을 납부하는 조건으로 기술 이전 및 현지 생산까지 한국이 제공하기로 합의했다. 그런데 프라보워는 이 사업비 납부를 의도적으로 늦추며 프랑스 라팔, 미라주 같은 다른 나라 전투기를 도입한다는 등 이리저리 간 보는 모습을 오랫동안 보여주고 있다. 2026년까지 전체 금액을 납부하기로 했고, 현재 기준으로 8,000억가량 납부해야 했으나 현재까지 납부 금액은 2,000억 수준이다. 결국 인도네시아 측은 최종 납부 금액을 1.7조원이 아닌 6,000억 원으로 마무리하고, 기술 이전 규모도 1/3 수준으로 받겠다고 밝혔다.

마지막 후보가 아니스 바스웨단인데, 나머지 후보들에 비해서 지지도 높지 않아 이번 선거는 2강 1중의 구도라고 평가되었다. 이 후보의 이미지는 이슬람 및 민족주의다. 2017년 10월 중국계 정치인 아혹의 낙마로 자카르타 주지사에 오른 아니스는 첫 연설 자리에서 '원주민pribumi'이라는 배타성이 짙은 용어를 사용해 논쟁을 만들었다. 다양성 속의 통일을 국가 이념으로 삼는 인도네시아에서 중국계와 기타 이민자들을 배척하는 단어를 공적인 자리에서 사용했기 때문이다.

선거의 결과와 인도네시아의 향방

2023년 11월 최종 대통령-부통령 등록이 끝났으며, 3명의 후보가 대통령으로 지원한다는 것엔 변함이 없으나, 이들의 부통령 러닝메이트 구도가 예상치 못한 방향으로 변했다.

프라보워는 러닝메이트로 조코위의 장남이자 수라카르타 시장인 기브란 라카부밍Gibran Rakabuming을 지명했다. 재밌는 건 현 인도네시아 헌법상 40세 미만은 입후보할 자격이 없어서, 36세의 라카부밍 출마가 불투명했던 상황이었다. 그런데 헌법재판소는 선거를 앞두고 입후보 연령 제한 40세 요건은 그대로 두고, 직접 선거를 통해 지방자치단체장으로 선출되었던 사람은 예외로 후보 출마가 가능하다고 개정하며 기브란이 출마할 수 있도록 길을 터주었다. 문제는 헌재 결정 당시 라카부밍의 고모부였던 헌법재판소 소장 안와르 우스만Anwar Usman이 예외 조항에 찬성표를 던지며 결정에 관여했다는 것이었다. 이는 누가 봐도 조카를 위해 국가의 대사를 바꾸는 일에 관여한 것이어서 큰 비판이 제기되었다.

조코위는 자기 아들을 프라보워의 러닝메이트로 보내며 결과적으로 기존의 정치적 기반이었던 투쟁민주당을 버린 선택을 했다. 자신과 비슷한 행보를 걷고 있는 서민 출신 투쟁민주당의 후보 간자르의 손을 들어주지 않고, 과거 두 번이나 대선에서 맞붙었던 프라보워와 연대한 것이다. 프라보워는 과거 조코위와 정적이었으나, 조코위가 프라보워를 국방부 장관에 임명한 이후로는 우호적 파트너십 관계를 유지했다.

조코위가 투쟁민주당을 버리고 프라보워와의 밀월관계를 강화하게 된 배경으로는 막후에서 투쟁민주당을 이끄는 메가와티 수카르노푸트리Megawati Soekarnoputri 총재의 영향력으로부터 벗어나고 조코위 가문의 정치 왕조를 새롭게 만들고자함이 아니겠냐는 해석이 우세하다. 한편 조코위의 지원 사격을 기대할 수 없게 된 투쟁민주당의 간자르는 같은 당 소속이자 풍부한 경력을 가진 마흐푸드Mahfud MD 정치법률안보조정장관을, 나스뎀의 아니스는 이슬람 정당 지도자인 무하이민 이스칸다르Muhaimin Iskandar를 러닝메이트로 지명했다.

조코위의 아들이 프라보워 측 부통령으로 가게되며 전세는 완전히 기울었고, 높은 지지율로 프라보워가 차기 대통령으로 임기를 시작했다. 또한 평민 출신의 조코위는 아들을 부통령으로 내세우며 오랫동안 존속할 수 있는 정치 명문 가문으로 발돋움할 계기를 마련했다.

④ 밍케의 이유 있는 반항

인도네시아의 질곡, 자바주의

낮은 노동 생산성의 원흉과 그 기원

인도네시아에서 사업하신 분들이 한결같이 하는 말이 있다. 사람들이 한국인들과 비교해 일을 할 때의 효율이 다소 떨어진다는 것이다. 그렇다면 인도네시아인들 자체가 게으른 성향이 있는 것일까? 그렇진 않다. 한국 건설현장이나 공장, 원양어선에서 근무하는 인도네시아 사람들을 보면 게으르지 않다. 하나의 요소로 인도네시아의 노동 윤리와 동기 부여 부재를 설명하기는 힘들겠지만, 그래도 빠지지 않는 요소가 있다. 바로 자바주의와 각종 '약탈'들이다.

자바주의의 기원

인도네시아의 중심 섬인 자바 문화에서 미덕은 온화함 그리고 위계 질서를 존중하는 충성이며, 이런 자바인의 정신 세계를 지칭하는 단어가 끄자웬Kejawen이다. 이는 실질적은 영향력을 거의 상실했으나 여전히 그 영향력을 느낄 수 있는 쁘리야이Priyayi라 불리는 네덜란드 식민시대에 형성된 고위 공무원 엘리트층의 주요 관념이다. 자바어에는 한국말 이상으로 높임말 체계가 정교하게 발달해 있다.

네덜란드는 지배의 편의를 위해 쁘리야이 엘리트층에게 경제적

이권, 권위, 권력 등을 보장했고, 쁘리야이들도 기존 엘리트 질서를 네덜란드인들이 존중해주었기에 크게 저항하지 않았다. 높은 수준의 교육 혜택을 받아 문서 작업에 능숙한 쁘리야이 계층은 네덜란드에 충성했고, 일정한 지분과 권리를 보장받기만 한다면 토지와 자원 허가권 등을 식민 정부에 종종 팔아 넘겼다. 반면 평민들에게는 돈, 답례품 등을 요구하며 세를 과시했다. 인도네시아 상류층은 언제나 아랫사람들이 무언가를 자신들에게 바치기 원했다. 뇌물, 부패 문화가 뿌리 뽑기 힘들 정도로 사회 곳곳에 깊숙하게 자리 잡았다.

인도네시아를 비롯해 힌두 영향을 받은 동남아시아에는 만달라Mandala식 질서라는 개념이 있다. 역사 속 동남아시아 국가들의

동남아시아 옛 역사에서 주목할 만한 만달라 국가

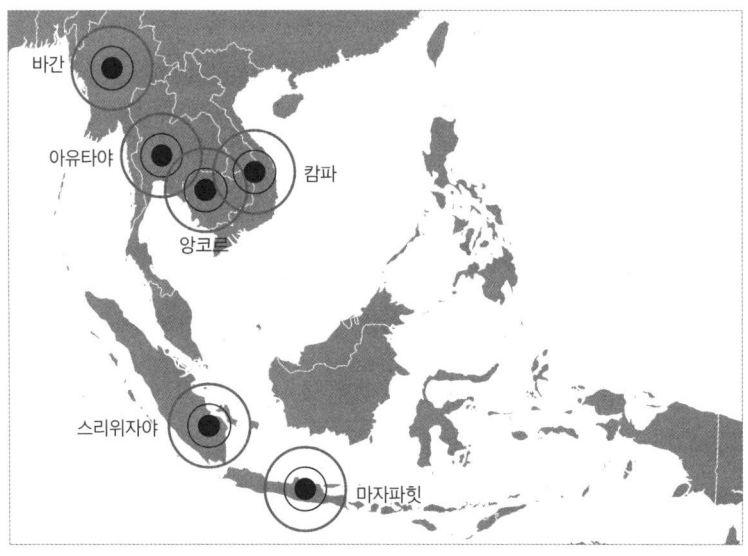

질서를 살펴보면 주권은 만달라라는 중심국에 있으나, 점차 만달라 중심부에서 멀어지며 변경으로 갈수록 자율성이 있는 위성국들이 나타나는 구조가 나타난다. 다만 중심국 군주는 위성국의 충성심, 존경, 지지를 끊임없이 확인했고, 주변부 위성국은 중심국에 복종함으로써 자국민에게 권위를 인정받을 수 있었다.

이렇게 동남아시아 사람들은 한국이나 중국 같은 중앙집권국가 체제에 익숙한 사람들과 정체성을 구성하는 기본 개념이 달랐다. 이 만달라 질서에서 네덜란드가 자바섬의 새로운 중심지 바타비아(자카르타의 옛 이름)를 거점으로 하여 새로운 중심으로 등장했고, 중부지방 마타람 왕국 술탄의 권위를 인정하며 식민 질서를 수립했던 것이다. 술탄을 따르는 군소 귀족들도 마찬가지로 네덜란드 식민지배 질서에 편입됐다.

인도네시아가 하나의 민족국가로서 정체성을 형성한 역사는 한국만큼 오래되지 않았다. 독립 이전 네덜란드 식민 정부는 거대한 군도 지역과 수백 개가 넘는 종족을 하나의 동인도 제도령으로 묶다 보니 관리하기 어려웠다. 그래서 네덜란드는 기존 중심부인 자바섬의 무역항 바타비아(현재 자카르타)를 중심으로 식민지를 운영했다.

식민 통치 극복을 위한 '청년의 맹세'

20세기 초 네덜란드 식민 정부 말기, 인도네시아 독립운동가들은 국가의 무게 중심이 자바에 너무 쏠려 있는 상황이 통합된 하나의 국가를 건설하는 데 큰 걸림돌임을 인지하고 있었다. 인도네시아 초대 대통령이 되는 수카르노Sukarno는 1928년 네덜란드령 동인도에서 '청년의 맹세Sumpah Pemuda' 선언을 통해 국가정체성의 기틀을 마련했다.

그 첫째,
우리 인도네시아의 자녀는 인도네시아라는 단 하나의 조국을 선언하노라.
그 둘째,
우리 인도네시아의 자녀는 인도네시아 민족이라는 단 하나의 민족임을 선언하노라.
그 셋째,
우리 인도네시아의 자녀는 인도네시아어라는 통일 언어를 기리노라.

인도네시아라는 국명을 제안했고, 이는 이전까지 뿔뿔이 흩어져 있던 부족 국가 및 지역 사회를 하나의 민족 국가로 모으는 계기가 되었다. 그리고 식민 잔재에서 벗어난 현대 국가 건설을 위해 복잡한 경어 체계의 자바어가 아닌 당시 네덜란드령 동인도제도에서 널리 쓰이고 있던 말레이어에 기초한 인도네시아어를 국어로 지정했다. 자바인의 옛 동인도제도 영토에 대한 식민지화가 아닌, 모든 사람들이 인도네시아 국민으로서 평등한 지위를 갖자는 제안이었다.

수하르토의 독재와 공고해진 자바주의

하지만 초대 대통령 수카르노에 이어 1968년 지방 쁘리야이 출신 군부세력 수하르토 대통령의 시대로 접어들며 자바식 위계 질서와 복종 문화는 다시 중요하게 여겨진다. 수하르토는 그가 익숙한 네덜란드식 자바 질서 내에서 나라를 운영했고, 그에게 군말없이 복종하며 일을 잘 해낼 것 같은 화인 출신 기업인들에게 독점 수입권, 자원 개발권, 토지 등 각종 경제적 이권을 나눠주었다. 이들은 대규모 자금 대출을 받는 등 재정적 지원까지 큰 혜택을 받았다. 화인 출신들은 국민 정서를 고려할 때 정치적 라이벌이 될 가능성이 거의 없었을 뿐만 아니라, 기업 운영 측면에서 상당히 유능했기 때문에 수하르토의 입장에서도 다루기 편했을 것이다. 몇몇 외국인들도 수하르토 시기에 혜택을 받았다.

1968년부터 1998년까지 이어진 수하르토 체제에서 인도네시아인 입장되어 보자. 열심히 공부하고 노력해서 인생을 바꾸는 게 좋은 선택일까? 아니면 혼자 발버둥치며 열심히 사는 건 의미 없으니 연줄 있는 사람에 복종하고 콩고물이 떨어지길 기다리는 것이 합리적일까? 당연히 후자다. 게다가 수하르토는 외국 자본의 투자가 들어오면 그 콩고물을 유가 보조금 명목 등을 통해 전 국민을 대상으로 잘 나눠주는, 나름 인심이 후한 지도자였다.

미국을 비롯한 국제 사회도 수하르토의 편이었다. 그가 부패한 독재자이기는 했으나 거대 국가 인도네시아의 공산화를 막은 자유 진영의 수호자였기에 암묵적으로 용인해주었다. 그렇기에 비록 말년에 아시아 경제위기를 맞아 물러나기는 했지만, 30년이라는 긴 세월 동안 별 탈 없이 독재를 했던 것이다.

프라무디야, 반-자바주의의 기치를 올리다

창의성과 비판 정신없이 무조건적인 복종을 미덕으로 삼은 자바주의와, 이를 토대로 쉽게 독재를 이어갔던 수하르토를 강도 높게 비판하는 인물이 등장한다. 바로 노벨문학상 후보로 많이 거론되었던 인도네시아의 대문호 프라무디야 아난타 뚜르Pramoedya Ananta Toer다. 그의 대표작 《밍케: 인간의 대지》(한국어로도 번역이 되었으나 안타깝게도 현재는 절판되었다)에는 이런 대화가 나온다.

"자바인은 나이 많은 사람과 보다 힘이 있는 사람에게만 엎드려 경의를 표하는 거란다. 그것이 숭고한 것에 이르는 길이란다. 애야, 사람은 복종하는 용기도 있어야 되는 법이란다. 아마 너는 그 노래도 벌써 잊고 있을테지?"

"아직 기억하고 있습니다, 어머님. 저는 지금까지도 자바의 책을 읽고 있습니다. 그러나 그것이야말로 자바인의 잘못된

노래입니다. 복종하는 용기가 있는 사람은 오로지 남에게 짓밟힐 뿐입니다."

뒤의 말을 하는 밍케라는 인물은 네덜란드 식민 지배 당시 인도네시아 민족 선각자의 원형으로 제시되는 주인공 청년이다. 주인공이 전통을 거부하고 악습에 항변하는 모습을 보이자 어머니가 꾸짖었고 주인공은 이에 대든다. 맥락없이 본다면 사춘기 애를 엄마가 혼내는 내용인데, 인도네시아의 역사를 배경에 깔면 반-자바주의 주제의식이 설명하게 떠오른다.

프라무디야는 《밍케: 인간의 대지》를 통해 계급 체계와 성별에 따라 무조건적으로 윗사람에게 복종하는 것이 미덕인 자바인의 문화 때문에 저항없이 네덜란드에게 굴종하는 삶을 살고 있다고 주창한다. 어떻게 본인의 생각을 가질지 고민하기보다, 어디의 편에 서있는지를 더 중요시하는 인도네시아 사회를 강하게 비판했다.

인도네시아인들이 외부 문물을 받아들이기만 할 뿐 자립적으로 사고하지 못하는 것을 안타깝게 여긴 프라무디야 아난타 뚜르가 권위주의 독재자 수하르토도 비판하게 된 것은 필연이었다. 결국 오랜 기간 감옥 생활을 해야 했고, 그의 책은 금서로 지정되었다. 하지만 금지된 것에 끌리는 것이 세상의 이치이듯이, 금서로 지정되자 책의 명성은 더 높아지게 됐다. 그리고 그의 사상은 오늘날에도 많은 인도네시아인들에게 널리 읽히고 있다.

⑤ 인도네시아의 상처들
쁘레만과 뿡리의 그늘을 너머

《아름다움 그것은 상처》와 인도네시아 현대사의 비극

    2016년 한강의 《채식주의자》가 맨부커상 인터내셔널 부문을 수상하면서 함께 주목을 받았던 작품이 있다. 맨부커상 인터내셔널 부문 후보에 올랐던 《아름다움 그것은 상처Cantik itu luka》다. 에카 쿠르니아완Eka Kurniawan가 저술한 이 작품은 인도네시아의 지역적 특색이 선명이 묻어나는 주술, 전설, 오컬트적 요소를 버무려 완성도 높고 개성적인 마술적 리얼리즘을 구현하여 주목받았다. '마술적 리얼리즘'하면 가브리엘 가르시아 마르케스의《백년의 고독》을 떠올리며 어렵다고 생각할 수 있지만, 굉장히 쉽고 재밌게 읽히는 작품이다.

    이 《아름다움 그것은 상처》의 주인공 데위 아유는 네덜란드인 스탐러 가문 두 자녀의 근친상간으로 태어난 딸로, 외부 세력을 적극적으로 포용하며 받아들이는 인물이다. 데위 아유에게는 세 딸이 있었는데, 각각 쇼단초, 클리원, 마만이라는 인물과 결혼해 자식을 낳는다. 쇼단초는 일본의 영향을 받은 군부 세력, 클리원은 지식인 또는 공산당, 마만은 토착 세력이다. 클리원은 쇼단초에 의해 제거당하고, 쇼단초와 마만은 손을 잡으며 할리문다를 지배한다(이런 짧은 요약이 다가 아니며, 소설 속 내용은 훨씬 재밌고 극적으로 전개된다). 그 과정에서 상당히 폭력적이고 선정적인 묘사들이 등장한다.

데위 아유는 인도네시아를 상징하는 인물이며 소설의 전개는 인도네시아 현대사에 대한 비유다. 토착 폭력 세력인 마만은 인도네시아의 자경단이자 깡패집단인 '쁘레만Preman'이라고 볼 수 있다. 인도네시아에서는 1965년에 군부가 쁘레만과 손을 잡고 공산당을 제거하는데, 그 과정에서 강도 높은 폭력이 행해졌다. 《아름다움 그것은 상처》의 마술적 리얼리즘은 경탄이 나올 정도로 아름답고, 인도네시아 현지인들은 온화한 미소를 짓기로 유명하다. 하지만 그 아름다움과 미소의 이면에는 무자비한 폭력의 역사가 있었다.

쁘레만의 폭력과 묵인하는 관료 엘리트

한국에 조폭, 일본에 야쿠자가 여전히 일정한 힘이 있듯이 인도네시아의 쁘레만도 여전히 남아서 영향력을 발휘한다. 조폭이나 야쿠자보다 훨씬 영향력이 강할지도 모르겠다. 인도네시아에서 사업하는 분으로부터 쁘레만들에게 잘못 걸리면 골치 아프다는 조언을 여러 차례 들었다. 이들에게 밉보이면 아무리 대기업이라도 해결 방법이 없으며, 힘 있는 중앙 공무원에게 부탁해도 꿈쩍하지 않는다고 한다. 빤짜실라 청년단Pemuda Pancasila이나 이슬람 수호자 전선Front Pembela Islam은 쁘레만 성격을 갖춘 대표적인 극우 단체인데, 두 집단 모두 수백만 명의 회원을 거느린 자경단 조직으로 인도네시아 사회에 큰 영향력을 행사하고 있다.

쁘레만은 영어 Freeman에서 비롯된 말이며, '난 하고 싶은 것들 다 하며 사는 자유로운 영혼'이라는, 일종의 낭만적인 느낌이 묻어나는 단어다. 일본 만화 《원피스》의 대해적 시대의 구호 같기도 하다. 쁘레만이란 단어는 부당한 공권력에 대항하는 반항과 저항의 상징을 나타내는 단어 자고Jago와 종종 혼용되어 사용된다. 쁘레만이라는 단어 자체가 힘 없는 서민들을 등쳐먹는 동네 양아치라는 부정적인 의미가 강하나, 때때로 낭만적이며 영웅적인 개념으로 미화되기도 한다.

그러나 그런 낭만적인 '자유'의 이면에는 인도네시아 엘리트와의 뿌리 깊은 공생관계가 있다. 네덜란드 식민 시절부터 쁘리야이와 농민들 사이의 가교 역할을 했던 중개인이 쁘레만이기 때문이다. 쁘리야이가 명령을 하달하면 쁘레만이 그 명령을 집행하며, 때때로 말을 듣지 않는 농민에게는 폭력을 행사했다. 이 폭력은 대의를 위해 묵인되는 경우가 많았다. 쁘레만을 잘만 길들인다면 쁘리야이 입장에서도 농민으로부터 세금을 거두거나 노동력을 동원하는 데 효과적이었기 때문이다.

오늘날 쁘레만은 용역 깡패처럼 강제 이주나 노동조합 탄압 등 위에서 직접 하기 꺼려하는 일을 대행해주기도 한다. 긴 독재를 했던 수하르토가 군경과 더불어 효과적으로 활용했던 집단이 쁘레만이다. 인도네시아 공산당을 막는다는 명분으로 쿠데타를 일으켰던 수하르토는 군경 이외에도 준군사조직을 동원해 공산주의자로 추정되는 사람들을 죽였다. 죽임을 당한 사람들의 수는 공식적으로 50만 명 수준, 비공식적으로는 100만 명 이상으로 추정된다.

안와르 콩고의 후회

이 학살의 잔혹한 실상을 잘 보여주는 것이 다큐멘터리 영화 〈액트 오브 킬링〉이다. 이 작품은 1965년 극우 좌경단체 빤짜실라 청년단의 원로인 안와르 콩고Anwar Congo라는 인도네시아의 대표적인 쁘레만의 이야기인데, 영화에서 그가 인도네시아에서 있었던 대량학살 사건에 적극 가담했었다는 사실을 가감없이 보여준다.

다큐멘터리 영화 〈액트 오브 킬링〉의 주인공 안와르 콩고와 극우단체 빤짜실라 청년단

안와르 콩고는 1965년 당시 다수의 공산주의자들을 잔인하게 처형하며 당시 극우 단체 회원들로부터 인도네시아를 수호한 영웅으로 존경을 받았다. 명성과 함께 상당한 부까지 거머쥐어 호화로운

삶을 살고 있었고, 단란한 가정을 이뤄 손주까지 봤다. 영화는 그런 안와르가 자신의 발자취를 따라가며 자신의 살인이 얼마나 끔찍했는가를 서서히 깨닫는 모습을 보여준다. 그는 양심의 가책을 느끼며 자괴감을 느끼기까지 한다.

인도네시아 정부는 더 이상 지나친 자경단 폭력 및 선동 활동을 좌시하지 않겠다는 스탠스를 보이고 있다. FPI는 정치 집단화된 쁘레만 중 하나라고 볼 수 있는데, 이 집단은 일전에 개혁주의 중국계 기독교도 정치인 바수끼 짜하야 뿌르나마(일명 아혹)를 이슬람 신성 모독 혐의로 공격했으며, 아혹은 이로 인해 2년간 감옥 생활을 한 바 있다. 때때로 FPI는 경찰의 허가 없이 나이트클럽, 매춘업소 등을 불쑥 찾아가 폭력을 가했고, 다른 사람들의 기물을 파손하며 재산권을 파괴했다. 2020년 정부는 공공질서를 어지럽히고 폭동과 테러리즘을 주도했다는 이유로 이슬람 극우 단체 FPI를 금지했다. 앞으로도 극우 폭력 단체의 활동은 더욱 제약될 것으로 보인다.

고질적인 불법 갈취 관행 뿡리

쁘레만이 사적 폭력의 문제라면, 인도네시아에는 공권력 부패 문제도 있다. 바로 뿡리Pungutan liar, Pungli(불법 부과금)다. 자바주의를 포함해 이 문제들이 모여서 인도네시아인들의 노동 의욕을 꺾고 인도네시아 발전의 장애물로 작용한다.

인도네시아인들은 사고가 나거나 절도를 당하는 등 문제가 생기면 경찰을 부르지 않는 경향이 있다. "왜 문제가 생기면 경찰을 부르지 않니?"라고 물어보니 경찰과 범죄자가 한 패이기에 경찰은 믿을 수 없고, 지역 사회 내에서 믿을 만한 어른을 통해 해결하라는 답변이 돌아왔다. 처음에는 이해가 안 됐으나, 왜 그렇게 경찰과 공무원을 불신하는지를 깨닫기까지는 두 달이 채 걸리지 않았다.

한국 경찰은 과거 달리 이제는 공포나 폭력의 이미지가 많이 옅어졌다. 오히려 시민의 친구를 자처하는 귀여운 포돌이, 포순이 캐릭터가 생각난다. 한국에서는 사소한 일이라도 경찰에 일단 신고부터 하는 사람도 많고, 요즘은 경찰이 취객에게 맞고 참는 사례가 종종 있을 정도로 권위주의적, 폭력적인 공권력이 상당히 사라졌다.

하지만 인도네시아에서는 상황이 다르다. 뿡리라 불리는 불법 갈취 관행은 인도네시아에 굉장히 익숙한 개념이며, 개인이 이에 저항하기 쉽지 않다. 뿡리는 공권력을 이용해 기관, 공무원, 경찰이 사익 편취를 위해 개인에게 금품을 요구하는 행위를 의미한다. 대다수의 사람들은 자바주의의 영향과 복잡한 일에 연루되기 싫다는 이유로 갈취 관행을 수긍하는 경향이 있다. 특히 이 갈취 관행이 관료주의와 결합되면 그 효과가 엄청나게 강력해 뭘 열심히 해보겠다는 의욕을 상실하고는 한다.

사례를 몇 가지 들면 인도네시아에서 운전하기 위해서는 차량등록증STNK과 면허증SIM이 필요하다. 이 STNK와 SIM을 발급 및 연장하는 과정에서 정해진 비용보다 훨씬 큰 금액을 갈취하는 불법 행위가 많이 일어난다. 경찰은 운전자 단속을 하며 종종 황당한 구실을 만들어 지나친 벌금을 부과하며, 벌금을 내기 싫으면 본인이 못 본 척 넘어갈 테니 뒷돈을 내라는 노골적인 요구를 한다.

이러한 불편함을 피하기 위해서는 부와 지위를 과시할 수 있는 좋은 외제차를 타거나, 특별한 숫자가 새겨진 번호판을 다는 것도 하나의 방법이다. 비자 발급 과정에서도 이민국 공무원들은 일부러 일 처리 시간을 상당 기간 뒤로 끄는 경향이 있다. 몇 달 가까이 비자 없이 생활하는 불편함을 피하려면 공무원에게 뒷돈을 건네는 것이 가장 빠른 길이다. 해석이 모호한 조항을 핑계로 사소한 문제점을 뒤집고 파서 뜯어가는 공무원들이 아직도 많다. 몇몇 부패한 학교 선생님들은 공공연히 학부모에게 촌지를 요구하며, 이를 거부할 시 아이를 볼모로 불이익을 준다.

인도네시아에서는 뿡리로 대표되는 전근대적 공갈 협박 및 갈취 문화가 사회 전반에 아직도 남아있다. 노력 및 능력에 따른 차등 보상 체계가 아직 미흡하고, 아직까지 일상에서 매일 마주하는 재산권의 불안정이 다소 남아 있어 근로 의욕 상실의 원인이 된다. 이는 인도네시아인들의 낮은 노동 윤리 및 낮은 동기 부여를 상당 부분 설명할 수 있다. 설렁설렁 일해도 굶어 죽지는 않는다. 가만히 있으면 중간은 간다. 그런데 열심히 일하면 주위에서 시기질투하고 가족, 친척, 경찰, 공무원, 깡패 등 여기저기서 빨대를 꼽으려 달려든다. 이러면 열심히 일할 이유가 없지 않은가?

조코위의 블루수깐 리더쉽과 부조리 척결

다만 여러 문제점이 있음에도 불구하고, 인도네시아 사회는 조코위의 리더십하에 분명 빠른 속도로 나아졌고, 나아지고 있다. 언론에서도 이런 부패 행위에 대한 케이스를 여럿 소개하며 사회가 이를 근절하기 위한 노력을 기울이고 있다.

부패를 해결하는 정치인은 높은 지지율을 지닌 전 국민적 스타로 떠오르게 된다. 그리고 이를 아는 지방단체 주지사들은 반부패 실적을 각 부서마다 할당해 부패 케이스를 잡는 데에 노력을 기울이고 있다. 조코위, 간자르는 공무원, 경찰의 불법 갈취 현장을 적발하며 서민들로부터 인기가 높아진 대표 정치인이다. 아직 국가의 영향력이 미치지 못하는 곳에서 구시대적 봉건 질서가 상당 부분 잔재하고 있으나, 분명 부패 척결, 평등, 재산권 안정 등의 방향으로 향하고 있다. 만약 인도네시아가 수십 년 뒤에도 여전히 부패하고 무능력한 국가로 남게 될 나라라면 여기에 투자를 하는 건 어리석은 짓이겠지만, 그럴 가능성은 거의 없을 정도로 인도네시아 사회 내부의 자정 작용이 강하게 일어나는 중이다.

2023년도 임기 마지막까지 레임덕 없이 70%대의 지지율을 보였던 전 대통령 조코위의 성공 요인 중 하나로 블루수깐blusukan 리더십이 꼽힌다. 블루수깐은 즉흥적 현장 방문이라고 해석할 수 있는데, 사전 예고 없이 대통령이 전국을 종횡무진하여 현장을 방문한다. 그동안 쇼를 위해서가 아니라 길바닥 민생을 이해하기 위해 노력하는 지도자가 많이 없었기에, 조코위의 행보가 유독 돋보였다.

일례로 2023년 5월 조코위는 남수마트라 도시 람풍을 방문했는데, 이 지역의 도로가 심하게 손상된 것을 확인했다. 그러자 남부 람풍에서 중부 람풍까지 헬리콥터를 통한 이동 일정을 차를 타고 가는 일정으로 갑자기 변경해 아래 사진처럼 손상된 도로 상황을 여럿 파악했다. 한 지역 주민은 "20년 동안 한 번도 보수된 적이 없다"라 밝히면서 도로 부실의 원인이 드러났다.

본래 이 지역의 도로 인프라는 지방 정부의 관할 및 책임하에 있으나, 조코위는 이 지역이 '자치권을 받을 준비가 되어 있지 않다'고 비판하며, 중앙 정부가 지방 정부로부터 도로를 인수해 즉시 수리에 나서겠다고 밝혔다. 인도네시아에서는 물론 도로 보수를 위한 예산을 지방 주지사와 시장, 군수에게 주지만, 몇몇 정치인이 이를 인프라 보수 비용이 아닌 뒷돈으로 생각하고 횡령하는 사례가 종종 발생한다.

⑥ 그 외에 알아두면 좋을 몇 가지 이야기

수도 이전의 맥락과 의미

인도네시아가 수도 이전의 이유는 크게 두 가지다. 국토 균형 발전과 북부 자카르타 지반 침하다. 1961년부터 2020년까지의 통계를 보면 전체 인도네시아 인구 대비 자바의 인구 비중은 지속적으로 감소했다. 1961년 당시 65.0%였던 전체 인도네시아 인구 대비 자바 비중은 2020년 기준 56.1%까지 떨어졌다.

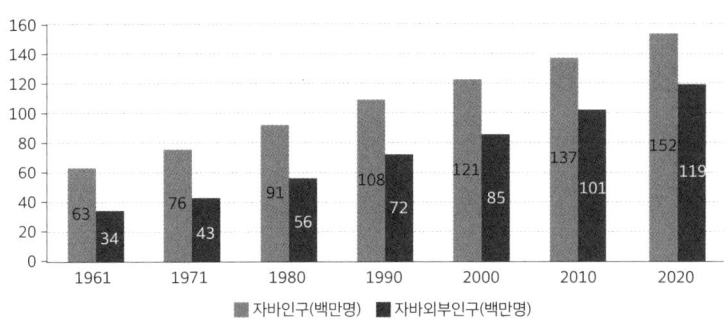

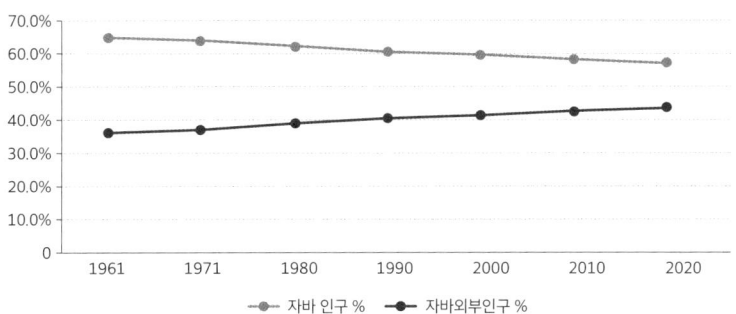

출처: 인도네시아통계청(BPS)

많은 이들이 일자리를 찾기 위해 자바로 이주하고 있음에도 불구하고 지속적으로 자바 인구 비중이 지속적으로 감소하는데, 이는 자바 외부 도서 지역의 출산율이 자바보다 더 높기 때문이다.

2010년 센서스에 따르면 자카르타의 합계 출산율은 1.82명, 동부 자바 2.00명, 중부 자바 2.20명으로 인도네시아 평균 2.41명을 하회했다. 그럼에도 불구하고 여전히 자바 섬의 인구 밀도는 높다. 2020년 기준 중부 자바와 서부 자바가 1km²당 1,000~10,000명, 자카르타는 1 km²당 10,000명 이상이다.

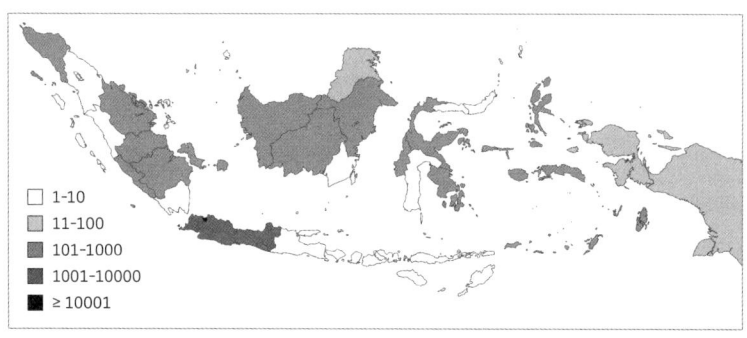

출처: 인도네시아통계청(BPS)

인도네시아 수도 이전 담론은 역대 대통령들이 매번 반복하던 주제였으나, 국력의 한계로 그간 밀어붙이지 못했다. 인도네시아의 수도 이전은 자카르타와 수도 이전 예정지 누산타라와의 1,200km가 넘는 직선 거리를 고려할 때 굉장히 대담한 계획이라고 볼 수 있다. 차량 이동이 가능한 서울시-세종시 수준의 거리가 아니며, 무려 비행기 두 시간을 타야 하는 거리다. 게다가 한국처럼 수도 기능 일부만 세종시로 이전하는 것도 아니라서 프로젝트의 난이도가 훨씬 높다. 현재 인도네시아 경제력을 고려해볼 때 국가 자본을 전

사적으로 쏟아부어야 하고, 설령 정권이 바뀌더라도 흔들림 없이 추진되어야 한다.

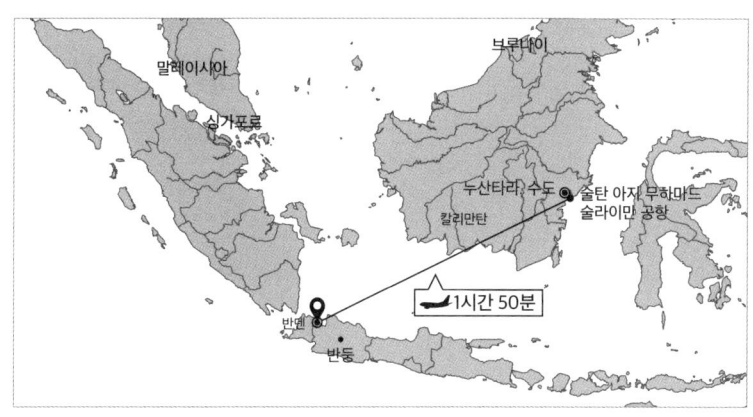

 인도네시아 수도 이전 프로젝트는 1960년 내륙지방개척 목적으로 이뤄졌던 브라질의 브라질리아 계획 수도 건설과 비슷한 성격으로 볼 수 있다. 브라질의 경우 브라질리아로 수도를 이전한 이후 이전에 미개척지로 남아있었던 내륙 초원 지대 개발이 본격화되었다. 브라질리아를 거점으로 하여 인근 사바나 초원에 광활한 개척지가 만들어졌고, 이는 브라질의 농축산 산업을 위한 토지로 활용되며 브라질 성장에 기여했다. 1950년대 브라질도 해안에서 약 1,000km 떨어진 내륙으로 수도 이전을 하는 데 성공했는데, 2020년대 인도네시아가 못할 게 뭐가 있냐는 분위기다.
 이 수도 이전은 19세기 금광을 찾기 위해 미국인이 LA, 샌프란시

스코 등 서부도시를 개척하며 대규모로 이주했던 것과 비슷한 성격도 있다. 대서양 인접 도시에 주로 의존했던 미국은 골드러시와 서부 개척 이후 비로소 태평양을 본격적으로 자신의 바다로 활용할 수 있었다. 19세기 중후반 대규모 금광, 유전 개발을 통해 서부, 남부를 미국이 개척했다면 21세기 초반 인도네시아에서는 석탄, 석유, 금, 철광석, 다이아몬드 등 막대한 자원이 잠자고 있는 미지의 프런티어 칼리만탄을 본격 개발하겠다는 계획이 있다.

과거 네덜란드 식민 정부는 이 섬에 발릭파판 같은 주요 거점 도시 한두 개를 제외하고는 방치했다. 워낙 열대 우림이 빽빽하고 영토가 넓어서 접근성이 자바 대비 떨어진 이유가 컸다. 자바섬은 가늘고 길쭉한 형태로 해안에서 내륙 진출이 상대적으로 용이했던 반면, 칼리만탄섬은 내륙 지대로의 접근이 거의 불가능했다. 또한 칼리만탄의 이탄질 토양은 토지의 양분이 적어 농경에 적합하지 않다보니 농업이 중요했던 식민 시대와 20세기 인도네시아 시기에는 개발 순위에 뒤로 밀렸다. 반면 자바의 화산토는 토양을 비옥하게 만들어 농경에 적합했기에 네덜란드는 커피, 담배, 고무, 사탕수수 같은 환금성 작물을 자바에 다량으로 심으며 다른 섬보다는 이 지역에만 주로 집중했다.

인도네시아가 네덜란드 식민지배를 400년 가까이 받았다고 알려져 있으나 이는 자바에 한정한 이야기이며, 수마트라, 칼리만탄, 술라웨시, 파푸아 등 다른 섬에는 네덜란드의 지배력이 강력하지 않왔다. 특히 수마트라 북부 아체 지역은 20세기에 들어서야 비로소 정복되는 등 식민 지배를 당한 시점과 식민지배 영향력 차이가 지역별로 다소 크다. 미우나 고우나 네덜란드 입장에서 유일한 적자는 자바였고, 나머지 섬들은 식민정부로부터 서자나 가까운 취급을 받았다.

인도네시아 수도 이전은 자카르타가 가라앉는다며 대통령이 즉흥적으로 얼렁뚱땅 꺼내든 제안이 아니다. 수도 이전 및 국가 균형 개발 담론은 건국 초기 수카르노 대통령이 평생의 과제로 염두에 두었을 만큼 국가 숙원 과제 중 하나다. 2대 대통령 수하르토도 수도 이전을 검토했으나 실행에 옮기기 전 사임했다. 나라 사정을 살펴보니 자바 쏠림이 너무 심각하다는 이유 때문이다.

비록 네덜란드 경작 및 수출 시스템에서 수탈을 당하기는 했지만 오로지 자바섬 만이 네덜란드 시절 인프라가 주로 개발이 되었고, 경제 발전의 과실은 자바와 자카르타에 주로 집중되었다. 수마트라, 칼리만탄, 술라웨시에서 캐낸 막대한 자원이 각 지역 발전에 사용되지 않고 자카르타 사람들만 배불리는 게 아니냐는 원성을 받고 있다. 수도 이전 이슈를 놓고 우리나라 사람들이 쉽게 접할 수 있는 자카르타 사람들의 여론과, 그 외 인도네시아인들의 여론은 상당히 다를 수 있다.

마침 칼리만탄은 동서로 넓게 뻗어 있는 인도네시아 국토 중 한 가운데에 위치하여 향후 국가성장 방향성에 부합하는 위치에 있다. 수도를 품기에 수마트라는 자바보다 더 서쪽에 치우쳐져 있고, 술라웨시는 협곡이 많은 고산지대 지형이라 적합하지 않다. 수도 이전 예정도시 누산타라는 인근에 개발에 용이한 넓고 평평한 땅이 많으며, 지진 및 화산폭발의 영향을 받지 않는 장점도 있다.

누산타라 수도Ibu Kota Nusantara, IKN 공식 홈페이지에 소개된 이 프로젝트의 8가지 개발 원칙은 다음과 같다.

1. 자연에 맞춰 디자인된 도시
   - 75% 이상의 정부 지역은 녹색으로 보존
   - 시내 모든 주거단지는 10분 이내로 녹지공원으로 접근 가능
   - 모든 주거, 기관, 상업 건물은 엄격한 환경친화적 공법으로 건설

2. 다양성 속의 통일성
   - 모든 거주자(토박이, 이주민)는 100% 통합된 환경에서 거주
   - 모든 거주자는 사회 공공 서비스에 10분 내에 접근 가능
   - 모든 공공시설은 보편적인 방법과 현지식 디자인을 함께 사용해 설계

3. 상호연결된, 활동적인, 그리고 접근가능한 도시
   - 도시 내 모든 이동의 80% 수준까지 대중교통으로 이뤄질 수 있도록 목표
   - 거주자들은 대중교통시설에 10분 내로 도달 가능

-수도정부지역에서 공항까지 환승 시스템을 2030년까지 구축

4. 저탄소정책
    - 재생에너지는 100% 수도의 에너지원으로 공급
    - 2045년까지 모든 공공건물의 에너지 효율을 60% 높이는 것을 목표
    - 2045년까지 탄소배출 순제로 달성

5. 순환경제
    - 수도 정부지역의 10%는 식량 생산을 위해 사용될 수 있음
    - 2045년까지 전체 쓰레기 중 재활용 비중을 60%까지 달성
    - 2035년까지 폐수의 100%을 특수처리시스템을 통해 처리할 수 있도록 구축

6. 안전하고 접근가능한 도시
    - 2045년까지 세계에서 살기 좋은 도시 10위 안에 들어가는 것을 목표
    - 2045년까지 수도 정부지역의 모든 정착지는 중요 인프라에 접근 가능
    - 고급 : 중급 : 심플 주거타입비중을 1:3:6으로 설정

7. 기술을 통한 보안과 효율성
    - UN의 전자정부개발지수 e-Gov Development Index 상위랭킹
    - 모든 거주민과 비즈니스를 위한 100% 디지털/IT 연결성
    - 75% 이상의 디지털 서비스 만족도

8. 모든 이들을 위한 경제적 기회

 - 2035년까지 누산타라 수도 내 빈곤률 0% 목표

 - 고소득 국가와 비슷한 수준의 1인당 GDP

 - 2045년까지 인도네시아 내 가장 낮은 수준의 지니계수 달성

출처: ikn.go.id

누산타라는 정부 지역Governmental Zone, 누산타라 수도IKN 지역, 누산타라 수도 개발 지역IKN Development Zone 3가지 지역으로 나뉜다. 정부 지역은 65.96km^2, 누산타라 수도 지역은 561.80km^2, 누산타라 수도 개발 지역은 2,561.42km^{2}에 이를 정도로 광활한 규모다.

누산타라의 대규모 건설 프로젝트를 위해서는 막대한 양의 플라스틱, 강철, 콘크리트가 필요하며, 이를 안정적으로 공급받기 위해서는 자국 내에서 조달해야만 한다. 주식 관점으로 접근하면 석유화학, 철강제련, 시멘트 회사에 1차적으로 주목해야 하며 석탄, 천연가스 업스트림 업체들도 부수적으로 관심을 가질 필요가 있다. 굴삭기 중장비 업체들도 상당한 수혜를 입을 것이다.

조코위는 1단계에서 5단계까지 개발을 2045년까지로 잡고 야심차게 밀어붙였다. 그는 2024년 초 수도 이전을 목표로 하고 있으며, 자신이 대통령에서 내려오더라도 2024년도 8월 17일 독립기념일 행사를 신수도에서 개최할 것이라고 못박았다. 이번 대통령 선거에서 프라보워가 당선됨에 따라, 조코위가 밀어붙인 신수도 프

로젝트에도 더욱 청신호가 열릴 전망이다.

팔로워 800만의 블링블링 변호사 핫만 파리스

　2023년도에 여름 휴가를 발리로 가서 거대한 규모를 자랑하는 아틀라스 비치클럽Atlas beach club라는 곳에 방문했다. 중앙무대 양 옆으로 수영장이 펼쳐진 가운데, 여러 식당과 예약테이블 좌석이 있어 음악공연, 태닝, 수영, 그리고 선셋을 즐기기 좋은 곳이었다. 그런데 저녁 9시쯤 되자 한 60세 전후로 보이는 남성이 여자 DJ, 서양 여자들과 함께 자기 집인 것 마냥 무대 중앙 위에서 열심히 춤을 추며 음악을 즐겼.

　처음엔 '저 양반 노익장 아주 대단하시네'라고 대수롭지 않게 생각했는데, 알고 보니 이 럭셔리한 비치클럽의 주요 소유주인 주인공 핫만 파리스Hotman Paris였다. 핫만 파리스라는 이름은 파리의 핫한 남자라는 뜻의 가명이 아니라 수마트라 바딱족식 본명이라고 한다. 이 사람이 가끔 무대 중앙 위에서 아래로 내려올 때가 있었는데, 그 때마다 그의 얼굴을 알아보고 사진 같이 찍어 달라는 팬들이 여럿 있었다.

　다소 기묘한 상황에 흥미가 생겨 인스타그램으로 조사를 해보니 본인의 슈퍼카를 과시하는 스웩 넘치는 프로필 사진과 함께 엄청난 팔로워 수로 압도했다. 웬만한 연예인들도 800만에 가까운 그의 팔로워 수에는 못 미칠 것이다. 그의 순자산은 3억 달러(약

4,000억 원) 수준으로 추정된다 블링블링 변호사Bling-bling Lawyer라는 그의 별명은 어느 호주 잡지에서 붙여주었다고 한다.

그의 높은 인기는 나이 60이 넘어도 과감하게 자신의 부를 자랑하고, 방송에 나와 입담을 과시하고, 어린 여자들과 화려한 파티를 즐기는 자신만만한 모습에서도 나오지만 그게 인기요소의 전부는 아니다. 무엇보다 그는 부모의 부를 쉽게 물려받기만 한 졸부 출신이 아니라, 본인의 노력으로 인도네시아 최고의 변호사라는 명성과 부를 쌓았기에 많은 인도네시아인들이 그를 리스펙하는 것으로 보여진다.

그는 국제기업법 전문 변호사이자 협상가이며, 규모가 크고 쉽게 처리하기 어려운 여러 굵직한 국제적 사건들을 해결하였다. 특히 그는 위자야 재벌 가문의 계열사 아시아 펄프 앤드 페이퍼Asia Pulp & Paper가 2001년 달러 채무 불이행을 선언한 이후 외화부채를 상당히 탕감하는 것을 도운 것으로 크게 유명해졌다. 이를 계기로 핫만은 인도네시아에 투자한 외국계 채권자들로부터 상당한 미움을 받은 반면, 외국계 채권자들로부터 돈을 갚지 않은 인도네시아 현지 재벌들에게 해결사로 자리잡았다. 그는 현지에서 파산왕Raja Pailit으로 불릴 정도로 지독한 명성을 자랑하기도 한다.

하지만 본인이 진행하는 TV쇼에 나와서 직설적 화법과 억울한 사람들을 도와주는 고민상담을 하며 대중들의 인기를 얻고 있다. 유튜브 댓글을 보면 그가 "부패 범죄를 저지른 사람에 대해서는 주저없이 사형에 처해야 한다!"이라고 시원하게 지르는 모습에 공감하고, 위선적인 사람들을 거리낌없이 비판하는 모습이 좋아 보인다는 반응이 많다. 그는 부패한 정치인과 공무원에게 침묵하지 않고 일갈하는 용기를 갖췄을 뿐만 아니라, 본인이 부를 이룬 과정에서 부패행위가 없다며 떳떳한 태도를 보여준다. 또한 약자를 위해 실생활에서 유용한 법률지식을 토크쇼에서 재밌게 풀어 설명한다.

그는 세 아이를 둔 아버지이자 남편이지만, 종종 젊은 여배우나 셀러브리티와 함께 바람을 피우는 모습을 보여준다. 고급 스포츠카, 시계 컬렉션 등을 SNS에서 자주 과시한다. 그가 매우 오만하고 물질주의적이라며 비판하는 사람들도 물론 있으나, 이러한 지적마저 그의 지지자들은 오히려 위선이 없고 솔직하다며 긍정적으로 평가한다. 여러 논란이 있으나 많은 이들이 동의하는 부분이 있다면, 그는 좌절하지 않고 용기를 갖고 공부하여 꿈을 향해 도전한다면 인도네시아에서도 얼마든지 목표를 이룰 수 있다는 롤모델을 청년들에게 보여줬다는 사실이다.

인도네시아의 못말리는 주술 사랑

내가 까리문자와Karimunjawa 군도라 불리는 인도네시아 시골 지역을 여행할 때의 일이다. 까리문자와는 자카르타에서 1시간 반 비행기를 타고 스마랑을 가서, 거기서 4시간가량 페리를 타고 가야 비로소 도착할 수 있는 오지인데, 너무나 아름다운 섬이다. 그곳에서 신나게 놀다가 아끼는 물건이 없어졌다는 사실을 뒤늦게 깨달았다. 이를 현지에서 만난 친구에게 말했는데, 그의 대답이 나를 벙찌게 했다. "경찰에 신고하지 말고 마을의 용한 어르신에게 가보자."

인도네시아 사람들은 귀신 이야기, 호러 시리즈를 참 좋아한다. 다같이 앉아 모여 이야기하고 있을 때, 인도네시아 친구들이 한국의 귀신 이야기 좀 해달라고 해서 진땀뺀 적이 수차례 있었다. 그리고 주술적 요소를 단순히 이야깃거리로만 좋아하는 게 아니고, 실생활에 끼치는 영향력이 무시못할만큼 강력하다.

토속 신앙에 의지하는 아방안Abangan에 가까울수록 문제가 생기면 초자연적인 마술에 의존하는 경향이 있다. 귀신과 접신한다고 알려져 있는 두쿤dukun의 영향력이 일상생활뿐만 아니라 정치권에서도 상당하다. 두쿤은 한국의 무당 또는 주술사 정도로 이해하면 된다. 인도네시아 역대 대통령 및 주요 정치인들은 주요 결정을 하기 전에 두쿤의 의견을 암암리에 들어보는 것으로 알려져 있다. 일례로 2009년 당시 대통령이었던 수실로 밤방 유도유노Susilo Bambang Yudhoyono는 자신의 정치 경쟁자들이 주술(흑마법)을 사용하여 자신을 저주했다고 주장한 바가 있을 정도다. 인도네시아는 90%에 가까운 인구가 일신교 신앙인 이슬람을 믿는 무슬림인데도 불구하고, 마술적 요소들을 일상생활 곳곳에서 자주 볼 수 있는 게 참 신기하고 그 문화가 다채롭기도 하다.

이런 인도네시아의 신비한 주술 및 오컬트적인 요소들을 스토리라인의 일부로 활용한 게임이 있다. 글로벌 게임사 블리자드Blizzard의 디아블로Diablo 시리즈다. 디아블로 시리즈는 고어한 분위기와 매력적인 캐릭터, 그리고 탄탄한 스토리라인으로 전 세계 게임

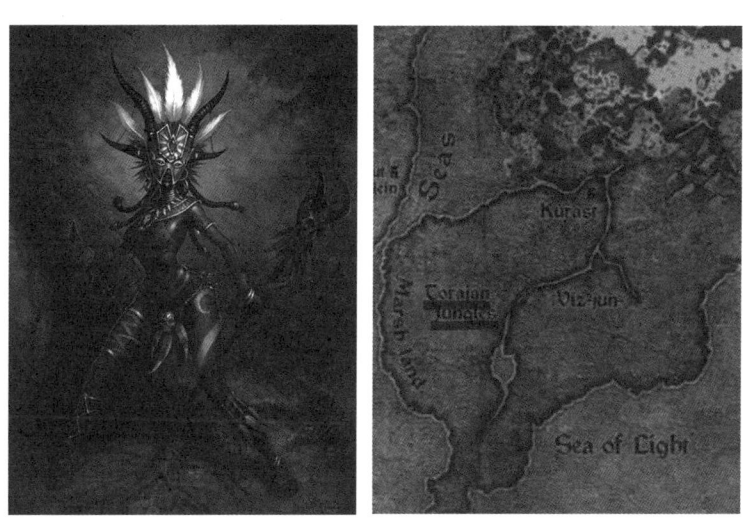

디아블로3 캐릭터 부두술사(좌)와 디아블로 세계관의 지명 토라자 정글(우)

2. 인도네시아 이해하기   115

팬의 사랑을 받은 블리자드의 대표 IP다. 2024년 초 현재 디아블로는 4시리즈까지 나왔고, 확장팩에 등장할 주요 필드가 밀림 지대이자 부두술사witch doctor의 고향인 토라자Toraja다.

이전작 디아블로3에서 부두술사는 대악마를 잡는 대표 직업군 중 하나였다. 이 부두술사라는 직업은 밀림에서 태어나고 검은 피부를 지녔는데, 부두 마법을 사용하여 죽은 자의 혼령과 좀비, 해충 등을 소환해 악마를 사냥하는 캐릭터다. 게임이나 판타지에서 흔히 묘사되는 부두 마법은 카리브해 아이티의 부두교로부터 많이 따오지만, 디아블로 시리즈에서는 부두술사 컨셉으로 인도네시아의 흑마법, 오컬트 요소들을 도입했다.

토라자Toraja는 인도네시아의 지명이자 종족명이다. 술라웨시섬 대표 항구도시 마카사르Makassar에서 내리면 토라자 지역으로 가는 버스를 탈 수 있다. 야간버스를 8시간 타고 자다 일어나다보면 토라자족의 신성한 땅 타나 토라자Tana Toraja에 도착하게 된다. 토라자 사람들은 죽기 위해 산다는 말이 있을 정도로, 장례식에 상당히 공을 들이는 사람들이다. 장례식에서 얼마나 많은 물소를 잡았는지가 굉장히 중요하며, 보통 장례식을 성대하게 치르기 위해 약 5~10년을 일한 돈을 모조리 이 의식에 쏟아붓는다고 한다. 신기하게도 토라자족은 대부분 기독교도다. 마을 내 거대한 예수상이 있지만 애니미즘적 요소가 상당히 결합되어 있다. 타나 토라자는 해발 1,000미터 정도의 고원에 자리잡고 있어 커피로도 유명하며, 일본 플랜테이션 기업들이 일찍이 진출했다.

타나 토라자는 "Walking Dead in Indonesia"라고 구글에 검색하면 바로 나오는 지역이기도 하다. 수 년에 한 번 관짝에서 조상님의 시체를 꺼내 새 옷을 입히고 가마를 태워 마을을 몇 바퀴 돌아다니는 의식을 치르기도 한다. 이런 이색적인 장례 풍습 때문에 좀비를 좋아하는 서구 세계의 오컬트 매니아들이 모험을 떠나고 싶어 하는 지역으로 꼽힌다. 아마 디아블로 개발자 내에서도 토라자를 여행하고 크게 감명을 받은 사람이 있었을지도 모른다.

인도네시아는 토라자족 뿐만 아니라 자바, 순다, 말레이, 바딱, 발리, 부기스 등 수많은 종족들이 함께 살아가고 있는 나라인 만큼 전설, 민담이 다양하고 풍성하다. 앞에서 에카 쿠르니아완의 대표작《아름다움 그것은 상처》는 이런 토양 위에서 탄생했다.

토라자 전통 장례식에 기도하러 온 기독교인들

크리스마스 같은 특별한 날에 조상님들이 좋아하는 담배와 캔디를 무덤에 넣어주는 풍습

좌: 토라자족의 전통가옥 똥꼬난 / 우: 분투 부라케산 예수상

순다랜드와 파푸아 문제

발리에서 현지 가이드와 잡담을 하던 도중 그가 아틀란티스가 자바에 있었다는 이야기를 들어본 적이 있냐고 물어봤다. 처음 들어봤다고 하니 신나서 이야기하는데 그 내용이 꽤 재밌었다. 고대 전설 같은 이야기이지만 어느 정도 흥미로운 사실들도 포함되어 있으니 너무 진지하게 비판적으로 받아들이지는 말고 재미삼아 읽어주길 바란다.

기원전 8,000년 이전까지의 빙하기 시대엔 말레이반도와 수마트라, 자바, 보르네오(칼리만탄)가 서로 연결되어 있었는데, 빙하기가 풀리며 과거 번영했던 도시들이 물에 잠겼다고 한다. 이렇게 인도네시아 서부제도, 자바해, 남중국해가 서로 연결되어 있던 거대한 땅을 순다랜드Sundaland, 또는 지금의 순다대륙붕으로 불리는데, 이 지역이 그리스의 철학자 플라톤이 언급한 아틀란티스의 특징과 상당부분 일치한다는 것이다. 그리고 더 나아가 인도네시아에서 4대 문명보다 훨씬 앞선 기원전 1만년 전부터 맨 처음 문명이 탄생했다고 한다. 워낙 황당한 이야기로 들렸지만, 유튜브나 구글로 검색해보니 이 이야기가 상당수의 사람들로부터 꽤 진지하게 받아들여지고 있으며, 이를 설명한 유튜브 영상들의 조회수가 상당히 많은 편이다.

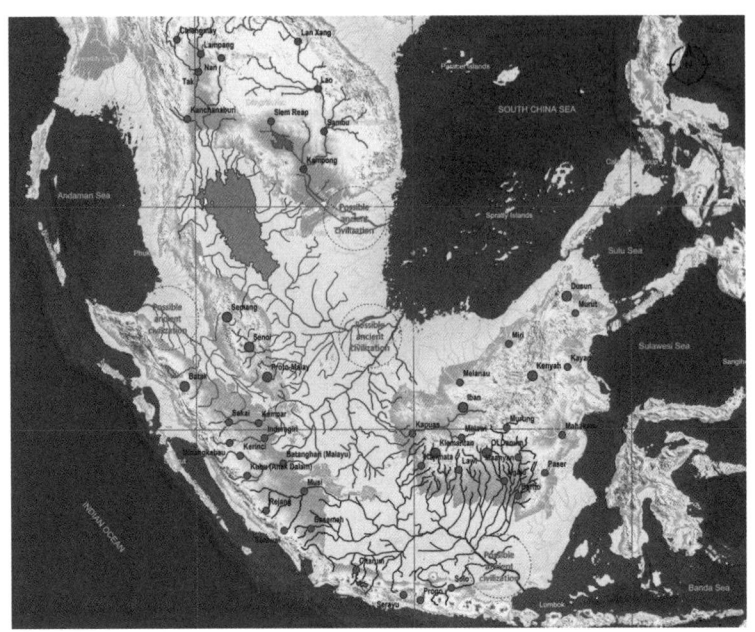

출처: atlantisjavasea.blogspot.com

순다랜드가 아틀란티스라는 가설을 과학적으로 입증하고자 진지하게 시도한 다니 이르완토Dhani Irwanto라는 작가가 있다. 그의 말에 따르면 플라톤은 《크리티아스》와 《티마이오스》를 통해 아틀란티스의 존재를 아주 자세하게 묘사했고, 플라톤이 묘사한 시기에 거의 정확하게 후기 빙하기 이후 해수면 상승이 발생했다. 플라톤은 대서양의 아주 먼 바다에 아틀란티스가 있다고 했는데, 당시 대서양을 지중해 바깥 거대한 바다로 지칭했음을 감안했을 때 이 범위가 오늘날의 태평양, 인도양까지 포함된다는 것이다.

오늘날의 인도네시아는 그리스에서 매우 멀리 떨어진 바다에 위치한다. 플라톤은 아틀란티스 수도의 수로와 거대한 평야지대, 그리고 발달된 관개시설에 대해 언급했는데, 이는 중부 칼리만탄섬의 후손들이 보유한 우수한 관개 시스템으로 미루어 볼 때 인도네시아에 아틀란티스가 존재했다는 증거 중 하나라고 볼 수 있다고 한다. 그는 이 외에도 기후, 이모작, 지리, 문화, 자원 등 순다랜드가 번영한 아틀란티스라는 것을 주장하기 위한 증거들을 여럿 제시하고 있고, 지도를 보여주며 자세히 설명하기도 한다.

고도로 발달한 고대 문명 아틀란티스가 물에 잠긴 순다랜드가 아닐 수도 있지만, 적어도 이 순다랜드는 인류의 대륙 간 이동 여정을 추적하는 데에 상당히 중요한 지역이다. 호모사피엔스는 약 기원전 20만 년 전 동부 아프리카에서 처음 출현했다. 그리고 약 7만 년 전부터 동부 아프리카를 떠나 아라비아반도, 인도, 동남아시아 방향으로 해안가를 따라 동진했다. 6만 년 전 정도 시기에는 최초의 그룹이 동남아시아 남부 순다랜드에 도달했는데, 이 지역의 따뜻한 기후는 수마트라섬 토바호수에서 74,000년 전 폭발한 화산재로 시작된 빙하기를 버티는 데에 큰 도움이 되었다. 이 화산 폭발로 기후가 10도 이상 급격히 떨어지며 아프리카나 동남아시아에 있었던 인류를 제외하고 거의 멸종했다는 주장도 있다.

인도네시아 동부 제도, 말레이시아 깊숙한 열대우림에 거주하는 오랑 아슬리Orang asli, 안다만 제도 네그리토, 뉴기니, 멜라네시아, 오스트레일리아 원주민들의 외형을 보면 아프리카 흑인처럼 곱슬

머리에 검은 피부를 지녔다. 이들의 유전자를 조사해보니 다른 지역에서 발견되지 않는 초기 인류의 미토콘드리아 DNA가 발견되었고, 멜라네시아계 원주민들은 다른 고인류 데니소바인의 유전자 비중이 높게 발견되기도 한다. 아프리카에서 출현한 초기 인류의 원형을 동남아시아에서 볼 수 있는데, 이는 인류가 본격적으로 동아시아, 시베리아, 북아메리카 등으로 뻗어나가기 전 중요 전초기지가 동남아시아였다는 것을 뜻한다.

인도네시아는 독립 이후 파푸아(인도네시아령 뉴기니)를 개발하고자 많은 노력을 기울였다. 파푸아는 인류학자들의 천국으로도 알려져 있으며, 초기 인류의 모습이 많이 보존된 지역이다. 산세가 험준하여 각 부족들이 고립되어 매우 오랜 기간 생활했기에 문화, 언어, 전통 등이 각기 다른 형태로 남아있다. 인도네시아인에게 파푸아는 매우 멀리 떨어진 미지의 지역이자 개척/개발의 대상이다.

갈색 피부의 직모를 지닌 자바인들과 달리 파푸아인들은 검은 피부의 곱슬머리 외형을 띠며 매우 다르다. 수도 자카르타에서 파푸아의 거점도시 소롱까지는 약 2,800킬로미터로, 이는 서울과 부산을 4번 왕복하고도 남는 거리일 정도로 매우 멀리 떨어져 있다. 당연히 대부분의 인도네시아 사람들은 일생동안 파푸아에 가본 적이 한 번도 없다. 파푸아는 인도네시아 공화국의 정체성이 가장 희미한 지역 중 하나로 과거 아체, 동티모르와 더불어 인도네시아 3대 분리주의 운동지이다. 아래 사진을 보면 조코위 대통령과 파푸아인들의 피부색 및 생김새가 확연히 다르다는 걸 확인할 수 있다. 그만큼 파푸아와 인도네시아의 중심 자바는 모든 면에서 차이가 극명하다.

파푸아주를 방문한 조코위 대통령, 2022년 7월 29일

다만 인도네시아는 파푸아를 포기할 수는 없다. 아체는 2,000년대 초반까지 반군들이 매우 활발히 활동했으나 쓰나미로 큰 피해를 입은 이후 2005년 인도네시아 정부와 반군 사이 평화협정을 맺었다. 동티모르는 분리주의 운동에 성공해 독립국으로 떨어져 나갔다. 남은 건 파푸아인데 파푸아에는 세계 최대의 금광이자 세계 제2의 구리광산인 그래스버그 광산이 있고 아직 개척하지 않은 지역이 매우 넓기 때문에 쉽사리 놓아줄 수 없는 지역이다. 파푸아는

2023년 시점인 지금까지도 분리주의 운동이 있는 지역으로, 인도네시아 정부 입장에서 골치아픈 지역이기도 하다.

세계 제1의 금광이자 제2의 구리광산인 파푸아의 그래스버그 광산

인도네시아 의회는 2022년 파푸아 개발법을 통과시키며 낙후된 파푸아 지역을 본격 개발하겠다고 밝혔다. 한편 파푸아인들은 이 법안은 우리를 위한 것이 아니며 중앙정부가 파푸아의 자원을 수탈하기 위해 통과시켰다며 반발했다. 파푸아인들은 역사적으로 자바, 수마트라 등과의 교류가 거의 없었고, 인도네시아를 마치 식민정부 보듯이 크게 반발한다. 앞으로 인도네시아가 어떻게 파푸아와의 갈등을 잘 풀어나가며 평화롭게 공존할 방법을 찾을지 궁금하다.

3. 인도네시아 증권 시장 이해하기
주식 매매 방법부터 증권 시장 특징까지

본격적으로 인도네시아 주식을 분석하기 전에, 인도네시아 증권 시장 자체를 간단하게 살펴보려 한다. 국가의 경제적 잠재력은 더할 나위 없어도, 선진국과는 금융 제도나 시장의 여건이 달라서 투자가 곤란할 수 있기 때문이다. 여기서는 인도네시아 주식에는 어떻게 투자할 수 있는지, 투자를 할 때 유의할 사항은 무엇인지를 짚어보려고 한다. 다만, 그 전에 인도네시아 주식 시장에 어떤 기회가 있는지 보여주는 한 사례부터 살펴보자.

6,000억을 투자해 10조로 만든 투자자

인도네시아 주식으로 좋은 수익률을 거둘 수 있을까? 한국 기업 중 인도네시아 주식에 10년 넘게 투자해 큰 평가 이익을 남기고 있는 회사가 있다. 바로 한국전력공사다.

한국전력은 2010년 7월 21일 현금 6,180억 원을 지불하고 인도네시아 석탄 기업 바얀리소시스PT. Bayan Resources의 지분 20%를 매입했다. 한국전력이 6,000억이 넘는 거금을 돈이 남아서 투자한 것은 아니고, 국내 발전 연료를 안정적으로 확보하고 전력 원가를 절감하기 위함이었다. 특히 바얀리소시스는 육상 및 해상 터미널을 보유하고 있어 그간 석탄 수입의 고질적 애로 사항이었던 운송 물류 인프라 부족 문제를 근본적으로 해결할 수 있는 발판을 마련했다고 평가된다. 덕분에 한국전력과 그 자회사들은 유연탄을 장기로 수급해 국내 발전소를 안정적으로 가동할 수 있었다. 한국전력은 그동안 가정용, 기업용 전기 요금을 저렴하게 공급하며 국내 물가를 낮추고, 기업의 제조 원가를 낮추는 데 크게 기여했는데, 이 전기 요금을 안정적으로 저렴하게 유지할 수 있었던 비결 중 하나가 인도네시아 바얀리소시스와의 협력이었다.

한국전력의 바얀리소시스 지분 취득이 본격적으로 뉴스에 보도되기 시작한 것은 2022년 대규모 적자 때문이었다. 2022년 한국전력은 32.66조 원에 이르는 영업 적자를 기록했는데, 이런 위기를 타개하기 위해 매각 자산을 찾던 중 그동안 묵혀 두었던 바얀리소시스가 떠오르게 됐다. 2021년 바얀리소시스는 12.1억 달러(1.57조 원)의 당기순이익을 거둬 10억 달러(1.3조 원)의 배당을 지급했다.

2022년엔 21.8억 달러(2.83조 원)의 당기순이익을 거뒀고, 10억 달러(1.3조 원)의 중간 배당과 8억 달러(1.04조 원)의 기말 배당금을 지급했다. 한국전력은 지분 20%를 갖고 있으니 2021년 2022년 2개년도 배당금만 하더라도 약 7,280억 원 수준을 받았을텐데, 이는 10년 전 투자 원금인 6,180억 원보다 높다. 다만, 한국전력은 이전부터 지분 중 일부를 매각하고자 했으나, 매수자를 쉽게 구할 수는 없는 상황이다.

바얀리소시스[BYAN] 5년 주가 차트

관계기업 공정가치 - 한국전력 24년 1분기 분기보고서

(2) 당분기말 및 전기말 현재 공시되는 시장가격이 존재하는 관계기업및공동기업투자지분의 공정가치는 다음과 같습니다.

(단위: 백만원)

기업명	제 64(당) 1분기말	제 63(전) 기말
<관계기업>		
한전산업개발(주)	69,298	69,298

한국가스공사	507,465	466,830
(주)와이티엔 (주1)	-	54,180
SPC Power Corporation	121,144	92,219
PT. Bayan Resources TBK	10,754,001	11,090,934

(주1) 연결실체는 당분기 중 (주)와이티엔의 주식 전부를 처분하였습니다.

    2024년 1분기 한국전력 분기보고서 주석에 나온 바얀리소시스 지분 공정가치는 10조 7,540억 원이다. 즉, 투자 종목을 잘 골라내고 장기 투자를 한다면 인도네시아 주식으로 남부럽지 않은 수익률을 거둘 수 있다. 한국전력은 석탄 같은 구경제 기업으로도 남부럽지 않은 같은 수익률을 냈다. 기업 입장에는 수익률은 물론이고 인도네시아 현지 기업과의 파트너십을 통해 본사업과 시너지를 창출할 수도 있다.

인도네시아는 소액 주주나 외국인 주주에게 적대적이다?

    인도네시아는 소액 주주나 외국인 주주에 적대적일 것 같아서 주식 투자가 꺼려진다고 생각하는 사람들이 있다. 그런데 데이터를 살펴보면 그렇지 않다는 사실이 명확하게 드러난다.

인도네시아 증시 금융 정책

국가	인도네시아
최대상속세	0%
상위기업배당성향	70% 수준

배당소득세	10%, 배당금 재투자시 비과세
소액주주권리	양호
수급확대여지	높음
경제성장	고성장
오너경영	O
자회사분할상장	O
작전세력영향	높음

우선 알아야 할 것은 동남아시아 국가들 근처에는 세금 조건이 굉장히 좋은 싱가포르라는 아시아 금융 허브가 있다. 동남아시아 국가 부자들은 세금 조건이 나빠지면 곧바로 싱가포르로 도망간다. 인도네시아도 상황이 다르지 않아서, 다양한 금융 관련 제도들이 한국에서는 상상하기 힘들 정도로 친자본적이며, 이는 투자자에게 유리하게 작용하는 시장 분위기를 형성한다.

일단 앞의 표를 보면 인도네시아는 상속세가 0%다. 그래서 인도네시아 기업 오너들은 상속 과정에서 내야 할 세금을 줄이기 위해 자기 기업의 주가를 억누를 유인이 별로 없다.

상위 10개 기업의 평균 배당 성향[4]은 76% 수준이다. 이는 인도네시아 기업이 주주에게 배당으로 잘 돌려준다는 것, 즉 그만큼 주주 이익을 잘 챙긴다는 뜻이다. 이는 인도네시아 상위 기업들이 안정적으로 현금흐름을 창출하는 성숙기업이 많아서이기도 하지만, 제

---

4 배당 성향은 주당배당금DPS을 주당순이익EPS로 나눈 값으로, 배당 성향이 76%라는 이야기는 내가 100만원의 순이익을 벌었으면, 그 중 76만원을 배당으로 돌려줬다는 것을 의미한다.

도적인 이유도 있다. 인도네시아 국내 투자자는 주식에서 나온 배당소득세가 10%에 불과하고, 한국과 같은 종합과세 등 이슈가 없으며, 심지어 받은 배당금을 인도네시아 내 주식에 재투자할 경우 배당소득세가 면제된다. 그래서 오너들도 많은 배당을 선호한다.

인도네시아 10대 시총 기업들의 2022년 배당 이력

분류	주식	티커	EPS	DPS	배당성향	2022종가	배당수익률
1	뱅크센트럴아시아	BBCA	330	205	62%	8,550	2.40%
2	뱅크BRI	BBRI	338	288	85%	4,940	5.83%
3	바얀리소시스	BYAN	971	822	85%	21,000	3.92%
4	뱅크만디리	BMRI	441	265	60%	4,963	5.33%
5	짠드라아스리	TPIA	-31	5	-	2,570	0.20%
6	아스트라인터내셔널	ASII	715	640	90%	5,700	11.23%
7	뱅크BNI	BBNI	491	393	80%	4,613	8.52%
8	바리토퍼시픽	BRPT	0	2	-	755	0.21%
9	인도푸드CBP	ICBP	393	188	48%	10,000	1.88%
10	HM삼뿌르나	HMSP	54	55	101%	840	6.51%
평균					76%		4.60%

2023년도 상장기업 제외, EPS 및 DPS는 2022년, 주가는 2022년 종가 기준
EPS: 주당순이익, DPS: 주당배당금, 배당성향 = DPS/EPS, 배당수익률 = DPS/주가

더욱이 인도네시아 경제는 고성장하고 있는데 반해서, 인도네시아 내 증권 계좌를 갖고 있는 사람은 2억 7,000만 인구 중 아직도 수백만 명에 불과해 개인 수급이 확대될 여지가 무궁무진하게 많다.

중소형주보다는 대형우량주로 접근하자

당연하지만, 인도네시아 증시에 긍정적인 측면만 있는 것은 아니다. 극복해야 할 여러 거버넌스 이슈들이 산적해 있는 기업들이 많다는 문제가 있다. 또 중소형주의 경우 작전 세력이 장난감처럼 좌지우지하는 경우가 많아 조심할 필요도 있다. 한 저명한 국내 투자자 분이 사석에서 인도네시아 부동산은 관심 있는데, 주식은 안 한다고 말했을 정도다. 인도네시아 증시는 영화 〈작전〉(2009)에 나오는 것처럼 개미들을 세력들이 슬슬 꼬드겨서 고점에 팔아먹는, 그런 주가 조작이 빈번하다는 의심을 받는다.

2020년도와 2021년도 두 국영기업 지와스라야 보험PT. Asuransi Jiwasraya, 아사브리 보험PT. ASABRI를 둘러싼 금융 스캔들이 인도네시아를 뒤흔들었다. 이 폰지 사기로 인해 증시 교란, 방카슈랑스 가입 고객 손실, 군경 공무원 보험금 손실 등 큰 사회적 비용이 발생했다. 고수익의 유혹에 빠진 이 두 회사는 인위적으로 주가를 부양한 후 내던지기를 시도하다가 결국 큰 손실을 보게 되었는데, 손실 규모는 지와스라야의 경우 13조 루피아(약 1.14조 원), 아사브리의 경우 11.4조 루피아(약 1조 원)였다. 지와스라야와 아사브리가 투자한 주식의 포트폴리오는 주가 조작에 용이한 거래량이 낮으면서 주당 단가가 낮은 동전주penny stocks로 구성되어 있었다. 지와스라야는 1년간 6~11%의 고수익률을 제시했고, 재정 문제가 더 심각해진 후기에는 적금, 보험 상품에 최대 13~14% 이자 수익을 보장했다. 이는 고객 입장에서 보았을 때 국영보험사임을 감안하면 상당히 높은 수익률이었다. 하지만 이러한 고금리 예금으로 돌려막기를 해도 주식에서 까먹으니 버틸 재간이 없었다.

결국 1859년 네덜란드 동인도령 때부터 설립되어 오랜 역사를 자랑하던 지와스라야 보험사는 고객에게 방카슈랑스 적금 만기일에 채무를 지급하지 못했다. 특히나 아사브리 보험사는 인도네시아 경찰과 군대에 보험과 연금을 지급하는 국영보험사였는데, 이들에게 지급할 보험과 연금에 문제가 생겼기에 군경 엘리트들의 분노를 한 몸에 받게 되었다. 이 두 국영보험사의 고위층들은 20년에서 종신형까지 선고받았다. 이 스캔들로 인해 인도네시아에 진출한 여러 한국 금융기관들도 적게는 수십억, 많게는 수백억 원의 손실을 입었다.

한국도 역사적으로 주가 조작 및 금융 사기 사례가 많다. SG증권발 8개 종목 하한가 사태, 에디슨모터스 주가 조작 사태 등 2020년 들어와서 터진 사건들도 있다. 이런 주식들은 작전 세력이 건드리기 쉬운 소형주다. 주가 조작이나 금융 사기는 독일 같은 유럽 선진국에서도 여전히 나타난다. 다만 지와스라야 사건과 비슷한 어처구니가 없는 사기 행각이 인도네시아에서 다시 발생할 가능성도 있다. 그렇기 때문에 인도네시아 증시에 투자할 때는 작전의 대상이 되기 쉬운 거래량이 적고 시가총액이 낮은 종목은 피하는 것이 좋다. 가급적이면 원화 기준 시가총액이 5,000억 원 미만인 중소형주는 피하는 게 바람직하다. 실제로 인도네시아 주식을 매매해 보니 인도네시아 증시에서 대형주는 거래량이 크게 부족하다고 느껴지지는 않았는데, 중소형주는 거래량이 정말 적어서 답답했다. 그만큼 거래 호가로 주가 장난치기도 쉽다. 한국 주식 시장을 생각하고 매매하려다 보면 다소 답답할 수 있다.

아세안 지역은 유망하기에 투자의 기회가 있는 것은 맞다. 또한 아직 널리 알려지지 않은 원석들이 많기도 하다. 하지만 한국 증시 이상으로 큰 변동성과 불확실성에 크게 노출된다는 것을 꼭 인지해야 한다. 호기롭게 투자했다가 물리게 되면 상당히 고통스러울 수 있다.

인도네시아 주식 매매하기

인도네시아 주식 직접 투자는 모바일 앱으로 가능하다. 다만 가능한 증권사는 2024년 초 기준으로 많지는 않으며, 가능 여부가 증권사마다 다르니 개별적으로 확인해야 한다. 여기서는 NH투자증권 QV앱을 예시로 인도네시아 주식 매수와 관련한 정보를 얻고 매수하는 방법을 살펴보려고 한다. 다른 증권사 앱도 크게 다르지 않을 것이다.

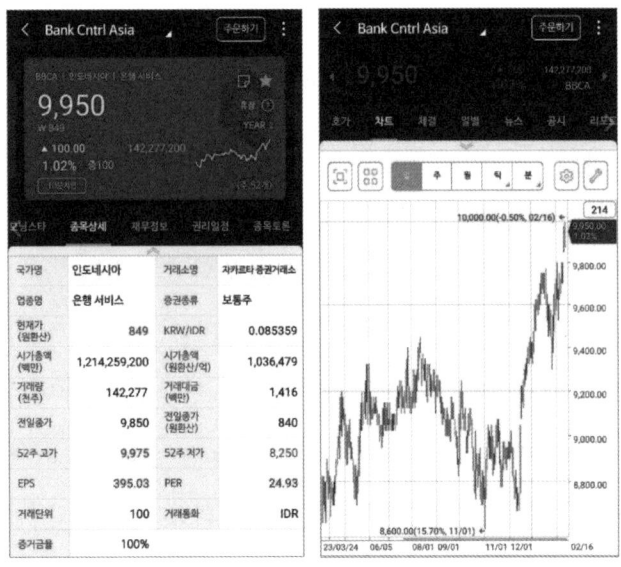

좌: 인도네시아 주식 BBCA 종목상세 / 우: 인도네시아 주식 BBCA 차트

위 그림은 NH투자증권 QV앱에 인도네시아 증시 시가총액 1위 기업 뱅크센트럴아시아Bank Central Asia, BBCA 검색한 결과다. 그림에서 볼 수 있듯이 원화로 환산된 시가총액, 기업 개요, 재무 정보 등을 앱에서 쉽게 확인할 수 있다.

이렇게 살펴본 기업의 주식을 매수하겠다고 마음을 먹었다면 몇 가지 알아두어야 할 거래 안내 사항들이 있다. 2023년 1월 기준 NH투자증권 모바일앱(나무, QV)으로 인도네시아 주식을 매매했을 때 기본적인 거래 안내 사항은 다음과 같다.

1. 인도네시아 루피아로 증권계좌 내에서 환전을 해야만 이후 루

피아 화폐로 인도네시아 주식을 매수할 수 있다.

2. 거래 시간은 한국 기준 월요일에서 목요일은 11:00~14:00/15:30~18:00이고 금요일에는 11:00~13:30/16:00~18:00이다.

3. 최소 매매 단위는 100주다.

4. 거래 수수료는 매수/매도 시 0.45%이며 최소 수수료는 350,000루피아다. 현지제세금은 매수시 0.0583%, 매도시 0.1583%이다.

5. 결제는 매수/매도 T+2일에 이루어진다.

인도네시아 주식이 모바일로 간편하게 매수가 가능하기는 하지만, 그렇다고 무작정 쉽지만은 않다. 최소 매매 단위가 100주인데다 기본 수수료 및 제세금도 비싸고, 무엇보다 최소 수수료가 350,000루피아까지 발생한다. 즉 수수료가 만만치 않기 때문에 거래를 빈번하게 하는 건 현명한 투자 방식이 아니다. 인도네시아 주식은 되도록이면 거래량이 어느 정도 있는 중대형주 위주로 하고, 한 번 매수할 때 큰 단위의 금액으로 들어가는 것이 좋다.

인도네시아 산업 분류

인도네시아 주식 거래소(IDX)는 11개의 섹터, 33개의 하부섹터로 구성된 IDX 산업분류 기준을 다음과 같이 제안했다. 이 중 회색 표시된 기업들은 뒤에서 다룰 기업들이다.

섹터	티커	종목명	개요
석유화학	BRPT	바리토퍼시픽	Barito Pacific PT는 석유화학, 석탄 및 재생에너지 분야에서 활동하는 인도네시아의 다각화된 기업이다.
	TPIA	짠드라아스리	Chandra Asri Petrochemical은 인도네시아의 석유화학 회사로, 에틸렌, 프로필렌, 폴리에틸렌, 폴리프로필렌, 스티렌 모노머 등의 제품을 생산한다.
	AMFG	아사히마스 플랫글래스	Asahimas Flat Glass는 미쓰비시그룹사 아사히글래스컴퍼니(ASG)의 자회사로, 인도네시아 대표 유리 제조업체다.
	FPNI	롯데케미칼 타이탄	Lotte Chemical Titan Indonesia는 폴리에틸렌 전문생산 석유화학 회사다.
니켈원광 제련	ANTM	아네까땀방	Aneka Tambang은 인도네시아의 광업 회사로, 금, 은, 니켈, 주석, 보크사이트 등 광물을 채굴, 정제한다.
	INCO	발레 인도네시아	Vale Indonesia는 인도네시아의 니켈 생산 회사로, 니켈 광석을 채굴하고 정제하여 니켈 매트와 니켈 규소를 생산한다.
	MDKA	머르데까 코퍼골드	Merdeka Copper Gold는 인도네시아의 금광 회사로, 튜포이 금광과 웨타모니 금광을 운영한다.
	MBMA	머르데까배터리 머티리얼즈	Merdeka Battery Materials는 전략적 광물 및 전기차(EV 배터리 원료(니켈, 코발트)에 대한 사업 포트폴리오를 보유합니다. Merdeka Copper Gold의 자회사로, 주요 니켈 산업 단지는 중부, 남부 술라웨시에 있다.
	NCKL	뜨리메가방운 뻐르사다	Trimegah Bangun Persada는 Harita Group의 자회사로 니켈과 그에 관련된 광물을 채굴/가공/제련합니다. 주요 사업 지역은 북말루쿠주 할마헤라다.
전기 오토바이 충전소	TOBA	TBS에너지 우타마	TBS Energi Utama는 석탄채굴, 화력발전소, 클린에너지, 팜유 사업을 운영합니다. 또한 Goto Group과 합작한 전기 스쿠터 브랜드 Electrum를 운영한다.
	NFCX	NFC인도네시아	NFC Indonesia는 디지털 콘텐츠 및 광고, 디지털 엔터테인먼트 사업을 운영합니다. 또한 Volta 전기 이륜차를 개발하였고, 배터리 탈부착 시스템을 제공한다.
	SLIS	가야 아바디 슴뿌르나	Gaya Abadi Sempurna는 전기자동차, e-bike 브랜드 Go plus를 보유한다.

인터넷 테크	GOTO	고투고젝	Goto Gojek Tokopedia는 인도네시아의 최대 이커머스 플랫폼으로, 온라인 쇼핑, 배달 서비스, 디지털 지불 등 다양한 서비스를 제공한다.
	BUKA	부깔라팍	Bukalapak.com은 인도네시아의 마켓플레이스로, 소상공인과 소비자를 연결하는 서비스를 제공한다.
	EMTK	엘랑마꼬타 테크놀로지	Elang Mahkota Teknologi는 인도네시아의 미디어 및 엔터테인먼트 기업으로, 방송국, 온라인 플랫폼, 게임 개발 등 다양한 사업을 운영한다.
	ARTO	자고뱅크	Jago Bank는 인도네시아의 상업 은행으로, 예금, 대출, 신용카드 등 다양한 금융 서비스를 제공한다.
	BBHI	알로뱅크	인도네시아의 상업 은행으로, 예금, 대출, 신용카드 등 다양한 금융 서비스를 제공한다.
담배	HMSP	HM삼뿌르나	Hanjaya Mandala Sampoerna는 인도네시아의 담배 제조 회사로, 다양한 담배를 생산하고 판매한다.
	GGRM	구당가람	Gudang Garam은 인도네시아의 담배 제조 회사로, 크렛담배와 필터담배를 생산하고 판매한다.
	WIIM	위스밀락 인띠막무르	Wismilak Inti Makmur는 인도네시아의 담배 제조 회사로, 크렛담배와 필터담배를 생산하고 판매한다.
팜유	AALI	아스트라 아그로	Astra Agro Lestari는 인도네시아의 야자유 생산 회사로, 야자나무 농장을 운영하고 야자유와 야자유 파생물을 생산하고 수출한다.
	DSNG	다르마사띠야 누산따라	Dharma Satya Nusantara는 인도네시아의 목재 및 야자유 생산 회사로, 목재 가공 공장과 야자나무 농장을 운영하고 목재 및 야자유 제품을 생산하고 수출한다.
	SSMS	사윗 숨베르마스 사라나	Sawit Sumbermas Sarana는 인도네시아의 야자유 생산 회사로, 야자나무 농장을 운영하고 야자유와 야자유 파생물을 생산하고 수출한다.
	LSIP	PP런던 수마뜨라	PP London Sumatra Indonesia는 인도네시아의 야자유 생산 회사로, 야자나무 농장을 운영하고 야자유와 야자유 파생물을 생산하고 수출한다. 또한 고무와 코코아 등 다른 작물도 재배한다.

분류	티커	한글명	설명
석탄	BUMI	부미리소시스	Bumi Resources는 인도네시아의 석탄 채굴 회사로, 칼리만탄 동부 지역에서 석탄을 채굴하고 수출한다. 또한 금광과 구리광 사업에도 참여한다.
	ADRO	아다로에너지	Adaro Energy Indonesia는 인도네시아의 석탄 채굴 회사로, 칼리만탄 남부 지역에서 석탄을 채굴하고 수출한다. 또한 전력 발전 및 수송 사업에도 참여한다.
	INDY	인디까에너지	Indonesia Energy Corporation Limited는 인도네시아의 석유 및 가스 탐사 및 개발 회사로, 자바섬과 술라웨시섬에서 유전과 가스전을 운영한다. 또한 전력 발전 사업에도 참여한다.
	PTBA	부낏아삼	Bukit Asam은 인도네시아의 석탄 채굴 회사로, 수마트라섬에서 석탄을 채굴하고 수출한다. 또한 전력 발전 및 철도 운송 사업에도 참여한다.
	ITMG	인도땀방라야 메가	Indo Tambangraya Megah는 인도네시아의 석탄 채굴 회사다.
	UNTR	유타이티드 트랙터스	United Tractors는 인도네시아의 중장비 제조 및 유통 회사로, 광업, 건설 및 농업 분야에서 사용되는 중장비와 부품을 제공한다. 또한 광업 및 건설 서비스 사업에도 참여한다.
	UNVR	유니레버 인도네시아	Unilever Indonesia는 인도네시아의 소비재 제조 회사로, 세제, 화장품, 식품, 음료 등 다양한 제품을 생산하고 판매한다.
필수 소비재	ICBP	인도푸드CBP	Indofood CBP Sukses Makmur는 인도네시아의 식품 제조 회사로, 라면, 스낵, 유제품, 영양제, 음료 등 다양한 제품을 생산하고 판매한다.
	KLBF	깔베파르마	Kalbe Farma PT는 인도네시아의 제약 회사로, 처방약, 건강보조식품, 의료기기 등 다양한 제품을 생산하고 판매한다.
	INDF	인도푸드 막무르	Indofood Sukses Makmur는 인도네시아의 식품 제조 회사로, 라면, 스낵, 유제품, 영양제, 음료 등 다양한 제품을 생산하고 판매한다. 또한 야자유 및 설탕 사업에도 참여한다.
	MYOR	마요라인다	Mayora Indah는 인도네시아의 식품 제조 회사로, 비스킷, 캔디, 커피, 초콜릿 등 제품을 생산하고 판매한다.
	SIDO	시도문쭐	Sido Muncul은 인도네시아의 건강보조식품 제조 회사로, 허브 차, 허브 캡슐, 허브 음료 등 다양한 제품을 생산하고 판매한다.

은행 (빅4)	BBCA	뱅크센트럴 아시아	Bank Central Asia는 인도네시아의 상업 은행으로, 예금, 대출, 신용카드 등 금융서비스를 제공한다.
	BBRI	뱅크BRI	Bank Rakyat Indonesia(Persero)는 인도네시아의 상업 은행으로, 금융 서비스를 제공한다. 또한 농업 및 소상공인 대출에 특화되어 있다.
	BMRI	뱅크만디리	Bank Mandiri(Persero)는 인도네시아의 상업 은행으로, 다양한 금융 서비스를 제공한다. 또한 자산 관리 및 보험 사업에도 참여한다.
	BBNI	뱅크BNI	Bank Negara Indonesia(Persero)는 인도네시아의 상업 은행으로, 금융 서비스를 제공한다. 또한 외환 및 국제 금융 사업에도 참여한다.
한국계 은행	BBKP	부코핀뱅크	Bank Bukopin는 인도네시아의 상업 은행으로, 예금, 대출, 신용카드 등 다양한 금융 서비스를 제공한다. 또한 소상공인 및 중소기업 대출에 특화되어 있다.
	SDRA	우리사우다라 뱅크	Bank Woori Saudara Indonesia는 인도네시아의 상업 은행으로, 다양한 금융 서비스를 제공한다. 또한 한국계 기업과 개인 고객에게 특화된 서비스를 제공한다.
부동산 개발	PWON	빠꾸원자띠	Pakuwon Jati는 인도네시아의 부동산 개발 회사로, 주거용 및 상업용 부동산을 개발하고 운영한다. 또한 쇼핑몰 및 호텔 사업에도 참여한다.
	CTRA	찌뿌뜨라 디벨롭먼트	Ciputra Development는 인도네시아의 부동산 개발 회사로, 주거용 및 상업용 부동산을 개발하고 운영한다. 또한 쇼핑몰 및 호텔 사업에도 참여한다.
	BSDE	부미스르뽕	Bumi Serpong Damai는 인도네시아의 부동산 개발 회사로, 주거용 및 상업용 부동산을 개발하고 운영한다.
	SMRA	숨마레꼰아궁	Summarecon Agung는 인도네시아의 부동산 개발 회사로, 주거용 및 상업용 부동산을 개발하고 운영한다. 또한 쇼핑몰 및 호텔 사업에도 참여한다.
	DMAS	뿌라델따 레스따리	Puradelta Lestari는 인도네시아의 부동산 개발 회사로, 산업단지를 개발하고 운영하며, 현대차그룹이 입주한 브까시 델타마스 지역 부동산을 개발하고 운영한다.

분류	티커	종목명	설명
건설 (빅4)	ADHI	아디까르야	Adhi Karya(Persero)는 인도네시아의 건설 및 엔지니어링 회사로 인프라 시설을 설계하고 건설한다. 또한 부동산 및 호텔 사업에도 참여한다.
	PTPP	PP	Pembangunan Perumahan(Persero)는 인도네시아의 건설 및 엔지니어링 회사로 인프라 시설을 설계하고 건설한다. 또한 부동산 및 에너지 사업에도 참여한다.
	WIKA	위자야까르야	Wijaya Karya(Persero)는 인도네시아의 건설 및 엔지니어링 회사로 인프라 시설을 설계하고 건설한다. 또한 부동산 및 산업 사업에도 참여한다.
	WSKT	와스끼따까르야	Waskita Karya (Persero)는 인도네시아의 건설 및 엔지니어링 회사로 인프라 시설을 설계하고 건설합니다. 또한 부동산 및 톨로드 사업에도 참여합니다.
시멘트	SMGR	세멘인도네시아	Semen Indonesia(Persero)는 인도네시아의 시멘트 제조 회사다.
	INTP	인도세멘뚱갈	Indocement Tunggal Prakarsa는 인도네시아의 시멘트 제조 회사다.
헬스케어	MIKA	미뜨라 끌루아르가	Mitra Keluarga Karyasehat은 종합병원 서비스를 제공한다. Kalbe그룹 산하 기업으로 주로 자카르타 수도권 및 수라바야에 집중한다.
	SILO	실로암 인터네셔널	Siloam International은 종합병원 서비스를 제공한다. Lippo Group 산하 기업으로 수도권, 자바, 발리, 수마트라, 술라웨시-말루쿠, 칼리만탄 등 전역에 있다.
	HEAL	메디칼로카 헤르미나	Medikaloka Hermina는 종합병원 서비스를 제공한다. 인도네시아 전역에 병원이 있으며, 대중의료 서비스에 집중한다.

산업분류	주식수	시가총액 (10억 루피아)	시가총액 (1조 원)	시총 비중	PER 평균	PBR 평균
A. 에너지	83	1429051	121.5	12.2%	12.2	8.48
A1 석유, 가스 & 석탄	81	1428794	121.4	12.2%	12.2	8.48
A2 대체에너지	2	257	0	0.0%	0	11.78
B. 기초소재	103	1682515	143	14.4%	12	12
B1 기초소재	103	1682515	143	14.4%	12	12
C. 산업	63	391056	33.2	3.3%	9.8	9.76
C1 산업재	40	141458	14.1	1.2%	10.9	8.91
C2 산업서비스	5	7156	0.6	0.1%	9.8	9.82
C3 복합기업	18	250442	20.5	2.0%	34.6	3.76
D. 필수소비재	125	1182812	100.5	10.1%	13.85	1.56
D1 식품 및 필수소비재 유통	95	1063972	90.5	9.1%	14.27	1.6
D2 음료	20	158860	13.2	1.4%	7.78	7.17
D3 담배	10	75758	7.6	0.7%	4.96	5.58
D4 가정용 비내구재	125	146962	12.3	1.3%	25.27	3.95
E. 자유소비재	153	406471	40.6	3.5%	10.5	2.82
E1 자동차 및 부품	17	81435	6.9	0.7%	10.07	1.67
E2 가정용 내구재	12	3853	0.3	0.0%	8.92	0.93
E3 레저용 제품	23	11076	0.1	0.0%	14.84	1.98
E4 여유 및 취미품	15	7983	0.1	0.0%	10.3	1.07
E5 소비자 서비스	28	123169	10.5	1.1%	12.59	1.61
E6 미디어 및 엔터테인먼트	18	108538	9.2	0.9%	57.79	0.59
E7 자유소비재 유통	40	123169	10.5	1.1%	12.59	1.01
F. 헬스케어	33	258547	22	2.2%	20.5	1.85
F1 헬스케어 장비 및 공급	20	137234	11.7	1.2%	42.74	2.15
F2 제약, 생명공 및 생명과학	13	121313	10.2	1.1%	25.91	2.27
G. 금융	105	3749232	318.7	32.1%	15.53	9.09
G1 은행	43	3398952	288.9	29.1%	15.27	9
G2 금융서비스	5	50174	4.7	0.4%	10.44	1.79
G3 투자서비스	6	10796	0.9	0.1%	21.83	1.79
G4 보험	32	41484	3.7	0.4%	9.56	1.2
G5 다목적 지주회사	19	247286	21	2.1%	67.82	2.85
H. 부동산	93	259043	22	2.2%	13.22	0.56
H1 부동산	93	259043	22	2.2%	13.22	0.56
I. 기술	44	371656	31.6	3.2%	22.81	1.52
I1 소프트웨어 및 IT서비스	33	354436	30.1	3.0%	29.23	1.57
I2 기술하드웨어 및 장비	11	171220	1.5	0.1%	1.51	1.47
J. 인프라스트럭처	67	1898954	161.4	16.3%	11.05	1.15
J1 운송 인프라	9	57557	4.9	0.4%	6.68	0.9
J2 건설장비 및 토목공학	3	30724	0.3	0.0%	9.14	0.4
J3 통신	12	744949	6.3	0.6%	19.77	1.67
J4 유틸리티	43	1065031	90.5	9.1%	11.8	1.15
K. 운송 및 물류	37	44719	3.8	0.4%	10.27	2.09
K1 운송	25	19557	1.7	0.2%	9.63	1.01
K2 물류 및 배달	12	25162	2.1	0.2%	10.42	1.14
합계	906	11674056	992.3	100.0%	11.84	1.41

3. 인도네시아 증권 시장 이해하기

인도네시아 산업은 에너지, 기초소재, 산업, 필수소비재, 자유소비재, 헬스케어, 금융, 부동산, 기술, 인프라스트럭쳐, 운송 및 물류로 분류되어 있다. 이 11개의 산업들 중 가장 높은 시총 비중은 금융이며, 32.1%를 차지한다. 그 다음으로는 인프라, 기초소재, 에너지, 필수소비재 순으로 두자릿대 비중이 나온다.

위의 분류는 인도네시아거래소(IDX)가 설정한 기준에 따른 시가총액 비교이며, 수출품에 따른 산업별 분류는 아래와 같다. 용이한 비교를 위해 경쟁국과 함께 살펴보려 한다.

2021년 인도네시아 수출 산업 섹터 분류

2,640억 달러

섹터	비중
농업	27.60%
광물	21.84%
금속	11.89%
섬유	9.18%
화학	8.26%
전자	5.36%
서비스	5.32%
기계	3.94%
차량	3.69%
석재	2.45%

출처: The Atlas of Economic Complexity

수출품 중 가장 큰 비중을 차지하는 산업은 농업이다. 세부적으로는 팜오일(9.99%), 포화지방산(2.12%), 야자핵기름(1.12%) 등이다. 특히 팜오일은 수출 비중이 9.99%에 달할만큼 국가 중요 산업이다. 이어서 광물의 수출 비중이 큰데, 세부적으로는 석탄(10.83%),

석유가스(3.14%), 갈탄(2.48%), 동광(2.12%) 순이다. 이어서 금속(11.89%), 섬유(9.18%), 화학(8.26%) 순으로 중요하다고 볼 수 있다.

2021년 수출 산업 섹터 분류 - 베트남(위) / 인도(아래)

이는 같은 개발도상국인 베트남, 인도와 크게 다른 모습이다. 베트남은 과거 한국의 발전 모델을 따라가고 있는 모습이 보이며, 인도는 자국의 풍부한 ICT 노동력을 활용해 글로벌 아웃소싱 기지로 자리매김하고 있다. 인도네시아는 위 두 국가와 달리 농업, 광업 자원이 풍부하기에 제조업과 더불어 자원 수출을 통한 성장도 도모하는 게 가능한 국가이며, 위 두 국가 모델과 다른 길을 걸을 것이다. 인도네시아와 비슷한 국가는 오히려 자원 부국 호주와 브라질이다.

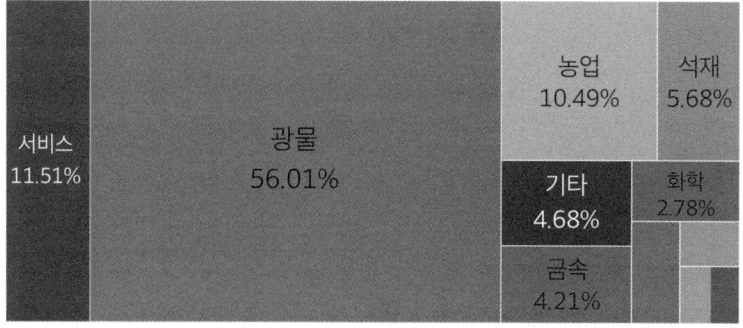

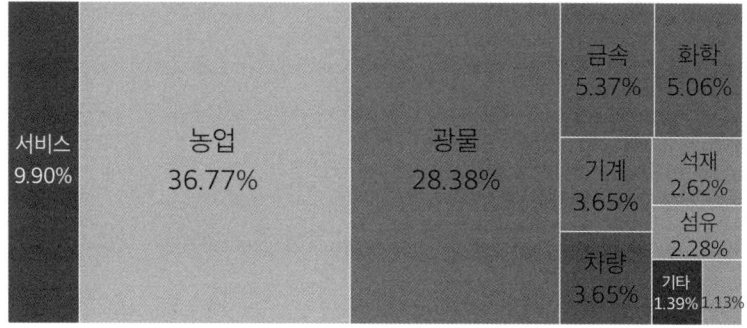

2021년 수출 산업 섹터 분류 - 호주(위) / 브라질(아래)

참고로 호주와 브라질의 상위 시가총액 기업을 보면 은행 및 광산/석유회사라는 공통점이 있다. 2024년 5월 말 기준 호주 시가총액 1위 기업은 광산회사 BHP, 2위 기업은 커먼웰스뱅크다. 브라질 시가총액 1위 기업은 국영석유회사 페트로브라스, 2위 기업은 은행 이타우우니방코이다. 인도네시아는? 뒤에서 보겠지만 1위가 BCA은행, 2위가 석유화학 회사 짠드라아스리다.

인도네시아는 호주와 브라질처럼 신으로부터 축복을 받았다 표현할 수 있을 정도로 풍부한 자원, 드넓은 영토와 해양을 지닌 나라다. 그렇기에 이 지역은 역사적으로 오랜기간 수많은 외부 세력들이 눈독을 들이던 땅이었다. 19세기의 동인도제도는 수익성 높은 환금성작물(커피, 사탕수수 등) 수출을 통해 망해가던 네덜란드를 먹여살린 땅이었다. 아직 인도네시아 바다 어딘가에는 대규모 가스전이 잠자고 있을 수도 있고, 드넓은 미개척지 칼리만탄과 파푸아 정글에 수많은 석탄, 금속자원 등이 숨겨있을 것이다. 여기에 더해 인도네시아는 호주, 브라질과 달리 글로벌 기업들이 너도나도 첨단 제조업 공장을 짓겠다고 러브콜을 부르는 중이다.

다만 국가는 땅이 아닌 인간이 만드는 것이기에, 잠재력을 발휘하기 위해선 국민들의 노력이 필요하다. 호주는 최상위 선진국이지만, 브라질은 여전히 중진국 어딘가에서 헤메고 있다. 인도네시아의 도약은 얼마나 국토 자원을 지혜롭게 활용하느냐, 자국 기업을 키우면서 외자 유치를 통해 양질의 제조업 일자리를 만들어 중산층 경제를 두텁게 만드는데 성공하느냐에 성패가 결정될 것이다.

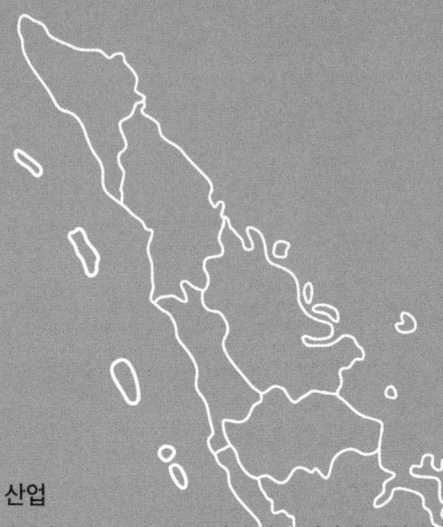

4. 기초소재 산업
종목 1_아네까땀방[ANTM]: 이차 전지 산업 성장의 핵심 수혜주
종목 2_짠드라아스리[TPIA]: 폭증하는 신흥국 석유화학 제품 수요 수혜주

5. 에너지 산업
종목 1_유나이티드트랙터스[UNTR]: 고도성장하는 아세안의 에너지 수요 증가 수혜주
종목 2_TBS에너지우따마[TOBA]: 확장되는 전기차 시장의 떠오르는 강자

6. 필수소비재 산업
종목 1_미뜨라끌루아르가[MIKA]: 중산층 헬스케어 수요 증가 수혜주
종목 2_유니레버인도네시아[UNVR]: 중산층 필수소비재 수요 증가 최대 수혜주

7. 금융 산업
종목 1_뱅크센트럴아시아[BBCA]: 인도네시아 시가총액 1위 민영은행

8. 인프라 산업
종목 1_자사마르가[JSMR]: 빠르게 확충되는 인도네시아 도로인프라 대장주
종목 2_텔콤인도네시아[TLKM]: 인도네시아 통신인프라 시장 독과점 기업

9. 테크 산업
종목 1_씨리미티드[SE]: 동남아시아의 아마존
종목 2_그랩[GRAB]: 아세안 6개국 점유율 1위 승차공유 플랫폼

2부

인도네시아 주식 투자, 어디에 할 것인가?

4. 기초소재 산업
아네까땀방[ANTM], 짠드라아스리[TPIA]

니켈 밸류체인에 미래를 건 인도네시아

인도네시아는 현재 국가의 미래 운명을 배터리-전기차 제조업에 걸었고, 이 첨단 제조업 밸류체인의 중요한 생산 주체로 성장하기 위해 온갖 정책 지원을 아끼지 않고 있다. 인도네시아의 배터리 밸류체인 전략은 크게 두 가지다. 하나는 니켈 광물 채굴부터 제련 후 양극재 및 배터리 생산까지 자국에서 하겠다는 계획이며, 다른 하나는 국민 브랜드의 완성 전기차를 직접 만들어 전 세계에 수출하겠다는 계획이다.

리튬이온 배터리는 양극재 종류에 따라 리튬인산철(LFP) 배터리와 삼원계 배터리(NCM, NCA 등) 배터리로 구분된다. 일반적으로

LFP 배터리는 중국 업체들이 강점을 지니는 영역이며, 삼원계 배터리는 한국의 LG, SK, 삼성이 우위를 점하는 분야다. 그리고 인도네시아가 많이 보유한 니켈은 한국의 삼원계 배터리에 주로 쓰이지, LFP 배터리에서는 중요한 광물이 아니다. 현재 인도네시아가 자국 니켈 원광의 제련을 중국 업체에 의존하고 있기는 하지만, 한국산 삼원계 배터리가 전 세계적으로 잘 팔려야 자국에게 유리하다. 그렇기에 인도네시아 입장에서 한국의 이차 전지 및 전기차 업체들은 매우 중요한 파트너일 수밖에 없다. LFP 배터리가 전 세계적으로 대세가 된다면, 인도네시아의 저순도 Class 2 니켈은 빛을 발하기 어렵다.

이 장에서는 기초소재 중 니켈 관련해서 인도네시아 니켈 생산 및 제련 1위 국영 광물 기업 아네까땀방[ANTM] Aneka Tambang을 소개한다. 아네까땀방은 LG에너지솔루션과 관련이 있어 국내 언론에도 여러 차례 등장한 적이 있기에 인도네시아에 관심이 있다면 낯설지 않은 이름일 것이다.

그리고 석유화학의 대표 기업 짠드라아스리[TPIA] Chandra Asri를 소개한다. 인도네시아 석유화학 산업이 엄청난 잠재력을 갖고 있고, 이 기업이 인도네시아 1위 석유화학 기업이기 때문이다. 석유화학 산업에서 뽑아낸 플라스틱, 합성고무, 합성섬유, 비료 등은 일상 어디에나 있다. 포장, 섬유, 생활용품, 전자제품, 의료용품, 건축, 자동차 부품, 항공기 부품 등 어디에서나 볼 수 있는 석유화학

제품들은 20세기 이후 현대 문명을 발전시켜온 주요 소재다. 인구가 빠르게 증가하고 경제가 고도성장하는 인도네시아와 동남아시아에서는 석유화학 제품 수요가 장기적으로 크게 증가할 전망이다. 컨설팅 회사 넥산트Nexant의 분석에 따르면, 인도네시아의 폴리올레핀 소비는 2019년부터 2035년까지 4.1% 성장률을 보일 전망이며, 이는 같은 기간 아시아 평균 수요 성장률인 3.6%를 상회하는 수치다. 현재 인도네시아의 플라스틱 산업은 식음료 패키징 60%, 건축 자재 및 가전제품이 15%, 자동차 산업 8%, 그 외 나머지로 이뤄져 있다. 2024년 상반기 현재 중국의 수요가 아직 회복되지 않아 글로벌 석유화학 회사들이 어려운 시기를 보내고 있으나 점차 회복될 것으로 보인다.

종목 1_아네까땀방[ANTM]

이차 전지 산업 성장의 핵심 수혜주

> **투자 포인트**
> - 인도네시아의 국가 핵심 산업인 니켈 산업의 대표 대장주다.
> - 국영지주사 MIND ID의 자회사로, 향후 국가 핵심 프로젝트 참여 가능성 높다.
> - 90억 달러 규모 LG 컨소시엄, 60억 달러 규모 CATL 컨소시엄 동시 참여하고 있다.
> - 인도네시아는 미 IRA(인플레이션감축법) 대응 위한 IPEF 광물 FTA 추진 중인데, 인니 니켈 산업은 글로벌 공급망으로 본격 편입될 것이다.

인도네시아 대표 니켈 국영 기업

아네까땀방[ANTM]은 인도네시아 정부의 지주사 마이닝인더스트리인도네시아 Mining Industry Indonesia, MIND ID(이하 마인드아이디)가 65%의 지분을 들고 있는 국영 기업으로, 인도네시아에서 니켈 원광을 채굴하고 이를 제련하는 대표 기업 중 하나다. 마인드아이디는 인도네시아 주요 광산 기업의 지분을 들고 있는 국영 지주회사로, 아네까땀방, 부낏아삼[PTBA]Bukit Asam, 프리포트인도네시아PT Freeport Indonesia, 이날룸PT Enalum, 그리고 티마[TINS]PT Timah의 지주사다.

마인드아이디는 인도네시아의 자원 민족주의를 상징하는 기업이기도 하다. 부낏아삼은 인도네시아 대표 석탄 생산 기업이고 프리포트인도네시아는 인도네시아 정부가 파푸아 그래스버그 광산 지분의 과반수 이상을 확보하기 위해 만든 기업이다. 티마도 앞에 소개한 소설《벨리퉁 섬의 무지개 학교》에서 언급한 주석 채굴 국영 기업이다.

마인드아이디의 자회사

이름	아네까땀방	부낏아삼	프리포트인도네시아	이날룸	티마	발레인도네시아
주식티커	ANTM	PTBA	-	-	TINS	INCO
지분율	65%	70%	51%	100%	65%	20%
주요광물	니켈, 금	석탄	금, 구리	알루미늄	주석	니켈

인도네시아는 마인드아이디를 통해 그동안 외국인들이 상당한 지분을 쥐고 있던 광산 기업들을 차례차례 국영 지주회사 밑으로 편입시키고 있다. 과거 프리포트맥모란[FCX]Freeport McMoran으로부터 인도네시아 그래스버그 광산 지분의 과반수를 가져오는 데 성공했다. 다음 타겟은 니켈 생산 기업 발레인도네시아[INCO]Vale Indonesia다. 마인드아이디는 발레인도네시아의 지분을 20% 보유하고 있는데, 니켈 다운스트림 산업 확장을 위해 더 많은 지분을 매입하고자 한다. 발레인도네시아는 발레캐나다가 43.79%의 지분을 갖고 있어 최대주주이며, 발레캐나다의 모회사 발레VALE S.A.는 미국 증시에 [VALE]라는 티커로 상장되어 있다. 다만 브라질 정부는 발레의

경영에 얼마든지 간섭할 수 있고 거부권이 있는 황금우선주Golden shares를 갖고 있어 브라질의 국영 광산회사로 분류된다.

아네까땀방은 니켈로 유명한 기업이지만, 니켈 이외에도 보크사이트/알루미늄, 금, 은 등을 생산한다. 2022년도 순이익 기준으로 니켈이 59%, 귀금속이 36%, 알루미늄/보크사이트가 5%의 비중을 보였다. 이 회사의 주식에 투자하고자 한다면 인도네시아 니켈 산업의 전반적 흐름을 이해하는 게 중요하다.

니켈 산업에서의 혁신이 가져온 기회

니켈 인스티튜트Nickel Institute의 2022년 자료에 따르면 전 세계 니켈 원광 매장량은 3억 5,000만 톤이다. 주요 국가는 호주(20%), 인도네시아(20%), 브라질(15%), 러시아(7%), 캐나다(5%)로 이 다섯 국가의 니켈 매장량 합이 전 세계 전체 니켈 매장량의 약 2/3를 차지한다. 최근 니켈의 용도가 점차 다양해지며 채굴량이 급속히 증가했는데, 지난 30년간 채굴한 니켈의 양이 전체 니켈 채굴량의 80%를 차지할 정도다. 현재 니켈의 주용도는 스테인리스강 69%, 배터리(양극재) 11%이며, 합금/도금/특수강 등 기타 용도가 20%이다. 컨설팅기업 우드 맥킨지Wood Mckenzie의 자료에 따르면, 2021년 니켈 전체 수요 중 EV 전구체 수요는 7%였으나, 2040년이 되면 41%로 성장할 전망이다.

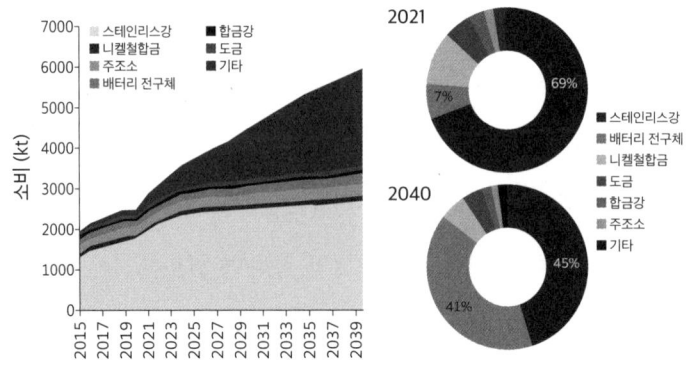

출처: Eood Mckenzie.

　니켈 산업에서 가장 중요한 이슈는 배터리 수요가 급속히 늘어난 다는 것이다. 니켈 원광을 제련하여 만든 중간소재인 니켈매트, MHP, MSP를 여러 공정을 거쳐 이차 전지의 핵심 소재인 황산니켈 을 제조할 수 있다. 황산니켈에 코발트와 망간을 더하면 니켈코발 트망간(NCM) 전구체를 만들 수 있고, 망간 대신 알루미늄을 더하면 니켈코발트알루미늄(NCA) 전구체를 만들 수 있다. 이 전구체에 리 튬을 더하면 이차 전지의 4대 소재인 양극재가 된다.

　인도네시아의 니켈 원광의 광종은 저품위인 산화광이다. 산화광 은 다시 더 낮은 품위의 리모나이트와, 리모나이트보다는 니켈 함 량이 다소 높은 사프로라이트로 분류할 수 있다. 리모나이트는 니 켈 습식 제련 방법 중 하나인 고압산침출법(HPAL)을 통해 황산니켈 의 원료인 수산화혼합물(MHP)과 황화물(MSP)를 만들 수 있다. 한편

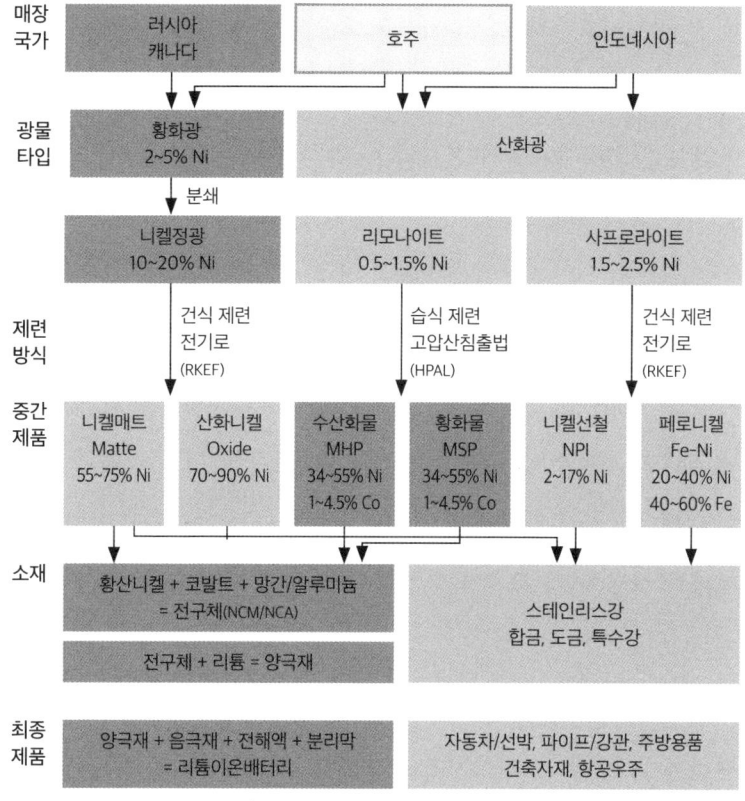

사프로라이트는 고온의 전기로를 돌려 니켈선철과 페로니켈 중간재를 만들 수 있는데, 이 둘은 스테인리스강 생산에 주로 이용된다.

인도네시아에 지어진 제련소 리스트를 보면 그중 상당수가 중간소재로 NPI를 생산한다. 인도네시아에서 니켈매트를 바로 생산하는 업체는 발레인도네시아 정도 밖에는 없다. 니켈선철은 니켈 함유량이 2~17% 사이로 낮아 그동안 순도를 높이지 않고 저가의 스

4. 기초소재 산업

테인리스강을 만드는 데 사용되었다. 사실 2021년 이전까지만 해도 순도가 낮은 저품위 니켈(99.8% 이하)을 이차 전지 소재로 쓸 수 없었다. 그렇기에 아무리 니켈이 많아도 그 대부분이 저품위 니켈이었던 인도네시아에게 전기차 니켈 산업은 너무 높이 걸려 있어 못 먹는 감이었다.

그런데 2021년 중국 칭산그룹이 낮은 순도의 니켈선철을 높은 순도의 니켈매트로 바꾸는 기술을 개발하며 사정이 크게 바뀌었다. 니켈매트는 이차 전지 소재 황산니켈을 만드는 데 활용할 수 있기에, 인도네시아 입장에서 엄청난 횡재가 굴러들어온 것이다. 저품위 니켈선철 니켈을 고품위 니켈매트로 변환한 기술은 그야말로 전 세계의 이차 전지 공급망을 뒤흔든 게임 체인저라고 해도 과언이 아니다.

또한 중국의 투자 덕에 인도네시아에 수산화혼합물 및 황화물 제련소가 공격적으로 지어지기 시작했다. 수산화혼합물과 황화물 중간재를 만들기 위해 고압산침출법을 활용하면 부산물로 코발트까지 나오기 때문에 일석이조가 된다. 코발트는 콩고민주공화국에서 전 세계 물량의 절반 이상이 채굴되는 광물인데, 정세가 불안정하며 아동 착취가 심각한 나라다. 그렇기에 그만큼 수급이 불안정하고 가격이 비싼데, 인도네시아에서 고압산침출법으로 니켈을 생산하면 부산물로 나오니 꿩 먹고 알 먹고인 셈이다.

인도네시아 니켈 산업 현황

일본에너지금속광물자원기구JOGMEC의 2022년 광업 동향 인도네시아 리포트에 따르면, 현재 인도네시아의 니켈 제련소는 16개로, 약 10여 개가 공사 진행 중이거나 계획 중이다. 니켈 제련소 16개 중 배터리용 니켈로 쉽게 전환할 수 있는 고품위 니켈매트 광석 제련소는 한 개다. 추가 제련 기술 및 비용이 필요한 저품위 제련소는 15개로 수산화혼합물 2개, 페로니켈 4개, 니켈선철 9개이다.

인도네시아 니켈 제련소 현황

제련소명 (회색 - 중국 지분)	지분 소유 (밑줄 - 인도네시아 기업 회색 - 중국 기업)	중간재	2021년 연간 니켈 생산량	비고
스로와코	발레 43.79% 마인드아이디 20% 스미토모 금속광산 15.03% 발레 재팬 0.55% 스미토모 상사 0.14%	니켈 매트	65,388t	
할마헤라 뻐르사다 리전드	하리타그룹 63.1% 닝보 리전드 36.9%	MHP	365,000t (CAPA 목표)	2021년 생산 시작
QMB 뉴에너지 머티리얼즈	거린메이(GEM) 63% 칭산 홀딩그룹 10% 브룬프 리사이클링(CATL) 10% 에코프로 9% 한와 재팬 8%	MHP	50,000t - 니켈 4,000t - 코발트 6,000t - 망간	2022년 생산 시작
포말라	아네까땀방 100%	Fe-Ni	25,818t	
메가 수르야 뻐르띠위	하리타그룹 60% 코르사 인베스트먼츠 & 신싱 덕 타일 강관 40%	Fe-Ni	300,000t (CAPA)	
화디 니켈알로이 인도네시아	상하이 화디 인더스트리 100%	Fe-Ni	6,000t (CAPA)	
웨다베이(IWIP*)	칭산 홀딩그룹 57% 에라멧 43%	Fe-Ni	39,000t (CAPA)	2020년 4월 생산 시작

야시 인도네시아(IWIP)	젠시 홀딩그룹 100%	NPI	30,000t (CAPA)	2020년 6월 생산 시작
요우샨 니켈(IWIP)	칭산 홀딩그룹 화유그룹	NPI	30,000t (CAPA)	2020년 9월 생산 시작
술라웨시 마이닝 인베스트먼트(IMIP**)	상하이 디센트 PT 빈땅 들라빤	NPI	300,000t (CAPA)	
인도네시아 광칭 니켈 앤 스테인리스스틸 (IMIP)	광둥 저레이테크 35% 광둥 광신 홀딩스 25% IMIP 20% 한와 재팬 5%	NPI	600,000t (CAPA)	
인도네시아 칭산 스테인리스스틸 (IMIP)	칭산 홀딩그룹 루이푸 테크놀로지 한와 재팬	NPI	600,000t (CAPA)	
칭산 강철제련소(IMIP)	상하이 디센트 PT 빈땅 들라빤	NPI	100,000t (CAPA)	
헝자야 니켈(IMIP)	니켈 인더스트리스 80% 상하이 디센트 20%	NPI	145,045t	
레인저 니켈(IMIP)	니켈 인더스트리스 80% 상하이 디센트 20%	NPI	149,308t	
비르투 드래곤 니켈	장수 디롱 니켈 산업 100%	NPI	120,000t (CAPA)	

* IWIP: 인도네시아 웨다베이 산업단지(북말루꾸)
** IMIP: 인도네시아 모로왈리 산업단지(중부 술라웨시)
출처: JOGMEC, 각 기업 사이트

 이 중 중국 기업의 지분이 있는 제련소는 총 16개 중 14개에 달하며, 특히 중국 칭산그룹은 고압산침출법 기술과 더불어 니켈선철 건식 제련 기술을 확보하며 저품위 인도네시아 광산에 특화된 제련소에 상당한 투자를 진행 중이다.
 기존에 스테인레스강 용도로만 사용되었던 순도가 낮은 저품위 니켈이 배터리 용도로 사용 가능하게 바뀐 건 얼마 되지 않은 일이며, 중국이 개발한 산화광 니켈을 가공하는 기술력이 없으면 인도네시아도 니켈 자원을 배터리용 니켈로 현금화할 수 없다. 인도네시아 니켈 생산량이 전 세계에서 가장 많다고는 하나, 고품위 호주산 니켈에 비하면 품질이 떨어지기 때문에 중국의 기술력이 필수다. 그동안 다른 외국계 기업에 강경한 목소리를 냈던 인도네시아 정부가 중국에게 큰 소리치지 못하는 속사정이 여기에 있다.

이 지점에서 배터리 산업 관련해 인도네시아와 한국의 이해관계는 두 가지 측면에서 일치한다. 먼저 인도네시아는 중국의 니켈 산업 투자를 환영하면서도 동시에 경계하고 있는데, 한국이 중국을 견제하는 역할을 해주길 내심 기대하고 있다. 두 번째는 중국 배터리는 니켈 비중이 낮은 LFP를 주력으로 하나, 한국 배터리는 니켈 비중이 굉장히 높은 NCM, NCA에 강점을 지니기에 한국이 전 세계적으로 배터리 패권을 잡아야 인도네시아가 니켈을 더 많이 팔 수 있다.

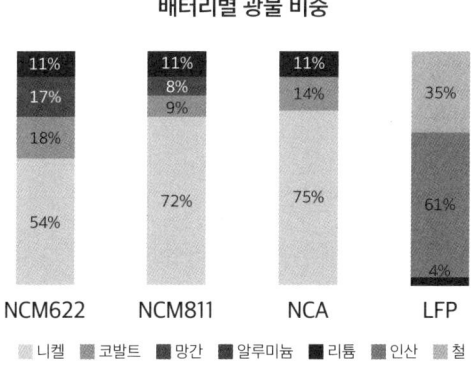

출처: BNEF

그렇기에 인도네시아 정부는 글로벌 최고 수준의 금속 제련 기술을 갖고 있는 고려아연이 자국 배터리 밸류체인에 진출하여 중국이 장악한 자국 니켈 산업에 메기 역할을 해주기를 기대하고 있다.

니켈 제련을 중국에 과도하게 의존하고 있는 현 상황은 한국 기업에 기회 요소가 될 수 있다. 아직 인도네시아 니켈 제련소에 투자하고 있는 한국 기업은 에코프로의 QMB 제련소 지분 투자 정도밖에 없다(2023년 8월 기준). 이런 상황에서 인도네시아 당국은 LG에너지솔루션, LG화학, 포스코퓨처엠, LX인터내셔널, 중국 화유코발트, 아네까땀방, 인도네시아배터리공사Indonesia Battery Corporation, IBC와 함께 10조 원 규모의 인도네시아 배터리 투자를 위한 컨소시엄을 조성했다. 현재 이 LG컨소시엄에서 포스코 그룹은 양극재 공장 건설, LX인터내셔널은 니켈 광산, LG에너지솔루션은 배터리셀 완제품 현지 생산 공장을 담당할 계획이다. 다만 인도네시아는 90억 달러의 LG컨소시엄에 더해 60억 달러의 CATL 컨소시엄도 동시에 맺었다. CATL 컨소시엄에도 역시 아네까땀방과 IBC가 멤버로 참여한다.

아네까땀방의 니켈 비즈니스

아네까땀방의 니켈 원광은 노천 광산으로 깊게 파지 않아도 쉽게 채굴 가능하며, 리모나이트 바로 밑에 사프로라이트 광석이 층을 이루고 있다. 이 기업은 2023년도 10월 기준 북부 말루꾸 지역에 연간 13,500톤 생산량의 페로니켈 플랜트를 건설하는 중이다. 현재 페로니켈 생산 능력이 27,000톤이니, 신규 설비가 완공되면 연 40,500톤에 달하는 생산 능력을 갖추게 될 전망이다.

다만 주의해야 할 점이 있는데, 첫째는 2023년 10월 시점 인도네시아 저품위 니켈이 과도하게 시장에 풀리며 니켈 가격이 계속 떨어지고 있다는 점, 둘째는 현재 시점에 페로니켈은 니켈선철처럼 고품위 니켈로 변환하는 기술이 존재하지 않는다는 점이다.

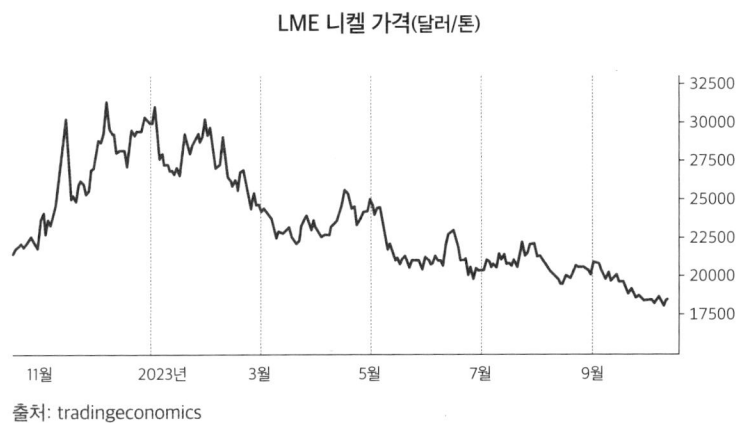

출처: tradingeconomics

아네까땀방은 LG에너지솔루션이 참여하는 10조 원 규모의 대규모 컨소시엄 수혜주다. 2023년 10월 기준으로 컨소시엄에서 각 회사별 지분율과 투자 금액은 결정되지 않았으나, 조만간 결정될 전망이다. 컨소시엄에 참여한 기업들은 인도네시아 현지에 니켈 제련소, 전구체, 양극재 등 이차 전지 소재 공장을 건설할 것이다. 현재 시점 인도네시아 상장 기업 중 이 대형 컨소시엄에 참여하는 기업은 아네까땀방이 유일하다.

아네까땀방의 2022년 매출액은 45.9조 루피아(3.7조 원)이며, 순이익은 3.8조 루피아(3,000억 원)였다. 2023년 10월 16일 주당 1,810루피아 기준 시가총액은 42조 루피아로, 원화로 환산 시 3.6조 원이다. PER이 12 수준으로, 한 국가의 핵심 성장 산업의 중심 기업인 것 치고는 다소 저렴한 밸류에이션이다. 2023년 10월 기준 인도네시아의 과도한 니켈제련소 증설 우려로 인해 주가가 빠졌는데, 성장 산업에 있어 필연적인 과정이라고 본다면 오히려 좋은 진입 기회가 될 수 있다.

인도네시아 니켈 기업 중 주요 상장 기업

이름	아네까땀방	발레인도네시아	머르데까배터리 머티리얼즈	뜨리메가방운 뻐르사다
티커	ANTM	INCO	MBMA	NCKL
그룹 주요 주주	MIND ID	발레 캐나다 MIND ID 스미토모금속광산	머르데까코퍼골드 가리발디 또히르	하리타 그룹
시가총액 (원, 2023년말)	3.5조 원	3.6조 원	5.1조 원	5.4조 원
매출액 (원, 2022년)	3.9조 원	1.5조 원	5,800억 원	8,200억 원
영업이익 (원, 2022년)	3,400억 원	3,500억 원	400억 원	3,400억 원
순이익 (원, 2022년)	3,300억 원	2,600억 원	300억 원	5,000억 원
니켈종류	페로니켈	니켈매트	니켈선철	니켈선철

참고: 루피아/원 = 0.085 환산

종목 2_짠드라아스리[TPIA]

폭증하는 신흥국 석유화학 제품 수요 수혜주

투자 포인트

1. 현재 인도네시아 유일 나프타 분해 설비 보유 기업이다.
2. 대규모 증설이 2026년에 준공될 예정이며 동남아시아 최대 수준 에틸렌 생산능력을 갖고 있다.
3. 안정적 재무와 주요 주주 태국 왕실 자본(시암시멘트 지분)이 뒷받침을 받는다.
4. 장기적으로 동남아시아, 인도의 경제 성장 수혜를 가장 직접적으로 누릴 기업이다.
5. 신수도 인프라에 들어갈 막대한 석유화학/플라스틱 수요가 예상된다.

고도성장 국가의 심장에는 석유화학 기업이 있었다

20세기와 21세기에 고도성장한 아시아 국가 대부분에서 정유 및 석유화학 업종의 스타 기업이 여럿 등장했다. 한국의 경우 LG그룹의 핵심은 단연 LG화학이었고, SK그룹이 지금처럼 성장할 수 있었던 배경에는 대한석유공사(유공) 인수가 있었다. 중국의 페트로차이나PetroChina, 대만의 포모사플라스틱Formosa Plastics, 태국의 PTT그룹PTT plc, 인도의 릴라이언스인더스트리Reliance Industries 등이 대표적인 아시아 정유, 석유화학 기업이다. 석유 정제 및 석유화학 시설이 경제 발전의 기초이기 때문이다. 기초소재 산업이 발전해야 수출 제조업의 발전을 촉진할 수 있다.

본격적으로 산업화에 박차를 가하는 인도네시아도 더 이상 노동 임금이 다른 개발도상국 대비 저렴하지 않기에 가격 경쟁력을 갖추려면 기초소재 내재화를 통한 원가 절감 노력을 해야 하는 시점이다. 한국이 1970~1980년대에 중화학공업을 집중적으로 육성했던 것처럼 인도네시아도 중후장대 장치 산업을 먼저 깔아 놓아야 본격적인 산업화를 촉진할 수 있다. 그런 점에서 인도네시아의 짠드라아스리는 고도성장 아시아 국가들의 대표적인 정유, 석유화학 기업 못지 않은 잠재력을 갖고 있다. 심지어 현재 인도의 릴라이언스인더스트리는 시가총액 1위 기업이다.

인도네시아 유일 나프타분해시설 보유 기업

인도네시아는 원유를 생산하는 국가다. 석유 개발 초창기인 19세기에는 유정이 풍부하기로 소문이 나서 네덜란드의 로열 더치Royal Dutch와 영국의 쉘Shell과 같은 대형 석유회사들이 인도네시

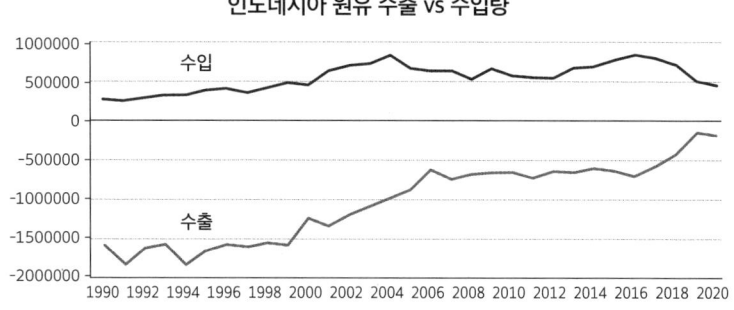

출처: International Energy Agency(IEA)

아 유정을 보유했을 정도였다. 그런데 인도네시아는 이 좋은 조건을 제대로 활용하지 못했다.

  2020년 기준 88.7만 b/d(배럴/일)의 원유를 생산하는 국가임에도 불구하고 지난 20년간 신규 유정 투자가 잘 이뤄지지 않아 원유 생산량이 감소했고, 결국 원유 순수입국이 되어 2009년 OPEC에서 탈퇴했다. 게다가 정제 시설은 비교적 투자를 꾸준히 해서 현재 하루 111만 b/d의 정제 능력을 갖추고 있으나, 아직 중국(1,672만 b/d)이나 인도(520만 b/d)에 비해 많이 부족한 수준이다. 인도네시아의 모든 정제 시설은 인도네시아 정부가 100% 지분을 보유한 국영회사 뻐르따미나Pertamina가 보유하고 있다.

인도네시아 정제 시설

인도네시아 정제 시설	정제 능력(1,000 b/d)
PT Pertamina - Cilacap	348
PT Pertamina - Balikpapan	247
PT Pertamina - Balongan	125
PT Pertamina - Dumai	120
PT Pertamina - Plaju	118
PT Pertamina - Tuban	100
PT Pertamina - Sungai	50
PT Pertamina - Cepu	3
합계	1,111

출처: Oil & Gas Journal - 2020 Worldwide Refining Survey

하지만 산업화의 입장에서 좀 더 치명적인 것은 다운스트림 설비인 나프타 분해 시설 부족으로 산업의 쌀이라 불리는 폴리올레핀PE, PP을 내재화하지 못해 순수입하는 처지가 되었다는 점이다. 그런데 오히려 그런 상황이기 때문에 인도네시아가 산업화에 박차를 가하기 위한 첫 단추의 주인공으로 짠드라아스리가 떠오를 가능성이 높다. 현재 유일하게 인도네시아에서 나프타 분해 시설부터 보유해 하위 화학제품 포트폴리오 라인을 구축한 기업이기 때문이다.

롯데케미칼로 보는 짠드라아스리의 잠재력

짠드라아스리의 대주주 구성은 인도네시아 자본과 태국 자본으로 구성되어 있다. 인도네시아 재벌 기업 바리또퍼시픽[BRPT]Barito Pacific이 지분 46.33%로 1대 주주고, 이외에 태국의 시암시멘트그룹이 30.57%, 타이오일그룹이 15.00%의 지분이 있다. 인도네시아 석유화학 빅3는 짠드라아스리, 롯데케미칼, 뻬르따미나이다.

인도네시아 석유화학 생산 기업

Capacity('000 ton per year)	Chandra Asri	LOTTE CHEMICAL	PERTAMINA		ASC	PT SULFINDO	TPPI	Others	Total
Ethylene	900	-	-	-	-	-	-	-	900
Propylene	490	-	625	-	-	-	-	-	1115
LLDPE	400	200	-	-	-	-	-	-	600
HDPE	336	250	-	-	-	-	-	-	586
Polypropylene	590	-	45	300	-	-	-	-	935
Ethylene Dichloride	-	-	-	-	760	380	-	-	1140

Vinyl Chloride Monomer	-	-	-	-	875	130	-	-	1005
Polyvinyl Chloride	-	-	-	-	550	110	-	202	862
Ethylene Oxide	-	-	-	-	-	-	-	240	240
Mono Ethylene Glycol	-	-	-	-	-	-	-	220	220
Acrylic Acid	-	-	-	-	-	-	-	140	140
Butanol	-	-	-	-	-	-	-	20	20
2-Ethylhexanol	-	-	-	-	-	-	-	140	140
Pygas	418	-	-	-	-	-	-	-	418
Crude C4	330	-	-	-	-	-	-	-	330
Butadiene	137	-	-	-	-	-	-	-	137
Benzene	-	-	100	-	-	-	207	-	307
Para-Xylene	-	-	270	-	-	-	500	-	770
Styrene	340	-	-	-	-	-	-	-	340
Synthetic Rubber	120	-	-	-	75	-	-	75	195
Methyl Tert-butyl Ether	128								128
Butene-1	43								43
Total	4,232	450	1,040	300	2,185	620	707	1,037	10,571

출처: Chandra Asri, ICIS, Nexant

짠드라아스리는 2025년 롯데케미칼인도네시아(LCI) 석화단지 완공 이전(2023년 9월 기준 공정률 약 70%), 국영석유회사 뻐르따미나의 자회사 트랜스퍼시픽페트로케미칼인도타마Trans Pacific Petrochemical Indotama, TPPI의 올레핀 석유화학단지 준공 이전까지는 인도네시아 내 유일한 NCC를 보유한 기업이며, 계획대로라면 추가 설비 증설이 2026년 완료될 예정이다. 문제는 높은 시가총액과 밸류에이션이다. 벌어들이는 매출 및 이익 대비 시가총액이 다소 비싸기 때문에 향후 주가 추이를 보아야 한다.

그리고 인도네시아의 석유화학 산업에 투자를 고려한다면 짠드라아스리와 롯데케미칼인도네시아를 꼭 함께 비교해야 한다. 롯데케미칼인도네시아는 한국의 롯데케미칼(LCC)이 49%, 말레이시아의 롯데케미칼타이탄(LCT)이 51%의 지분을 투자한 롯데케미칼 계열사며, 롯데케미칼은 롯데케미칼타이탄의 지분 75.86%를 보유하고 있다. 참고로 짠드라아스리의 2023년도 말 기준 시가총액은 원화로 약 38조 원이다. 반면 2023년도 말 한국 롯데케미칼의 시가총액은 약 6조 원 수준이었다. 롯데케미칼이 약 5조 원을 이 인도네시아 프로젝트에 투자하는데, 그 단일 프로젝트의 투자금이 지금 이 기업의 시가총액과 거의 비슷하다.

국영회사 뻐르따미나의 자회사 TPPI도 모기업의 든든한 지원을 받는 기업이기 때문에 큰 잠재력이 있는 회사다. 뻐르따미나의 자회사 TPPI는 2024년 폴리에틸렌과 폴리프로필렌 생산 능력을 확보할 전망이다. TPPI가 발주한 플랜트 시공은 삼성엔지니어링이 맡을 가능성이 높다고 알려져 있다. 또한 뻐르따미나는 러시아의 로스네프트Rosneft와 합작한 프로젝트가 계획대로 이뤄진다면 에틸렌을 2026년부터 생산할 예정이다.

인도네시아 아시아 신흥국 성장에 투자하려면 정유, 석유화학이 우선적으로 고려해야 할 업종이며, 이 중에서 대장주에 관심을 기울여야 한다. 짠드라아스리에 장기적 관점으로 투자한다는 것은 지난 25년간 한국의 롯데케미칼의 탄탄한 성장으로 볼 때 역사적으로 검증된 전략이다.

짠드라아스리, 롯데케미칼인도네시아, 뻐르따미나 생산능력 비교

기업명		짠드라아스리 (Chandra Asri)		롯데케미칼 인도네시아 (LCI)		빠르따미나 (TPPI + Rosneft JV)	
석유화학단지 위치		찔레곤(Cilegon)		찔레곤(Cilegon)		투반(Tuban)	
종류	용도	2023	2026	2023	2025	2023	2026
에틸렌	PE, 합성섬유, 합성고무	900	2,000		1,000		1,000
프로필렌	PP, 옥탄올	490	1,090		520		
Pygas	방향족(BTX)	418	878				
C4유분	부타디엔 원료	330	730				
폴리에틸렌(PE)	포장재, 파이프, 필름, 식품용기	736	1,486	450	450		1,000
폴리프로필렌(PP)	포장재, 주사기, 식품용기, 필름	590	1,040		250		600
스티렌모노머(SM)	폴리스티렌, ABS, SBR	340	340				
부타디엔(BD)	합성고무(BR) 합성수지(ABS)	137	297		140		
부텐-1	부타디엔, 액화석유가스	43	43				
MTBE	휘발유첨가제	128	128				
합성고무	합성고무 (BR, SBR)	120	120				
벤젠	합성세제, 의약품		335		400	300	300
톨루엔	염료, 표백제 등		220			100	100
혼합자일렌	염료, 표백제 등		243			780	780
합		4,232	8,950	450	2,760	1,180	3,780

출처: 각사 홈페이지, 단위: 1,000톤/년

지난 25년간 롯데케미칼의 성장

년도	매출액	영업이익	영업이익률	총자산	시가총액(연말)	지배회사 에틸렌 Capa	종속회사 에틸렌 Capa	합산 Capa	비고
1998	760	79	10.4%	764	446	440		440	
1999	777	55	7.1%	1,326	507	460		460	
2000	975	58	5.9%	1,340	202	460		460	
2001	990	13	1.3%	1,377	561	460		460	
2002	1,230	54	4.4%	1,317	691	700		700	
2003	1,460	172	11.8%	1,690	1,959	700		700	
2004	2,367	413	17.4%	3,144	1,540	720		720	KP케미칼 인수
2005	5,325	600	11.3%	4,114	1,593	720		720	
2006	5,597	410	7.3%	4,159	2,214	720		720	
2007	6,157	484	7.9%	4,816	3,361	720		720	
2008	7,565	28	0.4%	5,125	1,647	720		720	
2009	8,596	989	11.5%	6,593	3,266	1,750		1,750	롯데대산 유화
2010	10,635	1,178	11.1%	8,793	8,570	1,750		1,750	
2011	15,699	1,470	9.4%	10,747	9,494	1,750	720	2,470	말레이 TITAN
2012	15,903	372	2.3%	10,372	7,822	2,100	720	2,820	KP케미칼 합병
2013	16,439	487	3.0%	10,688	7,952	2,100	720	2,820	
2014	14,859	351	2.4%	10,323	5,484	2,100	720	2,820	
2015	11,731	1,611	13.7%	11,468	8,346	2,100	720	2,820	
2016	13,224	2,544	19.2%	15,867	12,648	2,100	720	2,820	
2017	15,875	2,930	18.5%	19,551	12,613	2,100	700	2,800	
2018	16,073	1,967	12.2%	20,799	9,494	2,330	793	3,123	
2019	15,123	1,107	7.3%	20,043	7,678	2,330	1,793	4,123	LC USA
2020	12,223	357	2.9%	19,387	9,460	2,330	1,793	4,123	
2021	18,120	1,536	8.5%	22,855	7,438	2,330	1,793	4,123	
2022	22,276	-763	-3.4%	26,785	6,118	2,330	1,793	4,123	
연평균 성장률	14.5%		8.2% (평균)	15.3%	11.0%				

출처: 회사공시자료, data.krx.co.kr 등

롯데케미칼의 지난 25년(1998~2022년) 평균 영업이익률은 8.2%에 달했고, 연평균 매출 성장률은 14.5%, 총자산 성장률은 15.3%, 시가총액 성장률은 11.0%를 기록했다. 롯데케미칼은 1990년대 한국 산업화, 도시화로부터 시작해 2000년대 부터 중국의 발전에 힘입어 비약적으로 성장했다. 특히 차화정(자동차+화학+정유) 랠리 초입 당시 2008년 연말 롯데케미칼 시가총액은 1조 6,000억 원이었으나, 랠리 말인 2011년 연말엔 9조 5,000억 원까지 큰 폭으로 상승했다. 중국의 엄청난 수요로 에틸렌 생산 능력을 공격적으로 증설했고, 이마저도 모자라자 여러 기업들을 인수하며 외형을 성장했다.

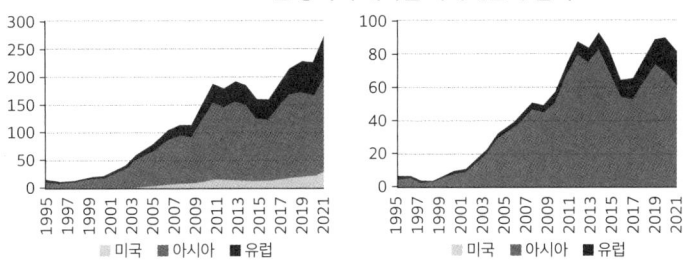

1995-2021년 중국의 대륙별 화학제품 수입액

참고: 좌-총수입액 / 우-순 수입액, 단위: $b, HS Code 28번~40번
출처: IMF

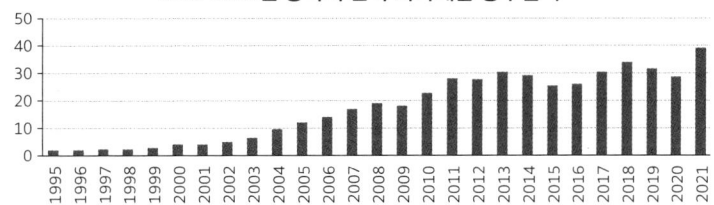

1995-2021년 중국의 한국 화학제품 총수입액

참고: 단위: $b, HS Code 28번~40번
출처: IMF

중국이 2001년 경 한국으로부터 수입한 화학제품 총규모는 44억 달러에 불과했으나, 20년이 지난 2021년 기준 총수입액 규모가 10배 가까이 증가하며 약 393억 달러(약 55조 원)에 달한다. 2001년도 중국의 화학제품 총수입액은 256억 달러였다. 다만 중국이 전 세계로부터 들여오는 화학제품의 총수입액이 늘고 있기는 하나, 수출액을 차감한 순 수입액 규모는 2010년 이래 정체되어 있다는 것이 문제이다. 워낙 중국 내 설비 증설이 많았기 때문에 순 수입액 성장이 지난 10년간 없었고, 현재 중국은 경기침체를 겪고 있고 글로벌 공급망이 중국 외부로 재편되는 과정을 겪고 있기에 수요 및 수입액이 성장하기 당분간 어려울 것으로 보인다.

막대한 아세안의 석유화학 제품 예상 수요

현재 시점 아세안, 인도의 화학제품 총수입액과 2000년대 초반 중국의 총수입액과 비교해볼 수 있다. 만약 지금 인구 거대 지역이자 수출중심지로 떠오르는 아세안과 인도가 2000년대 초반 중국의 고속 성장을 따라간다면, 이 국가들은 석유화학 내재화에 더해 막대한 양의 화학제품을 수입해야 할 것이다.

이미 동남아시아의 화학제품 총수입액은 2021년 기준 2,100억 달러로(역내 교역 포함) 중국의 2,600억 달러와 비슷한 수준이다. 또한 중국과 다르게 순수입액 규모가 지속적으로 성장하고 있다.

1995-2021년 동남아시아의 대륙별 화학제품 수입액

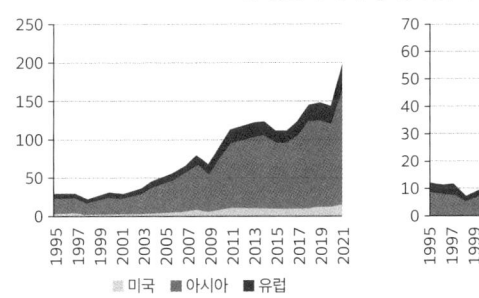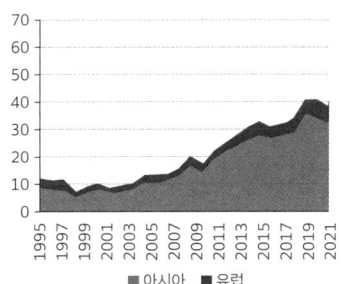

참고: 좌-총수입액 / 우-순 수입액, 단위: $b, HS Code 28번~40번
출처: IMF

인도의 화학제품 총수입액은 2021년 기준 750억 달러이며, 1995년 560억 달러 대비 13배 이상 급증했다. 인도는 2010년대 중반에 에틸렌 생산 능력을 연간 400만 톤 수준에서 800만 톤 수준으로 두 배 가량 증설했기에 2010년대에 순 수입액 성장이 다소 주춤했으나, 수요가 늘어나며 순수입액 규모가 크게 증가할 것으로 기대된다.

1995-2021년 인도의 대륙별 화학제품 수입액

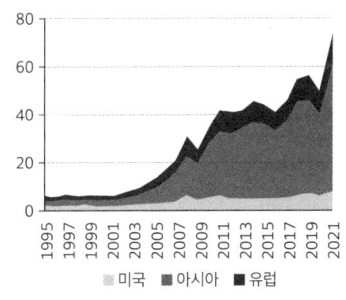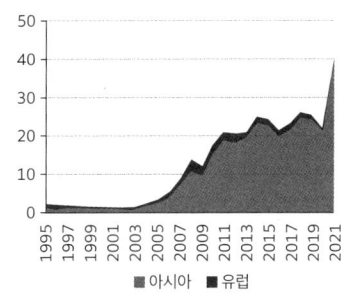

참고: 좌-총수입액 / 우-순 수입액, 단위: $b, HS Code 28번~40번
출처: IMF

4. 기초소재 산업

에틸렌은 흔히 '산업의 쌀'이라고 불릴 정도로 다방면에 쓰이는 기초 원료이며, 내수 및 수출 제조업 육성을 위해 필수적인 제품이다. 인도네시아의 에틸렌 설비는 현저히 부족하다. 현재 인도네시아의 에틸렌 생산 능력은 90만 톤인데, 인도의 800만 톤, 한국의 1,200만 톤, 중국의 5,100만 톤에 비하면 한참 낮은 수치다. 2025년 롯데케미칼과 2026년 짠드라아스리의 NCC 증설이 이뤄지면 300만 톤으로 수치가 다소 올라가기는 하나, 향후 인도네시아가 중국에 비견할 만한 전 세계 주요 제조 국가로 나아가려는 원대한 비전을 품고 있음을 감안한다면 이후에도 증설이 여럿 이어질 것으로 예상한다.

짠드라아스리는 석유화학 단지 위치상 인근 아세안, 인도, 중국에 쉽게 수출할 수 있다. 자바섬의 서부 지역 맨 끝쪽 해안 지방에 자리잡은 찔레곤Cilegon 화학단지는 말라카해협과 남중국해 중간에 절묘하게 위치한 인도네시아의 해상 요충지다. 이 곳은 베트남, 태국, 필리핀 등 아세안 국가와의 거리가 가깝다. 말라카해협을 거쳐 인도로 보낼 수도 있고, 남중국해를 지나 바로 중국으로 보낼 수도 있다. 한국, 일본의 석유화학업체는 중국과의 거리는 가깝지만, 향후 떠오르는 시장인 인도와 동남아시아와의 접근성이 떨어진다.

아세안 전역, 인도 동부, 중국 남부와 가까운 찔레곤의 전략적 위치

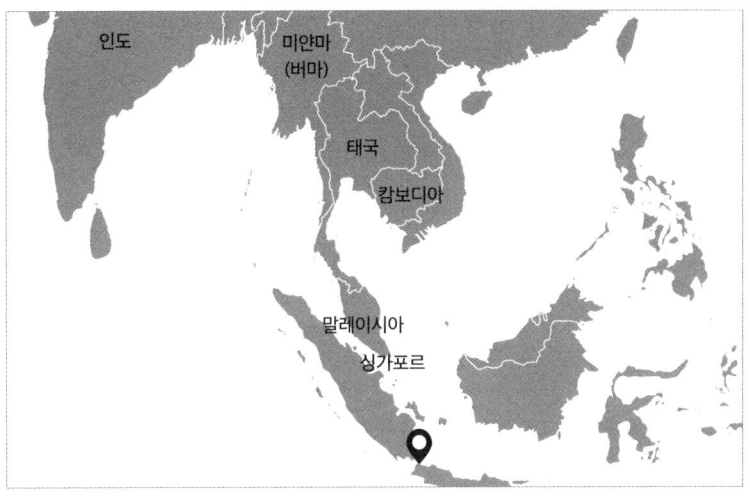

짠드라아스리의 찔레곤 석유화학단지 개요

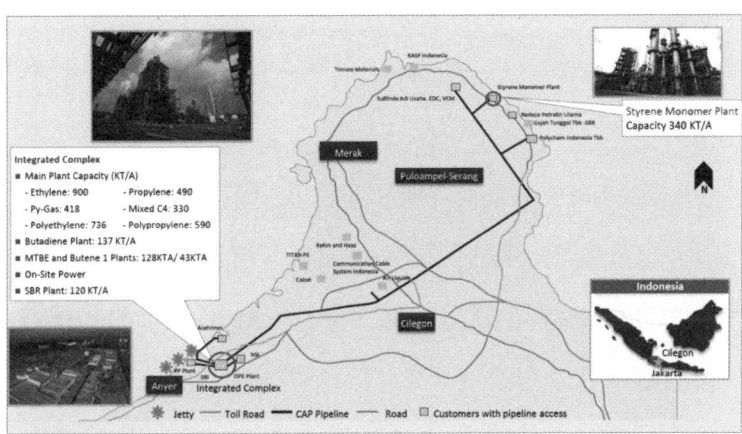

자료: Chandra Asri

지켜봐야 할 과제들

지난 5년간 짠드라아스리는 유의미한 증설 및 인수합병이 없었기 때문에 매출 변동이 크게 없다. 또한 2022년 글로벌 석유화학 불황으로 인해 순이익이 적자로 돌아선 모습이다. 총부채/총자산 비율은 0.4~0.5 수준으로, 적정한 수준으로 관리되고 있다.

짠드라아스리 과거 5년 재무 데이터

단위: 원 환산(달러/원 1,300 적용)

	2018	2019	2020	2021	2022
매출액	3조 3,060억	2조 4,450억	2조 3,480억	3조 3,550억	3조 1,000억
EBITDA	5,220억	2,340억	2,430억	4,640억	6조 5,900억
순이익	2,370억	310억	670억	1,970억	-1,940억
총자산	4조 1,260억	4조 4,870억	4조 6,720억	6조 4,910억	6조 4,090억
총부채	1조 8,240억	2조 1,970억	2조 3,110억	2조 6,790억	2조 7,570억

짠드라아스리도 과거 롯데케미칼과 같은 검증된 성장 루트를 밟을 가능성이 높다. 2026년 증설이 완료되면 에틸렌 생산 능력이 현재 연간 90만 톤에서 200만 톤으로 증가하게 되는데, 이는 2009년 차화정 랠리 초입 당시 롯데케미칼 175만 톤을 앞선 수준이다. 짠드라아스리는 에틸렌 설비 증설과 함께 더 부가가치가 높은 석유화학 포트폴리오를 확장하고 있다. 또한 나프타 이외에도 저렴한 LPG 가스를 투입 원료로 활용하며 설비에서의 비효율성을 없애려

노력하는 등 다방면으로 원가 절감 노력을 기울이고 있다.

다만 2023년 하반기 시점 전 세계 석유화학 시황은 힘겨운 시기를 지나고 있다. 통상 석유화학의 시황을 판단할 때 에틸렌 스프레드(나프타 가격에서 에틸렌 가격을 뺀 수치)를 참고하는데, 한국에서는 에틸렌 스프레드가 300달러/톤은 넘어야 손익분기점을 넘겼다고 보고 있다. 2022년 10월~2023년 10월 차트에서 1년간 300달러를 넘기지 못했는데, 이는 중국 수요의 부진이 생각보다 장기화되고 있고, 2020~2022년 글로벌 증설 물량이 많았기 때문이다.

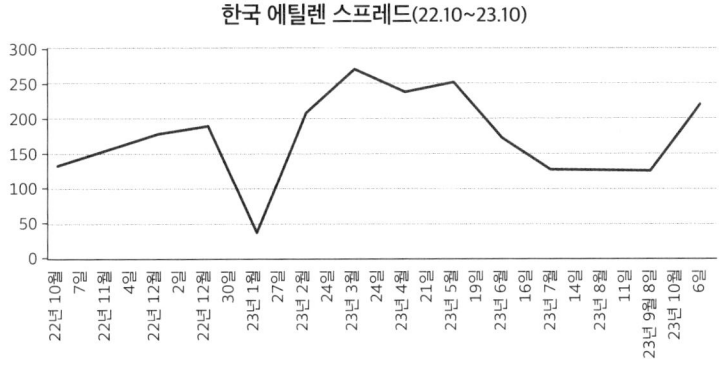

출처: 산업통상자원부

또한 내연기관차에서 전기차 시대로 바뀌며 기존 정유사들이 석유화학 업종까지 진출하고 있는 가운데, 개발도상국도 대규모 증설을 통해 석유화학 산업 내재화를 하다보니 앞으로 구조적으로 석유화학 증설이 수요 성장보다 초과할 것이라는 비관적 전망도 있다. 중국은 2000년대 초반 한국 화학제품을 많이 수입했지만, 이제는 자국 수요의 상당 부분을 자국 물량으로 대체하여 과거와 같은 글로벌 호황은 기대하기 어려울 수 있다는 것이다. 하지만 인도와 동남아시아가 2000년대 중국처럼 본격적인 성장을 하며 전 세계 공급망의 중심으로 떠오르게 된다면 글로벌 석유화학 수요는 급증할 것이며, 기존 여러 우려들은 언제든 사라질 수 있다.

그리고 현재 시가총액이 매출액, 총자산 대비 높다. 2023년 12월 29일 종가 5,250원 기준으로 짠드라아스리의 시가총액은 약 38조 원 수준이다. 2022년 매출액/시가총액 PSR로 보면 약 12배, 2022년 총자산/시가총액 PBR로 보면 약 6배다. 2026년 증설이 완료되면 에틸렌 생산 능력이 2배로 늘어 매출액도 기존 대비 2배 가량 높아질 것으로 보이는데, 2~3년 후 미래의 증설까지 현재 주가가 반영되어 이미 많이 오른 모습이다. 짠드라아스리의 2020년 말~2023년 말 3년 주가 차트는 다음과 같다.

순수 석유화학 회사 롯데케미칼의 예에서도 봤듯이 장기적 관점(20~30년 수준)에서의 평균 영업이익률은 9~10% 정도 나올 것이다. 현재 짠드라아스리 매출액은 연간 3조 원이며, 2026년 증설이 완료된 이후 에틸렌 생산 능력이 2배로 증가하기 때문에 짠드라아스리의 연간 매출액은 약 7조 원 정도로 추정 가능하다. 이 경우 장기 영업이익률 10%를 적용한 3~4년 후 영업이익은 7,000억 원이 나온다. 2023년 말 주당 단가 5,250루피아 기준으로 시가총액은 40조 원 전후이므로, 시가총액/영업이익 PER 값이 56으로 산출된다. 만약 석유화학 호황기에 진입해 한해 영업이익률이 20%가 나온다고 하더라도 시가총액/영업이익 PER 값은 28이다. PER이 낮은 주식을 선호하는 투자자라면 지금 시점에서 진입하기엔 다소 부담스럽게 느껴질 수도 있지만, 중장기 관점에서 관심있게 지켜보아야 할 주식이다.

5. 에너지 산업

유나이티드트랙터스[UNTR], TBS에너지[TOBA]

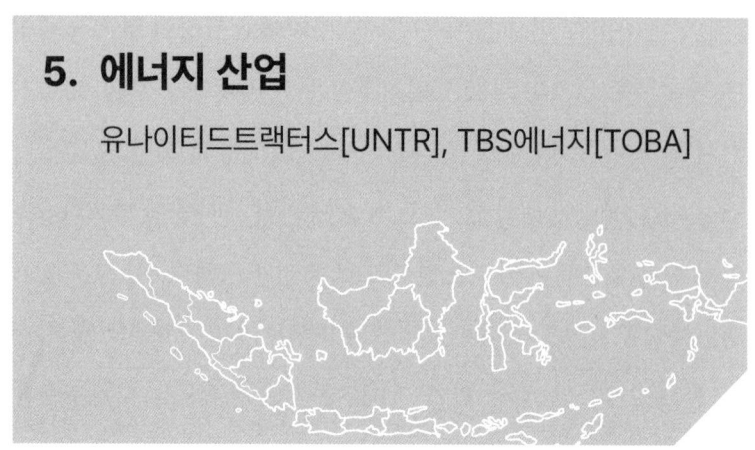

인도네시아 에너지 산업의 지형

티커	기업명	시총(10억)	매출액(10억)
ADRO	Adaro Energy Indonesia	6,471	6,557
DSSA	Dian Swastatika Sentosa	5,240	5,388
BYAN	Bayan Resources	56,383	3,629
PGAS	Perusahaan Gas Negara	2,328	3,542
INDY	Indika Energy	636	3,026
GEMS	Golden Energy Mines	2,900	2,705
AKRA	AKR Corporindo	2,517	2,548
ITMG	Indo Tambangraya Megah	2,464	2,405
PTBA	Bukit Asam	2,389	2,358
MEDC	Medco Energi Internasional	2,468	2,198

참고: 시총은 2023년도 말 기준, 매출액은 4Q22~3Q23

앞의 표는 매출액 기준으로 인도네시아 에너지 기업 상위 10개다. 이 기업 중 인도네시아 국영 가스공사 PGAS와 석유 및 천연가스 시추회사 MEDC을 제외하면 전부 석탄 기업이다. 즉, 인도네시아 에너지 섹터로 분류되는 기업 상당수의 주 사업은 석탄이라고 보면 된다.

인도네시아는 세계 4위의 석탄 생산국이지만, 수출 측면에서는 매년 전 세계 1위를 기록하고 있다. 그리고 전 세계적으로 아직도 전력 공급원으로 석탄은 인기가 많은 자원이다. 다만 석탄을 채굴하는 상장기업은 인도네시아 내에 이미 많기에 미래에 큰 폭의 주가 상승을 바라본다면 좀 더 성장성이 높은 신사업을 함께 추진하는 기업에 주목하는 것이 바람직하다.

2024년도 기준 가장 증시에서 높은 관심을 받고 있는 에너지기업은 사실 재벌 프라조고 팡에스투 Prajogo Pangestu가 총수로 있는 바리토퍼시픽그룹[BRPT] Barito Pacific의 자회사 바리토리뉴어블에너지[BREN] Barito Renewables Energy이다. 바리토퍼시픽의 또다른 자회사 짠드라아스리는 앞에서 소개했다. 바리토리뉴어블에너지는 2023년 10월에 신규 상장한 지열 에너지 기업으로, 인도네시아의 풍부한 지열 에너지를 활용하여 친환경 발전에 주력하는 회사다.

바리토리뉴어블에너지는 2023년도 말 시가총액 1,000조 루피아(85조 원)를 기록했는데, 이는 BCA은행에 이어 2위에 달한 규모다. 2023년도 12월 28일 기준 국내 기업 시가총액 상위 5개는 삼성전자(468조 원), SK하이닉스(103조 원), LG에너지솔루션(100조 원), 삼성바이오로직스(54조 원), 현대차(43조 원)다. 시총만 놓고 단순하게 비교하면 2023년도 말 바리토뉴어블에너지는 현대차의 2배 가치를 지닌 셈이다.

다만 바리토뉴어블에너지는 핫한 주식이긴 하나 고민 끝에 밸류에이션이 도저히 설명할 수 없을 만큼 높아 이번 분석에서 제외했다. 이 기업의 시가총액은 2023년도 말 1,000조 루피아(85조 원)인데, 순자산은 7.1조 루피아(6,000억 원), 매출액은 6.9조 루피아(5,900억 원), 순이익은 1.8조 루피아(1,500억 원)에 불과했기 때문이다. 트레일링 PBR이 140배, 트레일링 PER이 550배에 달한다.

여기서는 다른 두 기업을 다루려고 한다. 먼저 유나이티드트랙터스[UNTR]United Tractors는 석탄뿐만 아니라 굴삭기, 금, 니켈 광산 등 안정적 포트폴리오를 갖추고 있으며, 대규모 토목 건설 경기 부양에 직접적으로 수혜를 받는 기업이다. 즉, 자카르타와 자카르타 대도시권역, 각 지역 2군 도시, 신수도 누산타라 개발 등 도시화와 산업 단지 개발의 수혜를 직접 받는 기업이다. 장장 20여 년간 이어질 신수도 개발에서 다량의 화석에너지와 굴삭기 중장비가 필요하다. 신수도 배후지 칼리만탄 정글 개발도 본격화될 예정이며, 칼리만탄의 누산타라 신수도 개발은 그 규모가 어마어마하고 장기적으로 이어질 전망이기에 인도네시아에 관심 있는 투자자라면 반드시 주목해야 한다.

두 번째로 이제 막 태동기에 접어든 전기 스쿠터 및 배터리 충전 플랫폼 사업에 도전장을 내민 TBS에너지우따마TBS Energi Utama를 분석한다. 현재 이 기업의 메인 사업은 석탄 생산이지만, 전기 오토바이 제조에도 적극적으로 진출하고 있어 흥미로운 주가 촉매 요인이 있다. TBS에너지우따마는 다소 생소한데다 아직 시가총액도 2,000억 원대로 상당히 낮다. 하지만 현재 인도네시아 정부 니켈 사업을 진두지휘하고 있는 해양투자조정부 장관 루훗 빈사르 빤자이탄Luhut Binsar Pandjaitan과 관련이 있는 기업이기도 하며, 전기 스쿠터 및 배터리 사업을 인도네시아 국민 IT 기업 고투그룹과 협업하고 있기에 사업 태동기인 지금 빠르게 주목해야 한다.

종목1_유나이티드트랙터스[UNTR]

고도성장하는 아세안의 에너지 수요 증가 수혜주

투자 포인트
- 수십억 아시아 신흥국 국민들이 극빈층에서 탈출하면서 석탄 에너지 수요 증가가 증가할 것이다.
- 도시화 및 누산타라 신수도 건설을 위한 건설 기계 장비 수요가 지속되고 있다.
- 좋은 실적을 내고 있고, 재무구조가 건전하다.
- 글로벌 1위 니켈 제련 기업 칭산그룹과의 합작 및 지분 투자를 진행했다.

탄탄한 실적과 재무구조

유나이티드트랙터스[UNTR]는 인도네시아 굴지의 회사 아스트라인터내셔널[ASII]이 지분 59.5%를 보유한 핵심 자회사로, 사업의 포트폴리오, 이익의 퀄리티, 밸류에이션 측면에서 모두 매력적인 기업이다.

유나이티드트랙터스의 사업은 건설기계, 광산서비스, 석탄광산 채굴, 금광채굴, 기타(에너지, 건설 등)로 나뉜다. 2022년부터 코로나 19 영향에서 벗어나며 본격적으로 매출액이 회복되기 시작했으며, 2023년 상반기 기준으로 굉장히 높은 실적을 보이고 있다.

유나이티드트랙터스 실적

기간	2022 상반기		2023 상반기	
단위	루피아(조)	원(조)	루피아(조)	원(조)
건설기계	17.4	1.4	20.3	1.6
광산서비스	20.0	1.6	24.3	1.9
석탄광산	18.7	1.5	20.1	1.6
금광	3.9	0.3	3.2	0.3
기타	0.5	0.0	0.8	0.1
총매출액	60.4	4.8	68.7	5.5
매출총이익	16.5	1.3	18.7	1.5
순이익	10.4	0.8	11.2	0.9

2022년 상반기 대비 2023년 상반기 실적을 보면 매출액은 전년비 14% 증가, 매출총이익은 13% 증가, 순이익은 8% 증가했다.

건설기계 부문은 불도저, 굴삭기, 로더, 덤프트럭과 같은 건설기계 판매 매출 및 부품/서비스 매출이다. 유나이티드트랙터스는 주로 일본 고마쓰Komatsu 장비를 판매하고 그 외 스카니아Scania 트럭, UD 트럭 등을 취급한다. 2022년 유나이티드트랙터스의 고마쓰 중장비 연간 매출 구성을 보면 광업용 장비가 60%, 건설용 장비가 19%, 임업 장비가 11%, 농업 장비가 10%였다.

광산서비스 부문은 자회사 파마퍼사다누산타라Pamapersada Nusantara를 통해 광산 사업성 평가, 설계, 인프라 개발, 폐기물 관리, 자재 조달 등의 전문 광산 서비스 전반을 고객 의뢰에 맞추어 제공한다. 광산 서비스 주요 고객은 인도네시아 제1 석탄 기업 부킷아삼,

파시르 광산을 보유한 한국 삼탄의 계열사 키데코 자야 아궁PT Kideco Jaya Agung 등이 있다.

유나이티드트랙터스는 외부 위탁 운영뿐만 아니라 자체 석탄 광산 및 금 광산도 보유하고 있으며, 기타 건설업 및 에너지발전(화력, 수력, 태양광)에서도 매출이 발생하고 있다. 기존 주력 사업은 석탄산업과 건설기계 판매였으나, 점차 신재생 에너지 비중을 늘리겠다는 방향성을 제시하고 있다.

2023년 연간 순이익은 20.61조 루피아(약 1.75조 원)고, 시가총액은 2023년도 말 기준 84.28조 루피아(약 7.13조 원)로 PER이 4~5배 구간에 있다. 즉 밸류에이션 측면에서 매우 매력적이다. 게다가 현금성 자산에서 총부채를 뺀 값인 순현금을 무려 20조 루피아(약 1.6조 원)를 보유하고 있어 재무적으로도 탄탄하다.

발전하는 아세안, 급증하는 에너지 수요

앞에서 보았듯 유나이티드트랙터스는 석탄 비중이 높다. 앞으로 전 세계의 세계화 후퇴 국면에서 에너지 안보에 대한 우려가 더욱 불거지며, 석탄 수요는 늘어날 것으로 전망한다. 또한 태양광, 풍력으로 생산한 전기는 발전 전력량을 조절하거나 잉여 예비 전력을 비축하기 어려워 석탄 발전을 아직 의미 있는 수준으로 대체하기는 어렵다. 세계는 아직 화석연료 발전으로부터 벗어나기 쉽지 않다. 인도네시아는 지난 10년간 석탄 생산량이 두 배 이상 증가해

2019년 기준 6억 1,600만 톤에 이르렀고, 현재 세계 제1의 석탄 수출국이다.

중국, 인도, 동남아시아 등 아시아 신흥국의 경제 발전을 위해 석탄 발전소 수요 증가는 지속될 전망이다. 예전에 인도와 인도네시아 사람들은 더워도 에어컨을 안 틀고 냉장고도 쓰지 않았으나, 점점 집집마다 냉장고와 에어컨을 들여놓기 시작했다. 인도와 동남아시아 전체 인구를 합하면 20억 명이 넘는다. 이 어마어마한 인구가 예전엔 가정용 전기를 쓸 여유가 없었을 정도로 극심한 빈곤에 시달렸지만, 점차 다양한 전기 가전제품들을 쓰다보면 가정용 전기 수요가 급증할 것이다. 그렇게 되면 값싸고 아웃풋이 예상 가능한 전기 발전의 원료인 석탄 수요는 증가할 것으로 예상된다.

이미 동남아와 인도보다 먼저 경제 발전에 성공한 중국의 경우, 양쯔강과 메콩강 상류에 거대한 댐을 만들어 주변 국가와의 마찰을 각오하고 수력 발전소를 만들고 풍력, 태양광 발전소를 열심히 지으며 석탄 의존도를 줄이고자 노력하고 있지만, 그래도 중국 14억 인구의 전력 수요를 채우려면 아직은 어느 정도 석탄에 의존할 수밖에 없다.

중국, 인도, 아세안 전력 발전 설비 용량

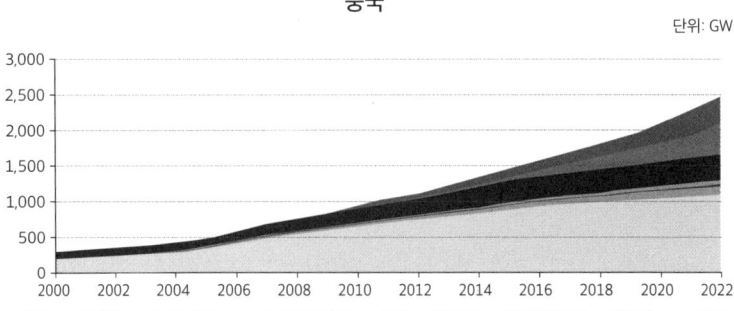

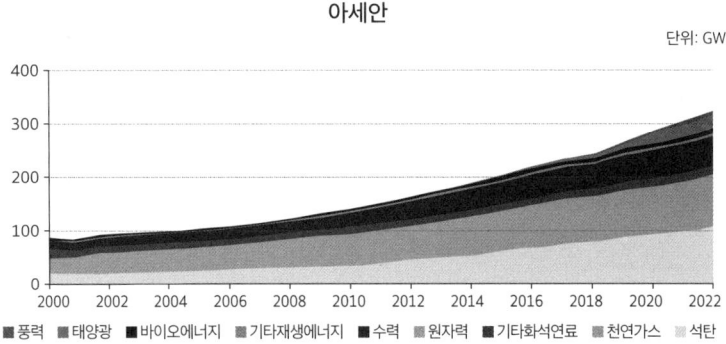

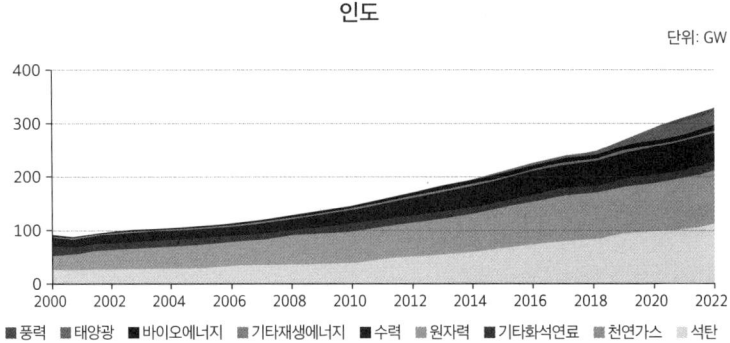

출처: ember-climate.org

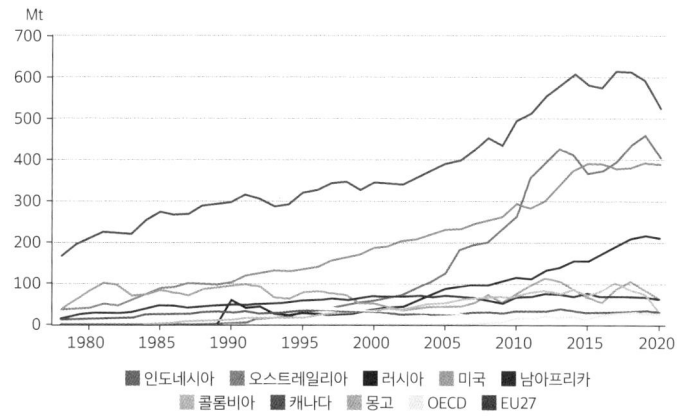

1978~2020년 전 세계 국가별 석탄 수출

출처: International Energy Agency(IEA)

전 세계 전력 발전 비중

	1973년	2018년	비중변화
석탄	38.2%	38.2%	0%
석유	24.8%	2.9%	-21.9%
수력	20.9%	15.8%	-5.1%
천연가스	12.1%	23.1%	+10.0%
원자력	3.3%	10.2%	+6.9%
신재생에너지	0.6%	9.8%	+9.2%

출처: International Energy Agency(IEA)

아세안은 아직 석탄이 필요하다

저탄소화를 위해 선진국은 화석연료 발전을 신재생에너지 발전으로 대체할 여력이 있고, 탈탄소화 중간 단계로 비교적 낮은 탄소를 배출하는 천연가스 발전 비중을 높이고 있다. 하지만 아시아 개발도상국 입장에서는 신재생에너지나 천연가스 발전보다 값싼 석탄을 선택하는 게 더 경제적이고 현실적인 선택이다. 아직도 정전이 허다한 개발도상국에서는 태양광, 풍력 발전으로 자국 내 전력 수요를 해결한다는 것은 언감생심이다. 태양광 풍력은 자연 환경에 따라 전력 생산량 변동이 심해 기본 인프라가 부족한 국가에서는 한계가 있다. 그리고 이 나라들 입장에서는 수입 단가도 비싸고 초기 LNG터미널 및 파이프라인 등 막대한 초기 인프라 투자가 필요한 천연가스를 굳이 여력도 되지 않는 데 이용할 이유가 없다.

수력은 개발도상국 내에서도 지어질 만한 사업성이 있는 메콩강, 양쯔강 등 주요 하천에서 이미 많이 지어져 있다. 원자력의 경우 원자력 발전소를 컨트롤할 수 있는 자국 내 과학 기술 인력이 충분히 확보되지 않았다면 도입해서는 안 된다. 우수한 과학 기술 인력 및 안전 점검 매뉴얼이 있었던 일본조차도 2011년 큰 지진이 발생하자 대참사로 이어질 뻔했다. 개발도상국에서 동일본 대지진과 유사한 천재지변이 일어난다면 큰 재앙으로 이어질 수 있다. 무엇보다 인도와 인도네시아는 판과 판이 만나 화산 활동 및 지진이 활발히 일어나는 알프스-히말라야 조산대와 환태평양 조산대 위에 위치하고 있다. 즉, 여러 가지를 고려했을 때 아시아 개발도상국들은 현실상 다른 전력원을 고민할 여지가 거의 없으며, 값싼 석탄을 활용할 화력 발전소부터 빨리 짓는 게 우선이다.

1973년 전 세계 전력 발전 비중에서 석탄이 차지하는 비중은

38.2%였는데, 2018년에도 이와 동일한 비중이었다. 선진국 중심으로 탈탄소화 담론이 활발히 일어나고 신재생 에너지 발전 비중이 앞으로 크게 늘어나는 건 맞다. 하지만 현실적으로 개발도상국 성장과 석탄 발전 수요는 같이갈 수밖에 없고, 선진국이 개발도상국에게 석탄을 사용하지 않는 대가로 막대한 보조금을 주지 않는 한 전 세계 전력 발전 비중에서 석탄 비중이 앞으로 큰 폭으로 감소하기란 사실상 어렵다.

인도네시아의 주요 수출 광물은 석탄, 니켈, 구리, 주석이다. 그 중 석탄은 신수도 예정지인 칼리만탄섬, 니켈은 술라웨시섬에 풍부하게 매장되어 있다. 구리는 파푸아 그래스버그 광산에, 주석은 방카-블리뚱 제도에서 주로 생산되고 있다. 내가 만약 인도네시아 정치인이나 고위 관료라면 칼리만탄 신수도 근처 정글에 아직도 풍부하게 널려있는 석탄 탄광을 적극 개발하여 도시화 및 산업화에 활용하려고 시도할 것 같다.

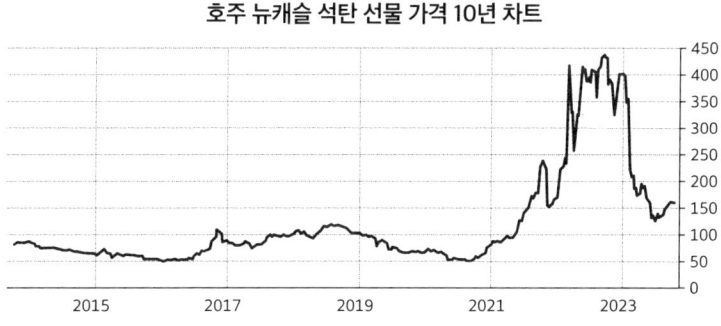

출처: tradingeconomics.com

게다가 2022년 러시아 우크라이나 전쟁 때 유럽 천연가스 공급에 비상이 걸리며 가스 발전소를 대체할 석탄 수요가 급증하여 일시적으로 가격이 크게 튀었다. 지금은 급등에서 벗어나 가격이 하락 안정화되었으나, 여전히 예년 대비 높은 수준을 유지하고 있다. 선진국에서도 2022년과 같은 천연가스 공급 대란이 다시 일어나면 어쩔 수 없이 석탄 의존도가 높아질 수 있다.

인도네시아 내에서도 가정용 이외에도 산업화를 위한 전력 발전, 제강, 제련, 정유/석유화학, 시멘트 공장 등 석탄에 쓰이는 수요가 상당히 많다. 그리고 인도네시아 신수도 건설이 본격화되는 시점에서 열대우림을 밀어버리고 상당한 양의 철근, 콘크리트, 플라스틱을 생산해야 한다. 유나이티드트랙터스의 건설기계, 석탄 사업은 2045년까지 진행될 인도네시아 신수도 이전에 직접적으로 수혜를 받는 산업이다.

니켈 산업으로의 적극적인 진출

유나이티드트랙터스는 인도네시아의 핵심 광물 니켈 분야에도 적극 진출하고 있다. 2022년 이 회사는 니켈광산기업 스타게이트파시픽리소시스Stargate Pasific Resources, 이하 SPR와 니켈제련기업 스타게이트미네랄아시아Stargate Mineral Asia, 이하 SMA의 각 지분 90%를 약 3,500억 원에 인수했다. SPR은 술라웨시 남동부 꼬나웨Konawe 지역에서 니켈 채굴 라이선스를 지닌 기업이며, SMA는 니켈선철

(NPI)를 생산하는 니켈제련소를 담당한다. NPI 니켈선철은 그동안 스테인리스강 생산에만 쓰였으나, 중국 기업 칭산이 2021년경 NPI를 고순도 니켈매트로 제련하는 신기술을 개발해 배터리로 활용 가능한 니켈로 전환할 수 있게 되었다.

유나이티드트랙터스는 이에 더해 2023년 9월에는 중국 칭산 홀딩스의 계열사이자 호주 증시에 상장된 니켈인더스트리리미티드Nickel Industries Limited, NIC의 지분 20%를 6억 3,300만 달러(약 8,200억 원)를 주고 신주를 취득했다.

종목 2_TBS에너지우따마[TOBA]
확장되는 전기차 시장의 떠오르는 강자

투자 포인트

- 시가총액이 2,000억 원으로 낮은 수준이다.
- 인도네시아 정부가 전기차 도입에 적극적이라 전폭적인 지원을 하고 있다.
- JV를 맺은 고토그룹의 고젝이라는 수백만의 캡티브 마켓을 확보했다.

전기차에 진심인 인도네시아

TBS에너지우따마의 주요 사업은 전력 발전, 석탄, 팜플랜테이션, 전기차다. 전력 발전, 석탄 채굴, 팜유 사업은 인도네시아 기업이라면 다 하는 전통 산업이어서 이 부분은 다루지 않고, 이 회사가 야심차게 준비하고 있는 전기차Electric Vehicle, EV 모빌리티 사업을 주로 다루려 한다.

EV 모빌리티 시장이라고 하면 빈패스트Vinfast 때문에 베트남이 떠오르기 마련이지만, 인도네시아에서도 전 세계적으로 경쟁력을 인정받는 전기차를 만들기 위해 여러 스타트업들이 출사표를 던지고 있다. 다만 빈패스트는 자국 수요를 위한 이륜차(오토바이)와 해외 수출용 사륜차를 동시에 개발하고 있으나, 지금 인도네시아 기업이 내놓는 전기차는 이륜차가 대다수다. 1인당 GDP 5,000달러 내외인 국가에서 국민 대다수가 이용하기 위해서는 아무래도 사륜차보다는 이륜차로 시작하는 게 적합하기 때문이다.

"인도네시아에서 과연 전기차가 될까?"라고 의심할 수도 있겠지만, 인도네시아는 전기차 사업에 진심이다. 주요 도시에 배터리 스왑핑 시스템Battery Swapping System, BSS을 뻐르따미나의 주유소 네트워크를 활용해 대량으로 설치하고 있다는 점만 봐도 그 사실은 명확하다.

배터리 스왑핑 시스템이란 전기차 배터리 교환소에서 미리 완충된 배터리를 방전된 배터리와 교체하는 방식으로 충전 서비스 시간을 획기적으로 단축하는 시스템이다. 한국에는 워낙 집, 쇼핑몰, 공공주차장 등에 배터리 충전소가 잘 갖춰져 있어 생소하지만, 배터리 스왑핑 시스템은 이미 중국에서는 상당히 보편화되어 있고, 이를 벤치마킹하는 사례도 늘고 있다.

인도네시아도 배터리 스왑핑 시스템을 도입하는 것이 의미 있다는 계산이 떨어진 듯하다. 다만 아직 사륜차 배터리 스왑핑 시스템을 도입하는 것은 아니고, 이륜차 배터리 스왑핑 시스템부터 시작하고 있다. 사륜차 배터리 스왑핑의 경우 사람이 직접 배터리를 떼내어 이를 교체하는 것이 불가능에 가깝기 때문에, 배터리 교환소와 더불어 배터리 탈부착을 위한 자동화 로봇 시스템이 필요하다.

반면, 이륜차 배터리의 경우 다른 소형 기기처럼 사람이 직접 배터리를 빼서 갈아 끼우듯 교체하면 되기에 저렴한 비용으로도 스왑핑 시스템을 도입할 수 있다. 다만 이와 같은 시스템이 자카르타를 시작으로 주요 도시들에 자리잡으려면 이륜차 전용 배터리의 규격을 미리 통일해야 한다. 이륜차 배터리 스왑핑 시스템이 잘 정착하면, 추후에 사륜차 배터리 스왑핑까지 나아갈 가능성이 높다.

미리 완충된 배터리를 갈아끼우는 방식으로 전기 스쿠터를 충전하고 있는 모습

엄청난 규모의 캡티브 마켓

TBS에너지우따마는 인도네시아 2021~2030년 신재생에너지 사업 육성 로드맵에 맞춰 새로운 사업을 개척하기 위해 EV 모빌리티

사업에 진출했다. 구체적으로는 전기 스쿠터 제조, 배터리 제조, 배터리 스왑핑 및 배터리 충전소 사업에 진출해 업스트림부터 다운스트림까지 포괄적인 EV 모빌리티 생태계를 구축할 계획이다.

2021년 TBS에너지우따마와 고투그룹은 각각 50%의 지분을 투자해 조인트벤처 에너지크리아시버르사마PT. Energi Kreasi Bersama를 설립, 일렉트럼Electrum이라는 브랜드를 만들었다. 일렉트럼은 인도네시아 통합 전기차 생태계 실현을 위해 여러 기업들과 함께 판을 크게 키울 예정이다. 고투그룹은 2030년까지 수백만 대의 고객 이륜차를 100% 전기 이륜차로 바꾸고자 하는 야심찬 계획을 갖고 있기에, 일렉트럼 브랜드는 든든한 캡티브 마켓을 확보했다.

고투그룹은 일렉트럼이 제공하는 전기스쿠터 배터리 충전 비용이 휘발유 주유 비용보다 저렴함을 강조하며, 자사 고객 운전자 파트너들에게 전기스쿠터로 교체하도록 유도 및 인센티브를 제공하고 있다. 일렉트럼 스쿠터의 1회 충전시 거리는 주행 거리는 120km이고, 최대 속도는 90km/h이다. 운전자 입장에서 충분히 괜찮은 스펙이다. 또한 전기스쿠터는 일반 오토바이보다 더 부드러운 승차감을 느낄 수 있고 힘이 좋기에, 상태가 좋지 않은 도로가 많은 인도네시아 지형에서 유리하다.

인도네시아 정부 입장에서는 고투와 TBS에너지우따마의 합작 브랜드 일렉트럼이 매우 고마운 상황이다. 이 나라가 아무리 자원이 풍부하다고 해도 언제까지 자원에만 기댈 수도 없는 노릇이니,

중진국 이상으로 도약하려면 결국 글로벌 무대로 수출을 하기 위한 고부가가치 제조업으로 산업을 재편해야 한다. 이런 고민을 하는 가운데, 자국내에서 성공적으로 글로벌 자동차 브랜드가 나와준다면 호재가 아닐 수 없다. 때마침 그간 100여 년간 자동차 시장을 주름잡던 내연 자동차가 저물고 전기 동력을 활용한 자동차 시대가 열리고 있다. 이 변곡점에서 테슬라, BYD와 같은 신흥강자들에게 큰 기회가 열렸다. 인도네시아 정부는 그 가능성에 희망을 걸고 있으며, TBS에너지우따마가 그 중심에 있다.

민간 전기 이륜차 브랜드를 여럿 육성해 경쟁을 붙이고, 이로부터 시작해 보겠다는 인도네시아의 계획은 현실적인 동시에 큰 비전을 품고 있는 전략이다. 신흥국엔 수천만 원에 달하는 사륜차를 구매하기엔 벅찬 가계들이 아직도 많다. 일단 자국 이륜차 내수 시장부터 확보하고, 기반을 단단히 다진 후 이를 발판으로 글로벌에 진출하겠다는 계획이다. 인도네시아에서 통한다면 베트남, 태국, 필리핀 등 인구 1억의 각 아세안 국가들에서도 충분히 시장이 열릴 것이고, 멀리는 인도, 중국, 아프리카, 중남미 등의 글로벌 시장에 접근할 수 있을 것이다. 더 나아가 추후 이륜차에서 사륜차로 사업 영역을 확장할 수 있다.

유력 정치인의 적극적 지원

인도네시아에서 지내다보면 한 번쯤 듣게 되는 말이 있다. "이 나라는 되는 것도 없지만, 안 되는 것도 없다." 되는 게 없는다는 것은 관료들이 불친절하고 일처리가 굉장히 느리다는 것인데, 그렇다면 안 되는 것도 없다는 건 무슨 말일까? 아무리 막혀 있던 사업도 키맨이 도와준다면 금방 해결된다는 의미다. 그리고 인도네시아는 한국과 달리 재계 인사가 정치에 참여하거나 정계 인사가 재계에 관여하는 일에 큰 거부감이 없다.

인도네시아 주요 고위 공직자(장관급) 재산 및 관계 기업

이름	산디아가 우노 Sandiaga Uno	나디엠 마카림 Nadiem Makarim	에릭 또히르 Erick Thohir	루훗 빤자이탄 Luhut Panjaitan
출생년도	1969	1984	1970	1947
직책	관광경제부 장관	교육문화부 장관	국영기업부 장관	해양투자부 장관
재산	10.6조 루피아	4.8조 루피아	2.3조 루피아	0.9조 루피아
신고시점 (LHKPN)	2022	2022	2022	2022
관계기업 티커	Saratoga inv. [SRTG]	GoTo Group [GOTO]	Mahaka Media [ABBA]	TBS Energi Utama [TOBA]
주요사업	통신인프라 광업(석탄, 니켈)	IT 전반	미디어	전력발전, 석탄 EV모빌리티

인도네시아 주요 기업들의 주주 리스트를 보면 현직 정치인들을 꽤 많이 발견할 수 있다. 최근 인도네시아 증시에 상장했던 니켈

채굴 및 제련 주요 기업 머르데까배터리머티리얼즈Merdeka Battery Materials의 모회사는 머르데까코퍼골드[MDKA]Merdeka Copper Gold다. 이 회사의 실질적인 최대 주주는 사라토가인베스타마[SRTG]Saratoga Investama라는 투자형 지주회사인데, SRTG의 대주주이자 공동창업자가 인도네시아 관광창조경제부 장관 산디아가 우노Sandiaga Uno다. 산디아가 우노는 한때 대통령 후보까지 거론되었던 인물로, 2022년 정부 공직자 재산 신고서에 무려 10.6조 루피아(약 9,000억 원)에 달하는 재산을 신고했다. 이외에도 고투 그룹 창업자 출신인 교육문화부 장관 나디엠 마카림Nadiem Makarim은 4.8조 루피아(약 4,000억 원), 미디어그룹 마하카미디어Mahaka Media의 오너 에릭 또히르Erick Thohir는 2.3조 루피아(약 1,800억 원)의 재산을 각각 신고했다. 즉, 인도네시아에서는 재계 인사, 기업 집단 창업자/오너들의 정치 참여를 크게 제한하지 않으며 대중들도 재산 신고만 투명하게 한다면 이를 어느 정도 용인한다.

인도네시아 주요 정치인 중 루훗 빈사르 빤자이탄Luhut Binsar Panjaitan이라는 북부 수마트라 바딱족 출신 인물이 있다. 그는 2022년 공직자재산신고에서 9,000억 루피아(약 760억 원)를 신고했는데, 현재 현재 해양투자조정부 장관을 맡아 인도네시아산 니켈이 미국 IRA법에 적용되도록 담판을 벌이고 있다. 루훗은 중국 기업을 끌어들여 자국산 니켈 다운스트림 산업을 일으켰다는 긍정적 평가를 받고 있기도 하나, 일각에서는 중국의 이익 대변자가 아니냐는 비판도 받는다. 그는 해양투자조정부 장관을 맡기 전에도 산업통상부장관, 에너지광물자원부장관 등을 맡은 바 있어 광물 산업에 있어 잔뼈가 굵은 베테랑 관료다. 또한 출중한 군경력도 갖추고 있고, 한때 프라보워 대통령 당선자의 상관이기도 했다.

루훗은 평민 출신 조코위 대통령을 인도네시아 메인 정재계에 초창기에 끌어들이고 후원했던 사람으로, 조코위와 오랜 정치 비즈니스 동맹이기도 하다. 2008년 조코위는 당시 중부 자바 솔로 시장이었고 루훗은 산업통상부 장관이었다. 2009년 조코위가 운영하는 가구 사업체와 루훗의 토바스자트라PT. Toba Sejahtra는 서로 합자투자하여 라카부 스자트라Rakabu Sejahtra라는 기업을 만들어 운영했다. 라카부 스자트라는 아시아와 유럽 여러 국가에 목재 가구를 수출하는 회사로, 조코위 가문의 부의 원천이기도 하다. 그리고 라카부 스자트라Rakabu Sejahtra라는 기업명 자체가 조코위의 아들이자 프라보워 정부의 부통령 기브란 라카부밍Gibran Rakabuming과 루훗의 토바스자트라Toba Sejahtra를 합쳐 따온 이름이다. 서민 출신 조코위는 자신의 잠재력을 일찍이 알아보고 투자한 루훗과의 파트너십을 통해 정치적, 경제적 업적을 쌓을 수 있었다. 다음 프라보워 대통령 정부에서 조코위 아들 기브란이 부통령으로 당선되었기에 조코위 가문의 정치적 영향력은 여전히 이어질 것으로 예상되며, 루훗과 조코위 가문의 동맹도 현재까지는 굳건해 보인다.

2016년 11월 토바스자트라가 자회사 TBS에너지우따마의 지분

62% 가량을 싱가포르 비상장법인 하이랜드스트래터직홀딩스Highland Strategic Holdings에게 매각하면서, 현재 TBS에너지우따마의 1대 주주는 지분율 61.48%인 하이랜드스트래터직홀딩스다. 2대 주주는 토바스자트라로 지분율이 8.94%이다. 참고로 TBS에너지우따마의 1대 주주 하이랜드스트레터직의 최대 주주는 확인되지 않고 있다.

인도네시아 핵심 정계 관계자들은 EV 사업이 속해 있는 니켈 밸류체인 사업에 대단히 관심이 많고, 인도네시아의 미래를 이끌 산업으로 여기고 있다. 그리고 앞서 보았듯 몇몇 정책 당국자들은 이 사업에 관여하고 있는 것으로 추정된다. 니켈 밸류체인 사업은 인도네시아가 미래의 명운을 걸어야 할 매우 중요한 기회로, 정권이 급격히 바뀌더라도 지원 기조가 계속 이어질 것이다. 신수도 이전 사업은 얼마든지 후임자의 변덕에 의해 갈아 엎어질 수 있고, 최악의 경우 부패 관련 수사도 가능성을 배제할 수 없지만, 니켈-EV 밸류체인 구축 사업 지원은 장기간 흔들림 없이 이어질 가능성이 높다.

인도네시아 전기 이륜차 생태계 핵심 브랜드, 일렉트럼

전기스쿠터 경쟁 상황을 보면 굉장히 치열하다는 것을 확인할 수 있다. 이 경쟁 구도가 어떻게 흘러갈지의 변수가 분명 있으며 투자자도 각 기업을 살펴봐야 할 필요가 있다. 그런데 TBS에너지우따마가 고투와 만든 합작회사가 앞서갈 수 있는 고지를 선점했다.

인도네시아 전기스쿠터 제조기업 현황

사진					
기업티커	[GOTO] [TOBA]	[WIKA]	[SLIS]	[NFCX]	[INDY]
브랜드	Electrum	Gesits	Selis	Volta	Alva
주력제품	Electrum	Gesits G1	Go Plus	401Reguler	ALVA one
완충거리	120km	50km	70km	120km	70km
최대속력	90km/h	70km/h	80km/h	60km/h	90km/h
가격대(Rp)	35백만	29백만	31백만	15.7백만	36.5백만

자료: 각사 홈페이지

    2022년 2월 22일 국영 석유회사 뻐르따미나, 대만전기이륜차기업 고고로Gogoro, 인도네시아의 게싯츠Gesits, 고투, TBS에너지우따마는 전기자동차 생태계 구축을 위해 협력을 맺었다. 특히 고투와 TBS의 합작회사 일렉트럼이 중요한 역할을 할 것으로 보이며, 고투의 브랜드 고객의 입지와 에너지전문회사 TBS의 전문성을 결합해 시너지 효과가 날 것으로 보인다. 민간 분야의 경쟁 및 협력이 이어지는 가운데, 국영회사 뻐르따미나는 배터리 충전소 및 배터리 스왑핑 시스템 구축을 통해 생태계를 전폭적으로 지원할 계획이다.

6. 필수소비재 산업

미뜨라끌루아르가[MIKA], 유니레버인도네시아 [UNVR]

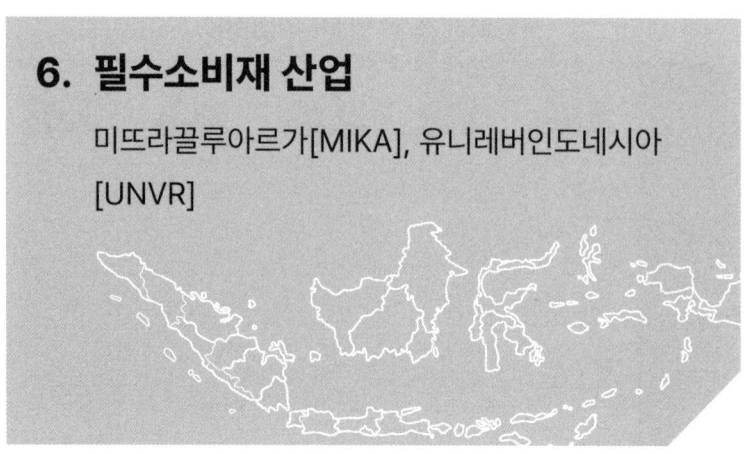

빠르게 증가하는 중산층 소비력

인도네시아는 예로부터 저임금 생산 기지로서의 역할이 강했다. 한국 사업가들도 2000년대까지는 주로 봉제업체, 가구업체로 진출을 많이 했다. 하지만 2020년대 들어서며 현지에 진출한 한국인들의 업종이 슬슬 바뀌게 된다. 기존에는 저임금 노동력을 활용한 산업으로 진출했다면, 이제는 현지 중산층 및 상류층을 위한 서비스업종에도 진출하고 있다. 떡볶이, 빙수 등 여러 창업 성공 사례가 종종 들려오고 있다.

인도네시아 최저임금이 급격하게 상승하는 상황은 봉제업체에게는 위기지만, 요식업 사업자, 의료업 종사자, 임대업, 금융업, 자

인도네시아에 진출한 한국 프랜차이즈 현황

	브랜드	음식 종류	인도네시아 매장 수(23. 1 기준)
1	두끼	떡볶이	6
2	교촌치킨	치킨	7(매점), 4(공유주방)
3	서래갈매기	고기	6
4	본가	한식	10
5	마포갈매기	고기	20
6	더리터	음료수	2
7	뚜레쥬르	빵	47
8	파리바게뜨	빵	8
9	치르치르	치킨	9(매점), 14(공유주방)
10	남가네 설악추어탕	한식	2
11	굽네치킨	치킨	8
12	꿀닭	닭강정	18
13	카페베네	커피 및 디저트	5
14	삼원가든	고기	2
15	송주가마골	고기	1
16	삼진어묵	어묵	6

출처: 코트라 해외시장뉴스

동차 제조 기업, 필수소비재 기업 등 다른 여러 업종에게는 큰 기회다. 20년 전에 자카르타에서 한 달에 5만 원 월급 받던 평범한 시민이 이제는 40만 원 정도 받는다. 10년 후면 약 100만 원 수준으로 올라올 것이다. 인도네시아는 남미 국가들과 다르게 하이퍼인플레이션이 발생하지 않으며, 국가부채 및 환율을 잘 관리하고 있다.

인도네시아 소비재 산업의 변화

한국에서 경기도가 서울의 영향을 받아 크게 발전했듯이, 자카르타 인근 자보데따벡Jabodetabek(자카르타/보고르/데뽁/땅그랑/브까시) 수도 광역권의 개발도 빠르게 진전되는 중이다. 삼성전자가 수원, 화성, 용인, 평택 등에 공장을 세웠듯, 한국 제조기업들이 땅그랑(LG전자), 브까시(현대차) 등 자카르타 인근 도시에서 첨단 제조업 공장을 세워 생산하고 있다. LG전자와 현대차가 생산하는 제품은 인도네시아 현지 및 인근 아세안 중산층 소비자 대상으로 판매된다. 나이키, 갭, 유니클로 등 의류/패션 업체들에게 값싼 제품을 만들어 보내는 목적이 아니다.

한 나라의 경제가 발전하고, 고소득 중산층이 두텁게 형성되면서 노동집약적 산업인 섬유/봉제 경공업이 몰락하는 건 역사에서 흔히 볼 수 있는 현상이다. 한국도 중국과 동남아시아에 점차 섬유제조업을 넘겨주고 더 높은 부가가치를 창출하는 다른 제조업으로 갈아탔다. 인도네시아에 진출한 많은 섬유제조 기업들도 슬슬 양호한 수준의 전력, 수자원, 도로/항만 인프라를 제공하면서 더 저렴한 인건비로 생산 가능한 국가로 눈을 돌리고 있다. 임금 인상 압박으로 인해 일부는 자카르타 인근보다 절반 수준의 최저임금을 지급해도 되는 중부 자바 스마랑 인근으로 가기도 하겠지만, 조금 더 투자해서 캄보디아나 방글라데시 같은 나라로 가기도 한다.

중산층 성장 투자처 1: 헬스케어

중산층 성장 수혜 섹터는 단연 헬스케어인데, 인도네시아는 더욱이나 그 성장 가능성이 높다. 인도네시아의 의료 서비스가 현재는 대단히 낙후되어 있기 때문이다. 나는 현지에서 그 사실을 몸을 겪었다.

한국에서는 아프면 병원에 가는 게 상식이다. 발목이 살짝 삔 것 같아도 곧장 병원에 간다. 근데 인도네시아에서는 웬만하면 병원에 가지 않는다. 심지어 오토바이 사고가 나도 병원에 가지 않는 경우가 허다하다. 의료보험의 지원을 기대하기 현실적으로 어렵기 때문에, 의료비가 부담스러운 대다수의 사람들이 아프면 아픈 대로 참으며 낑낑대며 산다. 도시마다 병원도 정말 없고, 의사들의 처방도 황당한 수준인 경우가 왕왕 있다.

인도네시아에 살던 시절, 등산을 하고 난 후 무릎이 살짝 좋지 않아 한 현지 병원에 간 적이 있다. 잠깐 앉으라고 간호사 분이 알려줬는데, 그 잠깐이 4시간이었다. 대기줄은 엄청나게 긴데, 얼핏 봐도 이 많은 환자를 커버하는 의사의 수가 무척 부족해 보였다. 마침내 의사에게 무릎이 삔 것 같다고 말했는데, 의사가 고무망치로 무릎을 몇번 두들기더니 '너는 정상이니 집에서 쉬어도 좋다'라며 진료를 끝냈다. 돈은 돈대로 다 받고.

다소 허무하고 황당해서 이 이야기를 현지 교민에게 했더니 이런 조언이 돌아왔다. "여기서는 아프면 현지 병원 가지 말고 그냥 공항 가서 싱가포르 병원 갔다 오는 게 더 빠르고 잘해주고 좋아." 그냥 웃어넘길 수도 있는 에피소드지만, 그만큼 인도네시아 의료 서비스는 현재 굉장히 미비하며, 이는 발전 잠재력이 무궁무진하다는 뜻이기도 하다. 게다가 인도네시아는 더운 나라라 사람들이 콜라나 아이스티 등 당류가 많은 음료를 즐겨 먹는데, 그만큼 당뇨 환자도 많다. 담배를 즐기는 사람이 많기 때문에 대체로 충치도 많다. 인도네시아인들의 소득 수준이 높아지면 더 오래, 더 건강하게 살기 위해 이런 문제들을 해결하고자 할 것이다.

의료 섹터에서 고려해볼 만한 산업은 단연 병원이다. 한국과 달리 인도네시아는 병원이 상장되어 있는데, 그중 대형병원 3개를 보면 된다. 티커는 각각 MIKA, SILO, HEAL이다. 여기서는 그중 미뜨라끌루아르가[MIKA]Mitra Keluarga를 살펴보려 한다. 부유한 자카르타 대도시에 집중하여 상대적으로 P/E 멀티플도 높고 시장에서 좋은 평가를 받고 있다. 병원 이외에도 인도네시아를 대표하는 제약회사인 깔베 파르마[티커: KLBF]도 관심을 가질 만한다. 깔베 파르마는 한국 기업 제넥신과 코로나19 백신을 공동개발한 기업으로 우리나라 언론에 소개된 바 있다.

중산층 성장 투자처 2: 필수소비재

중산층 성장에 투자할 만한 다른 섹터는 필수소비재다. 비누로 머리를 감던 사람들이 샴푸로 머리를 감기 시작한다. 중산층은 싸

구려 화장품이 아닌 고급 화장품을 이용하기 시작한다. 개당 200원의 미고랭 라면을 먹던 사람들이 이제 그보다 10배 수준인 개당 2,000원에 육박하는 불닭볶음면을 먹기 시작한다. 심지어 불닭볶음면은 요즘 편의점에서 가장 잘 보이는 매대 제일 위에 위치한 경우를 어렵지 않게 발견할 수 있다. 맥도날드에서 비싼 빅맥 햄버거 대신 저렴한 맥플러리를 시키던 소비자들이 이제는 햄버거 세트도 종종 시킨다. 가족과 함께 외식할 때 현지 음식점 와룽warung보다 2~3배 정도는 비싼 KFC 매장에도 이전보다 더 자주 가게 된다. 과거보다 필수소비재에 지갑을 적게 열었던 소비자들이 이제는 더 자주, 더 많이 지갑을 열어 소비한다.

  인도네시아 주식 시장에서 필수소비재 섹터에서 여러 유망한 기업들이 있으나, 여기서는 유니레버인도네시아[UNVR]Indonesi Unilever를 소개한다. 이 네덜란드-영국 합작 기업은 인도네시아가 아직 네덜란드 지배를 받고 있었던 20세기 초에 본격적으로 인도네시아에 진출했다. 유니레버인도네시아는 저렴한 생활 필수품을 다수의 인도네시아 소비자에게 공급하며 탄탄하게 성장했다. 한국의 LG생활건강과 상당히 유사한 기업이다. 이외에도 아프리카, 인도 등 개발도상국향 해외 수출이 크게 늘고 있는 인도푸드[INDF]Indofood, 개발도상국의 대표 식용유 팜유를 생산하는 대표 기업 아스트라아그로[AALI]Astra Agro도 관심을 가질 만한 기업이지만, 시중에 나와 있는 자료들이 많아 여기서는 다루지 않는다.

종목1_미뜨라끌루아르가[MIKA]

중산층 헬스케어 수요 증가 수혜주

투자 포인트

1. 인도네시아 의료서비스 산업은 구조적으로 성장할 전망이다.
2. 상장기업 중 가장 수익성이 높은 병원 기업이다.
3. 순현금 상태로 향후 인수를 통한 확장을 무리 없이 진행할 수 있다.

인도네시아 최고 수익성의 병원 기업

미뜨라끌루아르가[MIKA]는 인도네시아 1위 헬스케어 깔베Kalbe 그룹의 자회사 사립병원이다. 공공병원보다 우수하고 정교한 의료서비스를 제공한다는 강점을 지니고 있다. 국민건강보험Jamitan Kesehatan Nasional, JKN 적용 범위가 늘어나면 환자당 매출액이 줄어 마진이 감소할 수 있다는 우려가 있으나, 이는 프리미엄 의료서비스 병원 전략을 통해 방어할 수 있다. 다음은 인도네시아의 3대 병원의 주요 지표들이다.

인도네시아 3대 병원 상장기업 비교

종목명	미뜨라끌루아르가 Mitra Keluarga	실로암병원 Siloam Health	메디카로카 헤르미나 Medikaloka Hermina
티커	MIKA	SILO	HEAL
설립 년도	1990	1996	1985
주요 주주	깔베그룹 63.66%	리뽀까라와치 58.06% CVC 캐피탈 26.18% 마루베니상사 4.99%	율리사 끼앗 11.71% 아스트라인터내셔널 7.42% 하스모로(회장) 4.01%
병원 지역	자카르타 대도시 18 수라바야 4 기타 자바 도시 7	자카르타 대도시 15 기타 지역 26	자카르타 대도시 17 기타 지역 28
병원 수	29	41	45
병상 수	3,733	3,956	6,478
의사 수	1,830	3,767	3,576
시가총액	약 3조 원	약 2.1조 원	약 1.5조 원
매출액 (TTM)	약 3,200억 원	약 8,300억 원	약 4,000억 원
순이익 (TTM)	약 810억 원	약 810억 원	약 340억 원
매출 성장률 (5Y CAGR)	10.2%	10.2%	12.9%
EBITDA마진 (TTM)	37.6%	22.8%	21.9%
순이익률 (TTM)	25.1%	9.5%	8.1%
ROA	13.8%	9.5%	4.1%
ROE	17.4%	13.7%	9.5%
PER(TTM)	40	26.8	58.3
PER(12MF)	32.9	23.6	32.1

* 데이터: Yahoo Finance
** TTM: 3Q22 ~ 2Q23 12개월 실적
*** 원/루피아 환산 환율은 0.08 적용

미뜨라끌루아르가가 실로암병원나 메디카로카 헤르미나보다 밸류에이션 프리미엄을 받는 이유는 이 둘보다 마진(EBITDA마진 30% 후반, 순이익률 20% 이상)이 우수하기 때문이다. 마진이 좋은 이유는 우수한 의료 인력을 모집하기 쉽도록 병원이 주로 자카르타 및 수라바야 대도시권역에 위치하며(한국 의사들이 지방에 내려가기 꺼려하는 것을 생각하면 된다), 프리미엄 서비스 전략을 추진하면서 병원 수, 병상 수, 병실 수 등을 업그레이드했기 때문이다. 아래 지도에서 볼 수 있듯 수라바야는 한국의 부산과 비슷한 포지션의 도시로, 동부 자바에 위치한 인도네시아의 제2 항구도시다. 미뜨라끌루아르가는 2017년 까시병원Kasih Hospital을 인수하며 더 많은 병원들을 포트폴리오에 추가했다.

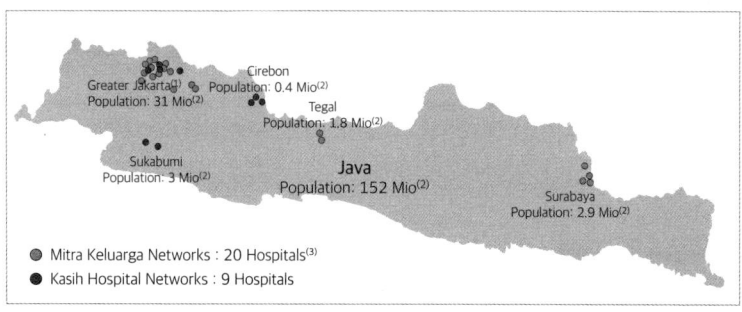

출처: 미뜨라끌루아르가 IR

앞의 표로 돌아가서 보면 미뜨라끌루아르가는 실로암병원에 비해서 매출액이 낮다. 그러나 마진(EBITDA마진, 순이익률 등)이 우수해 순이익이 비슷한 수준이라 PER 기준 더 높은 평가를 받고 있다. ROA와 ROE 같은 자산, 자본 대비 이익률도 다른 두 기업에 비해 우수하다. 회사 IR 프레젠테이션도 ROIC(세후순영업이익/투하자본 =NOPAT/IC)를 보여주며 인도네시아 다른 병원 대비 이익의 퀄리티가 높음을 자랑스럽게 내세운다. ROIC는 세후순영업이익을 이자발생부채와 자기자본을 더한 투하자본으로 나눈 값으로, 부채를 고려하지 않고 계산했을 때 발생하는 ROE의 왜곡을 잡아주는 수익성 지표다. 미뜨라끌루아르가는 무리하게 확장하기보다는 장기적 관점의 수익성 전략을 효과적으로 실행하고 있기 때문에 장기투자에 좋은 종목으로 꼽힌다.

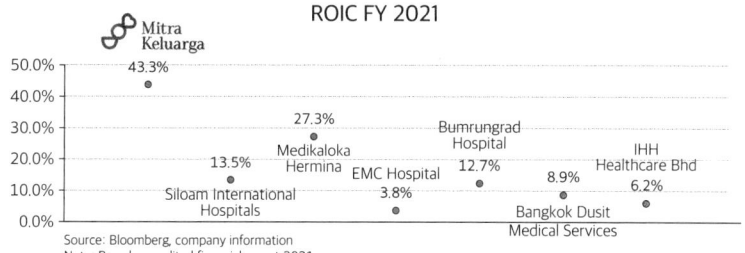

타 병원과 미뜨라끌루아르가 ROIC 비교

출처: MIKA IR Presentation

수요 증가에 대응하기 위한 넉넉한 현금

주식은 P, Q, C의 함수라고 한다. P는 가격Price, Q는 수량Quantity, C는 비용Cost이다. 주가는 결국 이익이 결정하며, 이익은 P x Q - C

다. P와 Q가 증가하는 가운데 C를 절감할 수 있는 기업이면 금상첨화다.

P(의료 단가)는 지난 10년간 생각보다 큰 폭으로 증가하지 않았고, 앞으로도 단가가 소폭 증가할 것으로 보인다. 일반적으로 수요가 많으면 가격은 올라가지만, 국민건강보험JKN 환자 비중이 늘어나며 의료 단가 상승은 앞으로도 다소 제한될 전망이다.

P - MIKA 환자 1인당 매출액 추이

년도	입원환자 하루 평균 매출액(Rp)	외래환자 하루 평균 매출액(Rp)
2013	2,989,000	362,000
2014	3,352,000	410,000
2015	3,771,000	470,000
2016	3,725,000	492,000
2017	3,773,000	503,000
2018	3,451,000	471,000
2019	3,166,000	459,000
2020	3,720,000	571,000
2021	4,086,000	667,000
2022	3,606,000	526,000

미뜨라끌루아르가는 중산층 의료 서비스 수요 증가의 영향으로 Q(병원 수)가 산업 구조적으로 늘어난다는 장점이 있다. 2017년 미뜨라끌루아르가는 까시병원 그룹을 인수하며 병원 포트폴리오 수를 늘렸다. 앞으로도 자카르타 대도시 권역 및 수라바야를 중심으로 추가적인 병원 인수를 계획 중이며, 현재 부채 없이 순현금만 한

화로 환산했을 때 약 1,000억 원을 보유하고 있다.

Q - MIKA 입원일수, 외래환자 방문 수, 병상/병원 수

년도	입원환자 총 입원일수	외래환자 총 방문자 수	병상 수	병원 수
2013	392,000	1,572,000	1,484	10
2014	382,000	1,620,000	1,647	11
2015	367,000	1,612,000	1,725	12
2016	425,000	1,735,000	1,810	12
2017	416,000	1,840,000	1,810	19
2018	488,000	2,184,000	2,492	20
2019	624,000	2,679,000	2,876	24
2020	603,000	2,062,000	3,105	25
2021	694,000	2,275,000	3,320	26
2022	740,000	2,626,000	3,469	27

뛰어난 비용 관리

마지막으로 C(비용)관점에서 보면 비용 상단인 매출원가(의약품 비용, 직원 월급 및 복리후생, 감가상각, 유지보수비용 등)가 잘 관리되고 있다. 매출원가/매출액 비중이 매년 50% 전후로 유지되고 있어 매출총이익률이 50%가 나오고, 순이익률은 20% 중반~30% 초반이다. 영업비용 관리 측면에서 우수한 성과를 달성하고 있으며, 의사 1인 당 입원일수Inpatient Days per Doctor, 의사 1인 당 외래환자수Outpatient Visits per Doctor가 타 병원 대비 우수하다.

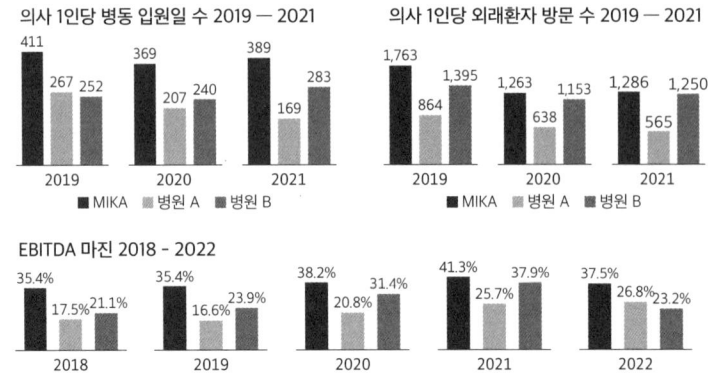

미뜨라끌루아르가 5년간 마진 추이

년도	매출총이익률	순이익률
2018	47.3%	24.3%
2019	47.9%	24.7%
2020	49.5%	27.0%
2021	52.0%	31.3%
2022	51.3%	27.0%

미뜨라끌루아르가는 커뮤니티형 병원 모델을 지향하며, 이를 통해 내방 환자뿐만 아니라 장기 투숙 환자를 유치하는 전략을 실행하고 있다. 인도네시아 헬스케어 주식이 여럿 있으나, 그중 수익성이 가장 좋고 순현금 상태로 재정적으로 여유가 많은 미뜨라끌루아르가 중장기적 투자의 관점에서는 좋은 선택지 일 수 있다.

종목1_유니레버인도네시아[UNVR]

중산층 필수소비재 수요 증가 최대 수혜주

투자 포인트

1. 인도네시아를 대표하는 필수소비재 기업이다.
2. 주가 하락의 이유가 외부 경기 측면이 커서 2024년 마진 반등이 기대된다.
3. 중장기적으로 인도네시아의 석유화학제품 자급률 상승과 시너지가 기대된다.

인도네시아 필수소비재의 왕

유니레버인도네시아는 인도네시아에서 거주 경험이 있는 사람에게는 친숙하다. 인도네시아인들은 유니레버인도네시아의 제품만으로도 거의 모든 일상생활이 가능하다. 14개의 뷰티 및 웰빙, 7개의 퍼스널 케어, 7개의 홈케어, 9개의 식품, 8개의 아이스크림 브랜드를 지닌 인도네시아 필수소비재의 왕이다.

유니레버 인도네시아의 45개 브랜드

출처: 유니레버 인도네시아

유니레버는 현재 190여 국에서 400개 이상의 브랜드를 보유한 글로벌 대표 FMCG Fast Moving Consumer Goods 필수소비재 회사다. 유니레버의 2022년 매출액은 600억 유로이며, 그중 절반 가까운 280억 유로를 아시아/아프리카 신흥국 시장에서 벌었다.

유니레버는 성장이 정체된 북미와 유럽보다는 남미와 아시아/아프리카 시장에 더 큰 관심을 기울이고 있다. 그중에서도 세계 1위 인구의 인도와 4위 인구의 인도네시아에 더 각별한 관심을 갖고 있다. 참고로 인도의 자회사 힌두스탄유니레버 Hindustan Unilever는 인도 증시에 상장되어 있다.

유니레버인도네시아는 1933년 설립되어 90여 년의 역사를 자랑한다. 1936년 럭스 Lux 비누를 인도네시아에 도입하고, 1982년 인도네시아 증시에 IPO하며 15%의 지분을 공개했다. IPO 이후 추가적인 자금 조달의 필요성이 없었기에 현재까지도 지분의 희석 없이 비상장 지주사가 85%의 지분을 들고 있다. 유니레버인도네시아는 찌까랑 Cikarang과 수라바야 Surabaya에 9개 공장을 보유하고 있으며, 전부 인도네시아 할랄 인증을 받았다.

2023년 말일 시점 유니레버 인도네시아에 투자한다는 것은 역발상 투자다. 왜냐하면 2021년 코로나19를 겪으며 매출액이 역성장하고 비용이 증가하며 순이익이 예년의 절반 수준으로 급감했기 때문이다. 주가도 2018년 고점 대비 크게 하락한 모습이다.

년도	2018	2019	2020	2021	2022
매출액	41.8	42.9	43.0	39.5	41.2
매출원가	20.7	20.9	20.5	19.9	22.2
영업비용	8.8	11.9	13.0	11.9	12.0
영업이익	12.3	10.1	9.5	7.7	7.1
순이익	9.1	7.4	7.2	5.8	5.4
주가(연말)	9,080	8,400	7,350	4,110	4,700

단위: 조 루피아

유니레버인도네시아의 마진이 줄어든 이유는 2020년 코로나19로 인한 경기침체가 크게 찾아온 상황에서 인플레이션이 동반되며 가격 인상을 충분히 전가하기 어려웠기 때문이다. 하지만 지금 상황이 개선되고 있어 여전히 높은 수준의 글로벌 원자재 가격으로 인해 마진 하방 압력이 아직 있음에도 인도네시아 경기가 회복되며 가격 전가가 이뤄지고 있는 중이다. 2022년 5.95%로 고점을 찍은 인도네시아 CPI YoY는 2023년 7월 3% 중반대로 떨어졌다. 인플레이션 압력이 약해지고 있는 가운데 마진 회복이 이뤄진다면 유니레버 인도네시아의 주가는 다시 회복할 수 있을 것이다.

석유화학 산업 발전과의 시너지

인도네시아보다 먼저 회복한 인도의 상황을 미뤄보면 반등을 기대할 수 있다. 인도와 인도네시아 두 국가는 모두 2020년에 팬데믹으로 인해 낮은 매출액 성장을 기록했으나, 인도의 힌두스탄유니레버는 2021년부터 매출액 성장률 18%를 기록하며 반등에 성공했다. 반면 유니레버인도네시아는 2021년 -8%로 역성장, 2022년 4.2%의 낮은 반등을 보여줄 뿐이었다. 인도의 경제 성장 반등 시기 및 성장률이 인도네시아보다 상황이 좋았기 때문이기도 하지만, 인도의 힌두스탄유니레버의 경우 릴라이언스인더스트리라는 거대한 정유/석유화학 업체의 힘을 빌어 낮은 가격의 석유화학 제품을 조달할 수 있었기에 비용을 절감할 수 있었다.

인도네시아의 석유화학 산업 발전은 중장기적으로 유니레버 인도네시아의 원가 하락에 기여할 것이다. 2025년 준공 예정인 롯데케미칼인도네시아와 2026년 준공 예정인 짠드라아스리의 나프타 분해 시설 증설은 인도네시아의 기초 화학 소재 자급률을 크게 높일 것이며, 유니레버인도네시아 원가 부담을 낮추는 데 기여할 것이다.

7. 금융 산업
뱅크센트럴아시아[BBCA]

중산층 성장의 최대 수혜 섹터, 금융

 인도네시아 중산층 성장으로 가장 크게 수혜를 보는 섹터는 단연 금융이다. 뱅킹 서비스에 접근이 어려웠던 저소득층이 중산층으로 대거 도약하며, 은행들은 리테일 금융의 문턱을 적극적으로 낮출 수 있게 된다. 미래에 더 많은 소득을 벌 것이라 낙관하는 중산층들은 할부 결제도 적극 활용하기 시작한다. 남부 자카르타 부촌 이외에도 여러 광역 수도권에 깔끔하게 단장이 잘 된 신축 주택 단지가 대거 개발되며 부동산 대출도 활발하게 이뤄진다. 중산층의 소비가 탄력이 붙을수록, 이들의 금융 서비스 사용량은 더욱 높아진다.

 금융 섹터의 대표주는 현지 발음으로 '베쩨아'라 불리는 뱅크센트럴아시아[BBCA]Bank Central Asia, BCA다. 다른 대형은행주와 달리 민영은행이라 공공은행 특유의 비효율성이 없으며, 디지털뱅킹 분야를 선도하는 인도네시아 시가총액 1위 기업이다. 여기서는 이 기업만 다룰 것이다. 만약 성장 중소형 은행을 고르고 싶다면 고투그룹의 자고은행[JAGO]이나, 한국계 자본 KB금융그룹의 든든한 지원을 받으며 부실은행에서 자본 건전성이 개선되고 있는 부코핀은행[BBKP]도 고려해볼만 하다.

종목1_뱅크센트럴아시아[BBCA]

인도네시아 시가총액 1위 민영은행

> **투자 포인트**
> 1. 인도네시아 4대 은행 중 유일한 민영은행이자, 시가총액 1위의 대형 우량주다.
> 2. 한국 은행 대비 주주환원 및 ROE가 우수하다.
> 3. 환율, 인플레이션 등 매크로 환경이 잘 관리되고 있어 안정적이다.
> 4. 모기지, 차량 구매 등 중산층 소비자 대출 성장 수혜를 직접 받는 기업이다.

인도네시아의 가장 건실한 민간은행

뱅크센트럴아시아는 인도네시아 시가총액 1위 기업으로, 한국에서 삼성전자와 비슷한 포지션을 지니고 있다. 앞에 소개한 수도노 살림이 설립한 살림그룹의 자회사 민영은행이었으나, 아시아 외환위기를 거치며 담배 재벌 중 하나인 자룸그룹으로 넘어갔다.

인도네시아에서는 한국과 같은 금산분리법이나 관치금융이 없다. 한국의 정책은 금융주를 들고 있는 주주들의 권익을 침해하는 부작용도 있었다. 인도네시아 4대 은행과 한국 4대 은행의 PBR, 시가총액을 비교해보면 한국 은행이 얼마나 저평가되었는지 확인할 수 있다.

인도네시아 4대 은행주

종목명(티커)	시가총액(조원)	PER(TTM)	PBR	ROE	배당성향	배당수익률
BBCA	97.7	23.9	4.9	21.5%	62.1%	2.40%
BBRI	71.5	15.3	2.8	18.4%	85.3%	5.83%
BMRI	47.4	11.5	2.3	21.7%	60.0%	5.33%
BBNI	16.3	9.6	1.4	14.6%	80.0%	8.52%
평균	58.2	15.1	2.8	19.1%	71.9%	5.52%

대한민국 4대 은행주

종목명	시가총액(조원)	PER(TTM)	PBR	ROE	배당성향	배당수익률
KB금융	21.2	4.5	0.4	9.1%	26.2%	6.1%
신한지주	20.0	4.9	0.4	8.1%	23.5%	5.9%
하나금융지주	12.5	3.4	0.3	9.8%	27.5%	8.0%
우리금융지주	9.8	3.3	0.3	9.8%	26.2%	9.8%
평균	15.9	4.0	0.3	9.2%	25.8%	7.4%

참고: 원/루피아 환산 환율은 0.085 적용, 시가총액 및 PER(TTM), PBR, ROE는 2023년말 기준
ROE 및 배당성향은 2022년 결산 기준, 배당수익률은 2022년 배당금/2022년말 주가

    한국 은행은 인도네시아 은행 대비 순이익, 자산가치, 배당률 대비 크게 저평가를 받고 있다. 인도네시아 4대 은행 평균 PER은 14.8인데에 비해 한국 4대 은행 평균 PER은 3.8로 약 5배 가까이 차이가 난다. PBR은 약 9배 차이가 있을 정도로 순자산 기준 국내 은행주는 극심한 저평가를 받고 있다. 배당수익률은 인도네시아 4대 은행주 평균 배당수익률이 5.52%인데 비해 대한민국 빅4 은행주 배당수익률 평균은 7.4% 수준이다. 하지만 ROE 지표 및 배당성향을 보면 인도네시아 은행 대비 한국은행이 절반 수준으로 낮다.

수익성이 낮고, 주주환원도 잘 해주지 않기 때문에 그만큼 한국 은행주가 저평가를 받는다고 볼 수 있다. 또한 한국 금융정책에 종종 국내은행자금이 동원되기 때문에 주주들의 의사결정권이 크게 제한된다는 점도 저평가 요인이다. 결국 한국 은행주의 배당수익률이 인도네시아 은행주의 배당수익률보다 높긴 하지만, 이는 주주환원이 우수해서가 아니라 주가가 너무 낮기 때문에 나타난 현상이다. 10년간 인도네시아 BCA 은행과 한국 신한지주 주가수익률 차트를 보면 다음과 같다.

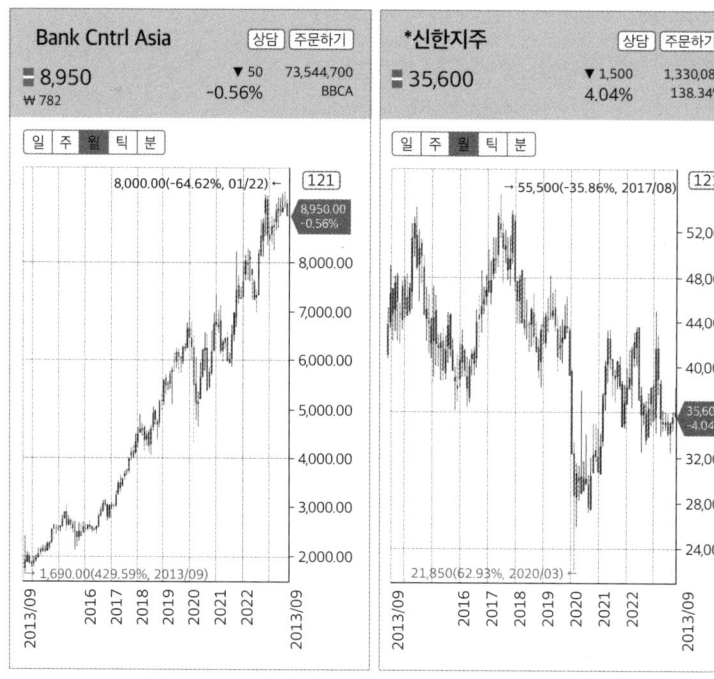

최근 국내 은행주에 대한 거버넌스 및 주주환원 확대 이슈가 불거지며 분기배당, 배당성향확대 등을 주장하는 목소리가 커지고 있다. 하지만 아직 한국 자본 규제를 빡빡하게 묶은 금융정책 특성상 쉽게 국내 금융주가 극적인 주가수익률을 보이긴 쉽지 않아 보인다. 국내 금융주는 장기투자용보다 거버넌스의 획기적 개선 이전까지는 박스권 내 트레이딩 매매로 접근해야 한다고 본다. 한국은 금융당국이 민간에 은행자본 결정권을 맡기면 안 된다는 인식이 강하며, 그동안 금융당국의 관치금융 정책이 국가 발전 측면에서 잘 작동했던 게 사실이다. 한국에서는 은행이 국내 핵심산업을 육성, 지원해주는 산업자본주의의 도구로 활용되었다. 소상공인, 가계 저금리대출 등 대규모 지원 정책이 나오면 얼마든지 은행의 수익성이 훼손될 여지도 많다. 그동안 정부가 은행들을 잘 규제하고 효과적으로 자금 흐름을 잘 컨트롤해왔기에 한국이 지금의 선진강국이 되었을지도 모른다. 다만 이렇게 되면 주주의 이익은 얼마든지 희생될 수 있다.

반면 인도네시아 은행은 국내 은행보다 금융당국의 규제로부터 상대적으로 자유롭다. 인도네시아 은행은 배당 성향도 높고, 자기자본 대비 수익성을 정부 눈치를 덜 보고 더 효율적으로 높일 수 있다. 그리고 경제 성장이 빠른 속도로 이뤄지고 있는 국가이기 때문에 가계 및 기업들이 조금 더 대담하게 빚을 끌어서 쓸 수 있다. 인도네시아에서는 은행에 대한 규제를 느슨하게 하며, 주주의 이익을 우선시하는 금융 자본주의가 발달되어 있다. 전체 국가적 측면에서는 모르겠지만, 주주이익 측면만 놓고 보자면 인도네시아 은행주에 투자하는 게 한국 은행주에 투자하는 것보다 유리하다.

안정적인 인도네시아 금융 환경

인도네시아 인플레이션은 2022년 고점 이후 하향 안정화되며 잘 관리되고 있다. 인플레이션은 하향안정화 되었으나, 기준금리는 5.75% 고점을 형성한 이후로 높은 수준을 유지하고 있다.

일반적으로 높은 이자율은 은행의 수익성 증대에도 도움을 주지만, 만약 너무 높다면 화폐가치 하락 및 부실 연체율 증가로 이어질 수 있어 좋지 않은 영향을 준다. 5.75%선의 기준금리단에서 인플레가 확실히 잡혔다는 신호가 나오기 전까지는 내려가지 않을 전망이다. 인도네시아는 장기적 관점으로도 환율이 안정적으로 관리되고 있다. 루피아/달러가 13,000~16,000 밴드 내에서 안정적으로 유지되고 있다. 2023년 8월 기준 인도네시아 은행이 중앙은행에 필수적으로 예치해야 하는 지급준비율은 9.0%로, 코로나19 때 3.5%까지 내리며 풀었던 유동성을 2022년부터 선제적으로 거둬들였다. 참고로 한국은 2023년 기준 지급준비율이 7.0%로 인도네시아가 더 높으며, 지급준비율이 높으면 시중에 유통되는 자금을 회수하며 금융 안정을 도모할 수 있다.

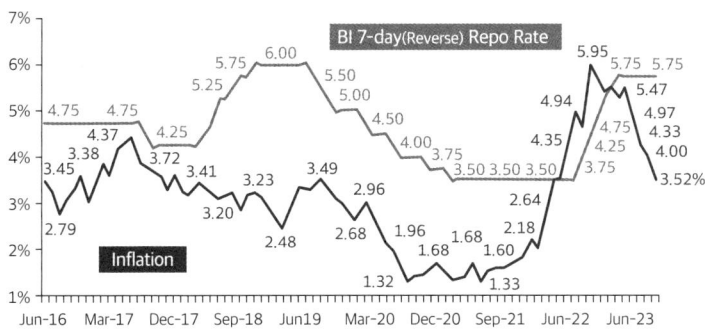

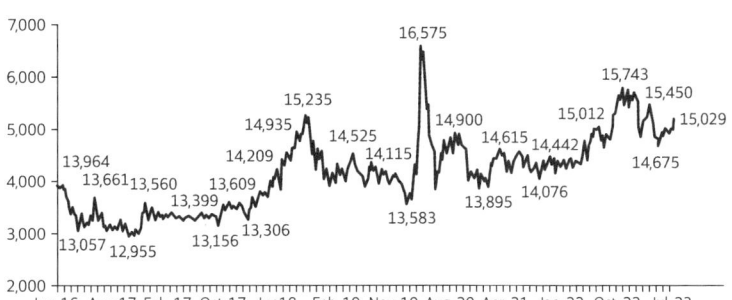

출처: BCA ir presentation

BCA 은행 현황

BCA는 빅4은행 중 유일한 민영은행이다. 참고로 회사명 뒤에 persero라고 붙어있는 기업들은 전부 공기업이며, BNI, 만디리, BRI 모두 국영은행이다. BCA는 모바일 뱅킹 분야에서 선도하는 기업으로, 소비자 및 사업자 대출을 보다 간편하게 처리할 수 있도록 도와준다.

은행이 장기적으로 성장하려면 1. 대출 성장 2. 자산 건전성 3. 순이자 마진이 중요하다. 인도네시아의 대출 성장은 견고하며, 인도네시아은행(BI)이 밝힌 2022년 대비 2023년 대출 성장 전망치는 10%대이다. 2021년 코로나19로 인해 인도네시아 대출성장이 -5% 가까이 역성장하였으나, 2022년 들어서며 연 대출성장 10%대로 다시 돌아섰다.

출처: Bank Indonesia

BCA의 부실채권(NPL) 비율은 2023년 7월 기준으로 1.9%로, 전년도 7월의 2.2% 대비 0.3% 줄었다. 반면 은행 비즈니스의 수익성을 가늠할 수 있는 순이자마진(NIM)은 22년 7월 5.0% 대비 23년 7월 5.6%로 올랐다. 부실자산을 잘 관리하는 가운데 순이자마진이 오르는 상황은 은행주 입장에서 즐거운 소식이다.

BCA의 경제주체별 대출 비율은 대략 소비자대출 25%, 사업자/

소상공인 대출 30%, 기업대출 45%이다. 소비자대출 중 약 60%가 주택담보대출, 30%가 차량대출, 나머지 10%가 신용카드대출이다. BCA 분기별 순영업수익(이자수익+비이자수익)은 연평균 한 자릿수 후반 ~ 두 자릿수 초반 견조한 성장률을 보이고 있다.

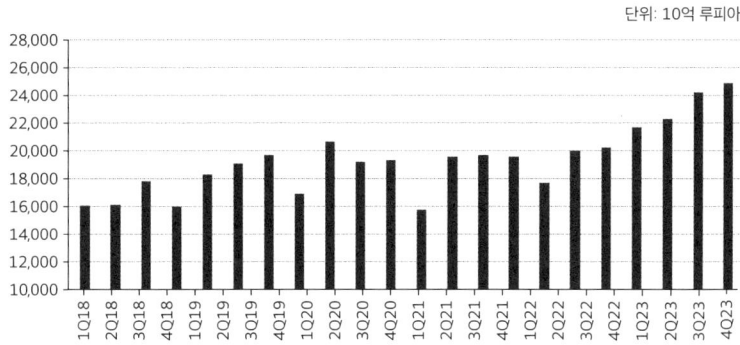

BCA 분기별 순영업수익

8. 인프라 산업

자사마르가[JSMR] 텔콤인도네시아[TLKM]

SK텔레콤이 보여주는 인프라 산업의 가능성

　개발도상국에 투자한다고 할 때, 인프라 산업은 굉장히 매력적인 섹터다. 일례로 1989년 당시 한국이동통신(현 SK텔레콤)에 투자한 사람은 엄청난 투자 수익률을 경험했을 것이다. 1989년 한국이동통신의 공모가는 22,000원이었는데 2023년 종가는 50,100원이다. 그렇다고 35년 동안 이 주식이 겨우 두 배 정도만 오른 게 절대 아니다. 이 주식의 상장 당시 액면가는 5,000원이었는데 두 차례에 걸친 액면분할 이후 현재 액면가는 100원이므로 지난 35년간 주가 수익률을 구하기 위해선 50,100를 22,000로 나눈 값에 50배를 곱해야 한다. 비록 SK텔레콤의 주가는 2000년도에 고점을 찍은 이후 약 20여 년 동안 박스권 내에서만 움직이고 있긴 하지만, 그래도 35년 전 공모가 대비 현 주가는 100배 넘게 올랐다.

하지만 인프라 기업의 최대 주주가 정부라면 한국전력처럼 약 40여 년 동안 주가 상승이 거의 없을 가능성도 존재한다. 1989년 한국전력 상장 당시 공모가 13,000원에 투자하고 약 35년간 방치한 후 2023년 말에 꺼낸다면 그 주식이 18,900원이 되어있을 것이다. 35년 이후 주식을 꺼내보았더니 1.5배 수준의 수익률만 건질 수 있었다면 이건 투자 대실패다. 한국전력의 주가가 부진한 이유는 전력 요금이 민생 및 기업 비용 구조와 큰 연관이 있어 주주이익에 반하는 결정이 자주 내려지기 때문이다. 신흥국의 공기업 상장 주식은 주주 이익보다는 국가 이익을 우선하는 결정이 내려질 가능성이 존재하기 때문에 상당한 리스크가 있다.

앞선 장에서 국영은행인 만디리, BNI, BRI을 다루지 않고 민영은행 BCA은행을 다뤘던 것도 그래서다. PBR, PER 기준 고평가를 받는 BCA은행이 금융업 대장주이자 인도네시아 증시 시가총액 1위인 본질은 단 하나, 국영이 아닌 민영은행이기 때문이다.

그럼에도 불구하고 인프라는 모든 산업 발전의 근간이며, 신흥국의 발전은 인프라 투자로부터 출발한다. 그리고 만약 SK텔레콤처럼 한 국가의 인프라를 독과점하는 공기업이 민영화가 되면 엄청난 주가수익률을 보일지도 모른다. 인도네시아 정부가 모든 주요 기업을 공기업으로 유지하기는 힘들다. 공기업에서는 비대하고 방만한 경영이 이뤄지기 때문에 어느 정도는 민영화를 해야 국가 발전에 도움이 된다. 결국 재벌에게 특혜를 주는 한이 있더라도 민영화는 점진적으로 진행될 것이다.

빠르게 발전하는 인도네시아 인프라

그동안 동남아시아 및 인도네시아가 많은 외국인 투자자들로부터 잠재력이 높다고 평가받으면서도 치명적인 단점으로 지적받았던 것은 건설, 도로, 통신, 전력 등의 인프라였다. 열악한 인프라로 외면받았던 과거를 뒤로하고, 이제 인도네시아는 인프라 측면에서 크게 바뀌었다.

자카르타 및 여타 대도시에 가보면 이젠 인터넷이 심각할 정도로 느리지는 않다. 인도네시아 여행 유튜브 콘텐츠를 찾아보면 현지 인터넷 속도가 불편하다는 이야기가 이젠 많이 나오지 않는다. 그동안 인도네시아의 텔콤인도네시아[TLKM]Telkom Indonesia를 필두로 인도샷[ISAT]Indosat, XL악시아타[EXCL]XL Axiata 등이 꾸준히 경쟁하며 통신 인프라 구축에 힘썼던 덕분이다. 전력의 경우 여전히 정전이 간헐적으로 발생하기는 하나, 일상생활이나 공장 운영에 큰 불편함을 초래할 만큼의 전력 부족을 겪는 시기는 이미 한참 전에 지났다.

도로 인프라에도 큰 발전이 있었다. 고속도로도 많이 뚫렸고, 이제는 톨게이트를 지날 때마다 현금 결제가 아닌 이톨E-toll이라 불리는 비접촉 결제가 이뤄진다. 이툴은 만디리은행에서 발행한 RFID 시스템(전파를 이용해 먼 거리에서 정보를 인식하는 기술)으로, 자사마르가[JSMR]Jasa Marga Persero, 찌뜨라마르가[CMNP]Citra Marga Nusaphala Persada 등의 고속도로 사업자들이 운영하는 톨게이트에서 사용 가능하다. 자사마르가와 찌뜨라마르가는 교량, 고속도로, 에너지 발전 등에 투자하는 상장 공모인프라펀드이자 안정적 배당주인 맥쿼리인프라와 유사하다.

자카르타에 가보면 이젠 지하철 및 전철 노선이 유기적으로 연결되어 있어 과거 대비 대중 교통 선택지가 늘었다. 뚜렷한 발전이 없는 것처럼 느껴질 수 있지만, 시간이 어느 정도 지나고 되돌아 보면 참 많은 변화들이 이뤄졌다. 국가의 발전 방식이 꼭 한국식 '빨리빨리'가 아니더라도, 완벽하지 않아도 괜찮다. 될 나라는 저마다의 속도로 언젠가는 크게 발전한다. 당장의 변화 속도보다는 10년, 20년 뒤 장기적 비전을 보자.

인프라 섹터에서는 '인도네시아의 맥쿼리인프라' 자사마르가[JSMR]와, '인도네시아의 KT' 텔콤인도네시아[TLKM]을 분석한다. 먼저 자사마르가는 인도네시아 자바 내에서 타 운영사 대비 압도적인 유료 고속도로망 점유율을 자랑한다. 자바는 동서로 길쭉하게 뻗어있는 섬인데, 동쪽 끝 반유왕이Banyuwangi와 서쪽 끝 메락Merak을 잇는 트랜스자바 고속도로Jalan Tol TransJawa를 완성시키는 건 인도네시아 정부의 숙원이었다. 그리고 조코위 대통령에 이르러서 이 도로의 상당 구간이 완공되었다. 한국에 빗대면 서울과 부산을 잇는 경부고속도로가 인도네시아에서는 이제야 완공을 앞두고 있는 상황인데, 이 고속도로망 중 약 절반을 자사마르가가 운영한다. 다만 경부고속도로는 약 400킬러미터에 불과하지만, 트랜스자바 고속도로는 완공되면 길이가 경부고속도로의 3배인 약 1,200킬로미터에 달한다.

두 번째로 살펴볼 텔콤인도네시아의 경우, 공기업이자 전국적으로 가장 넓고 촘촘한 통신인프라를 구축하고 있어 인도네시아 시장의 60% 이상 점유하고 있을 정도로 영향력과 장악력이 강력하다. 참고로 2023년도 국내 통신3사 점유율(총회선 수 기준)은 대략 SK텔레콤 40%, KT 30%, LG유플러스 30%를 기록하고 있다. 언제든지 주주 이익 희생이 강요될 가능성이 있는 공기업이지만, 그런 리스크 못지 않은 탁월한 매력을 보유하고 있는 독과점 인프라산업 대장주다.

종목 1_자사마르가[JSMR]

빠르게 확충되는 인도네시아 도로인프라 대장주

투자 포인트

- 인도네시아 도로인프라 산업의 압도적인 대장주다.
- 인도네시아는 현재 주요 거점 도시 도로인프라 개발에 박차를 가하고 있다.
- 재무건전성이 뛰어나며 추후 성장 잠재력이 충분하다.

인도네시아 도로인프라 점유율 압도적 1위

자사마르가는 한국으로 치면 맥쿼리인프라 같기도 하고, 한국도로공사가 상장되어 거래되는 것 같기도 하다. 정부가 지분 70%를 갖고 있고, 나머지 30%만 증시에서 거래한다. 또한 2023년 기준 자사마르가가 운영하는 고속도로의 총길이는 1,264킬로미터에 달하는데, 이는 인도네시아 전체 고속도로의 47%다. 그 뒤를 잇는 것이 후따마까르야Hutama Karya 19%, 와스끼따까르야Waskita Karya 9%인데, 모두 건설/인프라 공기업이다. 도로인프라에 투자한다면 이 기업 외의 다른 선택지를 고민할 필요가 없다. 국영기업이기에 토지 수용 강제 집행에도 강점을 지닌다.

도로 개발에 박차를 가하는 인도네시아

자바섬 내 인구 100만 명이 넘는 주요 도시는 자카르타, 반둥, 스마랑, 족자카르타, 수라바야 5개다. 이 중 반둥과 족자카르타를 뺀 자카르타, 스마랑, 수라바야는 자카르타 북쪽을 향해 있는 항구 도시다. 자카르타와 반둥은 자바 서부에, 스마랑과 족자카르타는 자바 중부에, 그리고 수라바야는 자바 동부에 위치해 있다. 한국 도시들과 비교해 본다면 자카르타-서울, 반둥-대전, 스마랑-대구, 족자카르타-경주, 수라바야-부산의 느낌이다.

자카르타는 명실상부한 수도 기능을 하는 도시로 서울과 비슷하다. 반둥은 인구 기준 인도네시아 제3의 도시로, 수도와 거리가 그리 멀지 않고 대전에 카이스트가 있는 것처럼 인도네시아를 대표하는 공대인 반둥공과대학교Institut Teknologi Bandung가 있다. 스마랑은 자카르타-수라바야 사이 자바 중부의 거점 도시이자 제조업이 발달해, 공단이 발달한 대구가 떠오른다. 족자카르타는 프람바난 사원, 보로부두르 사원 등 인도네시아를 대표하는 문화 유산이 풍부해 경주와 비견될 만하다. 그리고 수라바야는 인도네시아 제2의 도시로, 규모 면에서나 기능적으로나 부산과 닮았다.

그동안 이 다섯 도시와 그 주변을 잇는 도로망이 굉장히 열악했다. 도시와 도시 사이를 잇는 중요 도로 중에서도 왕복 1차로인 도로가 많다. 왕복 1차로인데 무거운 덤프트럭이 속력을 못 내고 기어가면 뒤에 모든 차량의 통행이 밀린다. 중앙선 침범 후 추월 시도도 많고, 그러다 사고가 나면 교통 체증은 끔찍한 수준이 된다.

한국 추석처럼 인도네시아에서도 르바란이라는 명절 기간이 1주일 있는데, 이때 귀성길을 무딕Mudik이라고 부른다. 도로인프라가 다소 부족한 2억 5,000만 명의 인구 대국에서 집단으로 귀향하니 엄청난 교통 혼잡이 발생한다. 과거에는 이 르바란 기간이 한참 지나도 일하러 돌아오지 않는 사람들이 종종 있었을 정도라고 하는데, 고향에서 다시 일터로 돌아오는 데에 시간이 너무 오래 걸렸기 때문이라고 한다. 생산성 향상을 위해서라도 도로인프라 개발이 필요한 상황이었던 것이다.

이제 상황이 달라지고 있다. 인도네시아 인구의 약 40%가 거주하는 자바섬의 기초 고속도로망이 이제 완공 직전에 있다. 지난 10년간 자바의 고속도로망이 빠른 속도로 닦이고 도시간 연결성이 개선되면서, 인도네시아 사람들은 귀성길에서 시간이 대폭 줄어들었음을 체감하고 있다. 또한 고속도로의 휴게소와 주유소 등 편의시설 인프라를 본격 이용할 수 있게 되었다.

트랜스자바 고속도로망

8. 인프라 산업

자사마르가가 운영하는 톨게이트

인도네시아 핵심 고속도로 구간 보유

자사마르가는 36개의 고속도로 구간을 지니고 있고, 이 중 13개는 기존 고속도로, 23개는 신규 고속도로로 구분된다. 인도네시아 최초의 고속도로는 1973년 현대건설이 공사했다. 이때 만들어진 자카르타와 보고르를 잇는 자고라위Jagorawi 고속도로도 자사마르가가 운영한다. 신규 고속도로 개발은 물론 유지보수 운영사업도 하고 있다. 27개의 고속도로 휴게소를 운영하고 있고, 건물 관리, 광고 사업 등도 함께 한다.

자사마르가의 포트폴리오가 주로 자바에 집중되어 있긴 하나, 사실 인도네시아 전역에 걸쳐 분산되어 있다. 분포를 나눠보자면 자카르타 수도권 23%, 자카르타 수도권 제외 자바섬 62%, 자바섬 외부 15%다. 발리 남부에는 고급 리조트 및 비치 클럽이 모여 있어 신혼여행으로 자주 가는 누사두아Nusa dua 지역이 있다. 공항과 누사두아를 바로 연결하는 고속도로도 자사마르가가 운영한다. 자바 이외에도 수마트라, 칼리만탄, 술라웨시 등 다른 주요 섬들의 고속도로망 설비 투자가 필요하며, 이 개발 과정에서 자사마르가가 중추적인 역할을 하게 될 것이다.

건실한 재무 구조와 성장 잠재력

자사마르가의 재무지표 및 재무비율은 다음과 같다.

	시가총액	자산	부채	자본	매출액	영업이익	순이익
루피아(10억)	35,346	129,312	90,401	38,912	21,319	7,926	6,749
원화(10억)	3,004	10,992	7,684	3,308	1,812	674	574

PER	PBR	부채비율(%)	ROE(%)	영업이익률(%)	순이익률(%)
5.24	0.91	232%	17.3%	37.2%	31.7%

출처: 자사마르가 연간보고서, 루피아/원 환율 0.085 적용, 시가총액은 2023년 말 기준

자사마르가의 2023년도 말 시가총액은 35.346조 루피아로, 약 3조 원이다. PER은 5.24, PBR은 0.91 수준으로 밸류에이션 부담은 적고, ROE도 17.34%면 준수하며, 영업이익률 및 순이익률도 30%대로 높다. 2022년 주당 배당금은 75.69 루피아였는데, 2022년 종가는 2,980루피아로, 당시 시가배당률은 2.53% 수준이다. 아직 대규모 설비 투자가 필요하다는 것을 감안하면 당분간 배당 성향은 순이익의 20% 수준을 유지할 것으로 보인다.

인도네시아 중산층의 소득 수준이 올라가면 이륜차를 사륜차로 바꾸려 할 것이다. 사륜차의 통행량이 늘면 유료 고속도로망 매출이 늘어난다. 그리고 이 분야 대장주는 단연 자사마르가다.

종목2_텔콤인도네시아[TLKM]

인도네시아 통신인프라 시장 독과점 기업

투자 포인트

- 인도네시아 TMT 섹터 대표 주식이다.
- 미국에 이중 상장 되어 있어 기업 정보가 투명하게 공개된다.
- 안정적인 배당금 수익이 가능하다.
- 인니 통신시장은 성숙기로, 승자가 이미 텔콤인도네시아로 정해져 있다.
- 가입자 수 성장은 제한적이지만, 유저당 평균 매출 성장은 기대할 수 있다.

인도네시아 TMT 섹터 대표 주식

인도네시아 TMT_{Technology, Media & Telecommunications} 섹터를 대표하는 주식은 무엇일까? 요즘에는 고투가 꼽히지만, 고투 상장 이전에는 텔콤인도네시아_{Telkom Indonesia}가 대장주였다. 텔콤인도네시아는 인도네시아 증시와 더불어 미국 NYSE에 ADR로 이중 상장되어 있으며[TLK US], 그렇기에 미 SEC에 공시를 올리고 있어 정보의 투명성 및 외국인 투자자 접근성 측면에서 높은 평가를 받고 있다. 미국 투자자 입장에서 통신주에 투자하고 싶다면 버라이즌_{Verizon}이나 AT&T를 가장 먼저 고려할 수 있겠지만, 아시아 신흥국 통신주인 텔콤인도네시아도 미국에 상장되어 있기에 피어 그룹으로 함께 놓고 비교할 수 있다.

　인도네시아는 섬이 많고 격오지가 많아 전 국토에 걸쳐 5G망을 제공하기 위해서는 상당한 규모의 투자가 필요하다. 다른 경쟁 민간기업들은 텔콤인도네시아처럼 구석구석 통신 인프라에 투자할 수 없기에 대도시 위주로 저가 서비스 전략을 취하는데, 이는 본질적인 경쟁 우위 확보에 실패했음을 자인하는 것이다.

　텔콤인도네시아의 최대 주주는 인도네시아 정부로, 52%의 지분을 보유하고 있다. 텔콤인도네시아의 2023년 사업보고서Form 20-F-2023에 따르면 2023년 기준 텔콤셀 가입자 수는 1억 5,930만 명으로, 전체 가입자 수 3억 1,560만 명 대비 50.5%의 점유율을 확보한 독보적 1위 사업자다. 인도네시아 인구는 2억 8,000만 명 수준이지만, 사람들이 종종 두 개 이상의 SIM카드를 사용하는 경향이 있어 전체 침투율이 112%에 이른다. 유무선 네트워크, 통신타워인프라(자회사 미트라텔Mitratel), 데이터센터, B2B 디지털IT서비스, 디지털서비스 등의 사업을 영위한다.

안정적인 배당금 수익

　이 회사의 매출 중 가장 높은 비중을 차지하는 건 셀룰러 데이터와 인터넷 사업이며, 2023년도 매출 비중이 49%에 달한다. 문제는 이 사업은 이미 경쟁 강도가 강한 데다 성숙기에 접어들었고, 왓츠앱 같은 메신저앱으로 인해 수익성 높은 문자메시지(SMS)의 매출이 점점 줄고 있다는 점이다. 2023년 12월 31일 인도네시아의 휴대폰 가입자 수는 약 3억 1,560만 명으로 인도네시아 인구보다 많은데, 1인당 1개 이상의 SIM카드를 가입하는 경우가 종종 있기 때문이다. 다만 인도네시아 통신업계에는 데이터 가격에 민감한 고객을 유치하기 위해 치열한 프로모션 경쟁이 펼쳐지고 있고, 핸드폰 가입자 수는 더 이상 성장하지 않고 있다. 2022년 12월 31일 인도네시아 휴대폰 가입자 수는 3억 1,650만 명으로, 2023년도에는 이보다 90만 명이 감소한 셈이다. 자회사 텔콤셀Telkomsel의 데이터 셀룰러 서비스와 경쟁하는 사업자는 인도샷Indosat, 엑셀악시아타XL Axiata, 그리고 스마트프렌Smartfren이다.

텔콤인도네시아 매출 구성

매출구성	10억 루피아	10억 원	%
총 전화매출	9,093	773	6.1
무선	8,194	696	5.5
유선	899	76	0.6
상호연결	9,067	771	6.1
총 데이터, 인터넷, IT서비스	90,820	7,720	60.8
셀룰러데이터, 인터넷	73,187	6,221	49
인터넷, 데이터커뮤니케이션, IT서비스	10,899	926	7.3
문자메시지(SMS)	3,380	287	2.3
기타	3,354	285	2.2
네트워크	2,482	211	1.7
인디홈(가정용 인터넷, 전화, TV 서비스)	28,785	2,447	19.3
기타 서비스	6,183	526	4.1
콜센터	1,264	107	0.8

운영서비스	920	78	0.6
원격헬스케어	761	65	0.5
전자결제	496	42	0.3
기타	2,742	233	1.8
임대계약 매출	2,786	237	1.9
총매출	149,216	12,683	100

출처: 텔콤인도네시아 20-F-2023 보고서, 루피아/원 0.085로 환산

텔콤인도네시아의 재무지표, 재무비율은 다음과 같다.

	시가총액	자산	부채	자본	매출액	영업이익	순이익
루피아(10억)	391,300	287,042	130,480	156,562	149,216	44,384	32,208
원화(10억)	33,261	24,399	11,091	13,308	12,683	3,773	2,738

PER	PBR	부채비율(%)	ROE(%)	영업이익률(%)	순이익률(%)
12.15	2.50	83.3%	20.6%	29.7%	21.6%

출처: 텔콤인도네시아, 루피아/원 환율 0.085 적용, 시가총액은 23년말 기준

순이익률이 각각 29.7%, 21.6%로 매우 높다. ROE도 20.6%로 매우 준수하다. 인도네시아가 거대한 도서국가이기에 지방 곳곳에 설비 투자가 필요하다는 점을 감안하면 높은 수익성을 자랑하고 있다고 볼 수 있다.

2023년 6월 12일에 지급된 배당금은 167.6루피아로, 2022년 주당순이익이 246.58임을 감안할 때 배당 성향 67.97%가 나온다. 2023년 12월 말 종가는 3,950루피아인데, 이를 2023년 6월 12일에 지급된 배당금으로 나누면 배당수익률은 약 4.24%가 나온다.

8. 인프라 산업

텔콤인도네시아는 이미 성숙기에 접어든 통신인프라주로, 앞으로 고성장을 기대하기는 어렵지만, 안정적인 배당금을 수취하고자 하는 투자자에게는 괜찮은 선택지일 수 있다.

다만 최근 변수가 생기는 주요 리스크 요인이 있는데, 바로 스타링크 위성통신 서비스다. 스타링크는 일론 머스크의 스페이스X가 제공하는 위성기반 브로드밴드서비스로, 직접 B2C모델로 인도네시아 소비자들에게 브로드밴드 인터넷을 제공할 수 있다. 스타링크는 인도네시아 대중들에게 인터넷 사업을 시작할 가능성도 있기에, 인도네시아 인터넷 시장을 잠식하는 요인이 될 수도 있다.

9. 테크 산업
씨리미티드[SE], 그랩[GRAB]

인도네시아의 삼성전자?

상상해보자. 20년 전에 삼성전자의 가능성을 꿰뚫어보고 꾸준히 사서 모았다면 어땠을까? 대한민국 국민이라면 이런 아쉬움을 품어본 사람이 제법 많았을 것이다. 한국의 고도성장기를 대표하는 블루칩 종목은 단연 삼성전자였다.

그렇다면 여기서 착안해 20~30년 전 한국의 삼성전자처럼 동남아시아, 인도네시아 기업 주식 중 오랫동안 묻어둘 만한 제조기업 스타 종목이 무엇이 있을지 생각해볼 수 있다. 20~30년 전 한국과 비슷한 고도성장 과정을 겪고 있는 아세안, 인도네시아이기에, 삼성전자 같은 경쟁력이 있는 블루칩 제조기업을 찾아보는 것이다.

아니면 워런 버핏의 버크셔 해서웨이가 2007년 글로벌 철강회사 포스코 주식을 매입했듯이 아세안, 인도네시아의 성장을 향유할 만한 중간재 기업을 찾아볼 수도 있다.

이런 기대를 안고 막상 검토해보면 실망하게 될 것이다. 안타깝게도 동남아시아에서 삼성전자 같은 블루칩 제조기업을 찾기 힘들다. 기존 동남아시아 재벌 제조기업들은 앞에서 말했듯 기본적으로 글로벌 다국적기업과의 경쟁을 회피하고, 자국 내 시장에 만족하는 경향이 있기 때문이다. 규모가 큰 기업은 많으나, 글로벌 경쟁력이 뒷받침되는 기업은 찾아보기 힘들다.

인도네시아는 물론이고 동남아시아 전체에서 전 세계적으로 유명한 서비스나 수출품 브랜드를 찾아보기 어렵다. 인도푸드가 전 세계적으로 인도미를 많이 수출하고 있기는 하나, 지금 단계에서는 브랜드 파워 부족하고 '넥스트 인도미'라 불릴만한 고부가가치 브랜드가 아직 없다. 자동차 산업은 기술 내재화보다는 조립생산에 만족하는 경우가 많다. 인도네시아는 말레이시아, 태국과 달리 중간재 생산도 부족하다. 최근 나스닥에 상장한 베트남의 빈패스트 VFS US나 인도네시아의 몇몇 전기오토바이, EV 충전업체들이 있으나, 아직 초기 단계여서 추가 검증이 더 필요하다.

인도네시아의 FAANG을 찾자

그렇다면 발상을 바꿔 제조 기업이 아닌 최근 상당 기간 동안 강력한 성장을 하고 있는 IT 기업에서 찾아보는 건 어떨까? 한국의 삼성 같은 기업이 아니라 미국의 구글, 아마존, 마이크로소프트 같은 테크 기업을 찾아보는 것이다.

인도네시아를 비롯한 동남아시아 국가들이 각국으로부터 FDI를 받아 현지에 일자리가 많아지면 중산층이 비약적으로 성장할 텐데, 그러면 이 중산층 소비자의 소비력을 대량으로 흡수할 IT 기업들이 분명 각광을 받을 것이다. 게다가 이런 테크 기업들은 과거 한국 시클리컬 제조업만큼 투자 난이도가 높지 않고, 적립식으로 모아가며 자식에게 물려줄 수도 있을 만큼 든든하여 장기 투자에도 적합하다. 그렇다면 아세안/인도네시아에서는 미국의 빅테크나 한국의 네이버/카카오 같은 IT 기업이 있을까?

인도네시아, 조금 더 넓게는 동남아시아를 주무대로 활약하는 테크 기업이 있다. 2021년 증시 호황 당시 미국의 FAANG Facebook, Apple, Amazon, Neflix, Google, 중국의 BAT Baidu, Alibaba, Tencent에 이은 동남아 빅테크 GGS라는 신조어가 생겼는데, 고투 GoTo, 그랩 Grab 씨리미티드 Sea Limited를 합친 말이다. 이 동남아시아를 대표하는 테크 기업들은 7억 명에 가까운 인구와 높아지고 있는 스마트폰 보급률, 견조한 경제 성장률 등의 수혜를 입어 큰 기대를 불러모았다.

인도네시아 테크 산업의 간략한 역사

인도네시아는 동남아시아 경제를 선도하는 국가인데, 2014년에

분기점이 될 만한 큰 사건이 생긴다. 2014년 9월 설립된 지 5년밖에 되지 않은 토코페디아Tokopedia라는 인도네시아 신생 기업이 소프트뱅크와 세콰이어캐피탈Sequoia Capital로부터 1억 달러 투자를 받은 것이다(산정된 기업가치는 알려진 바는 없으나, 대략 4~5억 달러 밸류가 적용된 것으로 추정된다).

소프트뱅크는 마윈의 알리바바를 극히 초창기 시점에 발굴한 투자회사이며, 세콰이어캐피탈은 애플, 구글, 에어비앤비, 왓츠앱, 인스타그램 등 굵직한 IT 기업들에 초기 투자한 소프트뱅크 못지 않은 벤처캐피털 업계 거물이다. 이 두 투자사가 인도네시아의 신생 테크 기업에 투자했다는 것은 시사하는 바가 컸다.

토코페디아가 1억 달러를 수혈하고 얼마 지나지 않아 2014년 11월 토코페디아에 뒤이어 당시 동남아시아의 1위 이커머스 기업 라자다Lazada가 싱가포르 국영 투자사 테마섹으로부터 12억 5,000만 달러 가치로 2억 5,000만 달러 투자를 받았다. 뒤이어 2016년 알리바바가 10억 달러로 독일계 창업주 로켓인터넷으로부터 라자다의 경영권을 인수하며 이른바 '쩐의 전쟁'이 본격적으로 시작되었다.

VC들은 동남아 테크 기업 인수에 목말라 했고, 동남아 테크 기업들은 VC로부터 받은 돈으로 경쟁자를 제거하기 위해 막대한 현금을 빠르게 소진했다. 비용을 아낀다는 명목으로 현금 태우기를 게을리한 기업들은 얼마 가지 못하고 사업을 접었다.

2020년 코로나19로 인해 막대한 유동성이 시장에 풀렸고, 이에 따라 동남아시아 인터넷 기업들은 새로운 전기를 맞게 된다. 2021년 8월 인도네시아 3위 이커머스 기업 부깔라팍이 인도네시아 증시에 IPO를 하는 과정에서 60억 달러 가치로 15억 달러를 조달했다. 인도네시아를 대표하는 두 테크 기업 고젝과 토코페디아는 2021년 5월 고투라는 이름으로 합병하고 2022년 4월 인도네시아 증시에 상장했다. 고투는 부깔라팍 대비 살짝 못 미친 금액인 11억 달러를 조달했지만, 320억 달러 가치를 인정받으며 상장하여 큰 기대를 모았다. 싱가포르 기업 그랩은 2021년 12월 미국 증시에 45억 달러를 조달하며 약 400억 달러 가치로 상장했다. 이 때 상장한 방식은 알티미터그로스Altimeter Growth라는 스팩 컴퍼니에 붙인 다음 티커를 바꾸는 방식으로 진행되었다. 동남아 3대 빅테크 고투, 그랩, 씨리미티드는 2022년 고투를 마지막으로 모두 상장되어 일반 투자자들이 위 동남아의 성장주들에 대한 접근이 크게 열렸다.

인도네시아 3대 빅테크 개요

다음은 위 세 기업들의 주요 개요를 정리한 표이다. 각 3사의 창업주 국적이 흥미로운데, 고투는 인도네시아 토종 기업이고, 그랩은 말레이시아 출신 화교가 창업했다. 한편 씨리미티드의 세 공동 창업자는 모두 중국 본토 출신으로 후에 싱가포르로 귀화했다.

	고투(GOTO IJ)	그랩(GRAB US)	씨리미티드(SE US)
시가총액 (23.09.04)	65억 달러(8.6조 원)	150억 달러(19.8조 원)	219억 달러(28.9조 원)
주요 사업	승차공유 음식배달 이커머스 핀테크	승차공유 음식배달 핀테크	게임 이커머스 핀테크
주요 진출 국가	인도네시아(인니)	동남아시아	동남아, 대만, 브라질
창업주(국적)	[고젝] 나딤 마카림(인니) 케빈 알루위(인니) [토코페디아] 윌리엄 타누위자야(인니) 레오니투스 에디슨(인니)	안소니 탄 (말레이시아 → 싱가폴) 후이링 탄 (말레이시아 → 싱가폴)	포레스트 리 (중국 → 싱가폴) 예 강 (중국 → 싱가폴) 데이비드 첸 (중국 → 싱가폴)
CEO	패트릭 왈루조	안소니 탄	포레스트 리
기관투자자 (22Y)	알리바바 9.97% 소프트뱅크 9.82% 테마섹 6.55%	소프트뱅크 18.3% 우버 13.9% 모건스탠리 7.6% 디디추싱 7.0% 토요타자동차 5.8%	텐센트 18.4% 캐피탈리서치 7.2%
GMV(22Y)	400억 달러(613조 루피아)	199억 달러	735억 달러(쇼피)
Take rate(22Y)	3.2%(토코페디아)		8.5%(쇼피)
매출액(22Y)	7.7억 달러	14억 달러	125억 달러
Adj.EBITDA (22Y)	-10.7억 달러	-7.9억 달러	-8.8억 달러
사업부문별 자회사/브랜드, 합작사(JV), 또는 파트너사			
이커머스	Tokopedia		Shopee
소상공인	Mitra Tokopedia, Gotoko	Mitra Grab, KUDO	
승차공유	GoRide, GoTransit 등	GrabTransport	
음식배달	GoFood, DapurBersama	GrabFood	ShopeeFood
전자결제	GoTo Financial GoPay, Midtrans	Grab Financial GrabFin, Digibank	SeaMoney ShopeePay, Spinjam
디지털은행	Bank Jago(ARTO IJ)	GXBank(Singtel JV)	SeaBank, SeaInsure
물류	Gosend, Gobox 등	GrabExpress	Shopee Express
풀필먼트	Dilayani Tokopedia		Service by Shopee(SBS)
신선식품	Gomart	GrabMart	Shopee Supermarket

출처: 각사 홈페이지 및 연차보고서

차트로 보는 동남아시아 6개국 인터넷 경제

1. 동남아시아 6개국 인구(2022) 및 인터넷 사용자 수

국가	인도네시아	필리핀	베트남	태국	말레이시아	싱가포르	합계
인구	2억8,000만	1억1,300만	9,800만	7,000만	3,300만	600만	6억명

출처: World Bank

년도	2019	2020	2021	2022
인터넷 유저	3억6,000만	4억	4억4,000만	4억6,000만명
전년비 성장률		+11%	+10%	+4%

출처: The e-Conomy SEA 2022 report by Google, Temasek, and Bain & Company

2. 동남아시아 인터넷경제 총거래액(GMV)

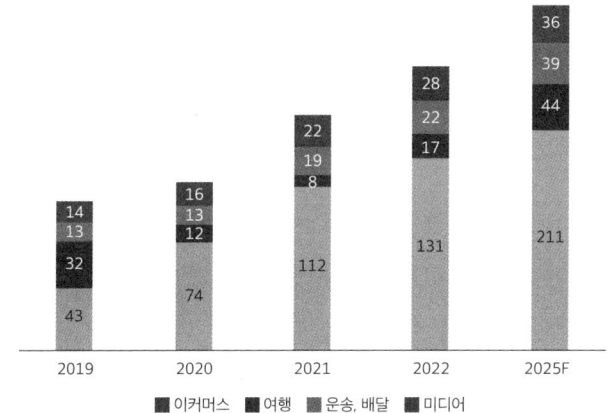

년도	2019	2020	2021	2022	2025(예상)
총거래액	$102b	$116b	$161b	$194b	$330b
전년비성장률		+14%	+38%	+20%	+20%

출처: The e-Conomy SEA 2022 report by Google, Temasek, and Bain & Company

3. 동남아시아 국가별 이커머스 총거래액

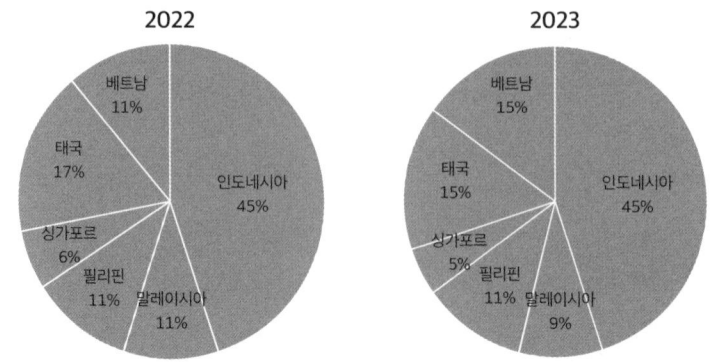

단위: 10억 달러

	인도네시아	말레이시아	필리핀	싱가포르	태국	베트남	합계
2021	48	13	12	8	21	11	113
2022	59	14	14	8	22	14	131
2025F	95	18	22	11	32	32	210

출처: The e-Conomy SEA 2022 report by Google, Temasek, and Bain & Company

4. 동남아시아 이커머스 기업별 2022년 점유율 및 총거래액 추정

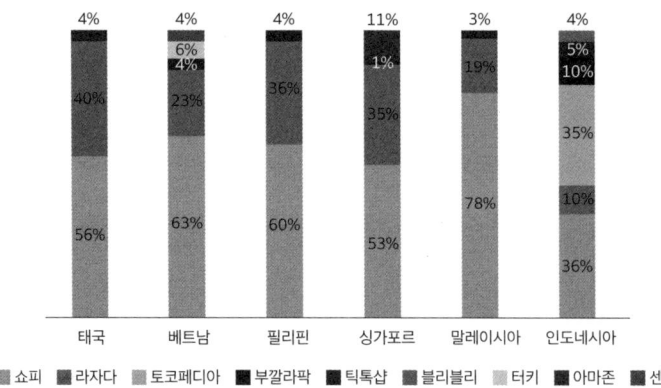

■ 쇼피 ■ 라자다 ■ 토코페디아 ■ 부깔라팍 ■ 틱톡샵 ■ 블리블리 ■ 터키 ■ 아마존 ■ 센도

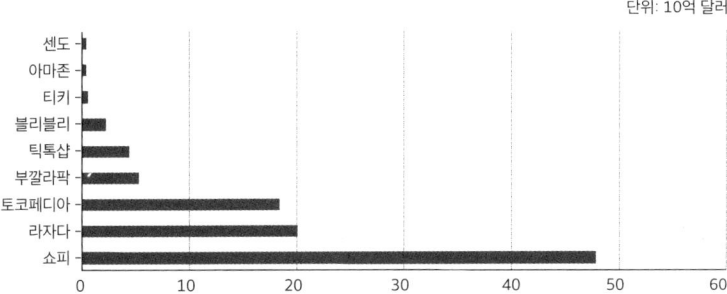

출처: Ecommerce in Southeast Asia 2023, Momentum works

5. 동남아시아 음식배달, 승차공유 합산 총거래액

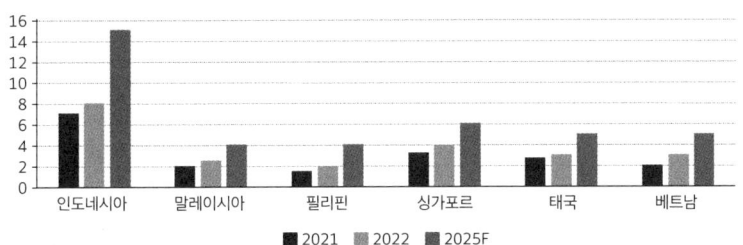

단위: 10억 달러

	인도네시아	말레이시아	필리핀	싱가포르	태국	베트남	합계
2021	7	2	1.5	3.2	2.7	2	19
2022	8	2.5	1.9	3.9	3	3	22
2025F	15	4	4	6	5	5	39

출처: The e-Conomy SEA 2022 report by Google, Temasek, and Bain & Company

6. 동남아시아 각국별 승차 공유, 음식 배달 주요 업체

	인도네시아	말레이시아	필리핀	싱가포르	태국	베트남
승차공유 서비스	고젝 그랩 블루버드	그랩 에어아시아 맥심	그랩 조이라이드 앙카스	그랩 고젝 타다	그랩 볼트 에어아시아	그랩 고젝 베

9. 테크 산업

음식배달 서비스	인도네시아	말레이시아	필리핀	싱가포르	태국	베트남
	그랩 고젝 쇼피푸드	푸드판다 그랩 쇼피푸드	푸드판다 그랩 피카루	그랩 푸드판다 딜리버루	그랩 라인 맨 푸드판다	그랩 쇼피푸드 배민

7. 각국별 은행계좌가 없는 인구 비중

국가	총인구 (100만명)	은행계좌 없는 인구(%)	현금결제 (%)	카드결제 (%)	10만명당 ATM대수	인터넷침투율 (%)
인도네시아	273.5	51%	13%	34%	53.3	55%
필리핀	109.6	66%	37%	22%	29	60%
베트남	97.3	69%	26%	35%	25.9	66%
태국	69.8	18%	16%	26%	115.1	53%
말레이시아	32.4	15%	11%	32%	44.7	80%
싱가포르	5.9	2%	4%	75%	58.8	84%

출처: World's Most Unbanked Countries 2021, Global Finance Magazine

GGS를 추격하는 테크 기업 3개

중국에는 이커머스 플랫폼으로 알리바바나 징둥닷컴만 있는 게 아니고 핀둬둬, 빕샵, 쑤닝, 도우인/틱톡, 테무 등 여러 플랫폼이 있다. 마찬가지로 인도네시아에서도 쇼피, 토코페디아 뒤를 추격하는 이커머스 플랫폼이 있는데, 부깔라팍[BUKA]Bukalapak과 블리블리[BELI]Blibli가 그 주인공이다. 한편 2021년 네이버가 1.5억 달러(1,700억 원) 규모로 전략적 투자를 한 기업으로 알려진 인도네시아 미디어 그룹 엠텍[EMTK]Emtek도 인도네시아 인터넷 경제에 중요한 역할을 하는 기업이며, 엠텍과 그랩은 서로 전략적 제휴 관계를 맺고 있다.

부깔라팍은 인도네시아어로 열다Buka에 좌석/가판대Lapak라는 뜻으로 '온라인에서 쉽게 장사를 시작하라'라는 의미를 갖고 있다. 부깔라팍은 이름에서도 볼 수 있듯이 소상공인을 위한 O2O 미뜨라Mitra 비즈니스에 중점을 두고 있다. 미뜨라는 '동료, 파트너'를 뜻하는 말인데, 주로 인도네시아 시골부터 도시 전역에 걸친 소상공인과 관련된 단어다. 부깔라팍이 중요한 이유는 그 비즈니스가 도시와 농촌의 소농들이 온라인 비즈니스를 통해 경제적으로 자립하는 데 중요한 역할을 하기 때문이다. 그래서 인도네시아 정부가 적극적으로 부깔라팍이나 토코페디아의 미뜨라 비즈니스를 지원한다. 넬슨컴퍼니NielsenIQ에 의하면, 2022년 기준 미뜨라 부깔라팍은 52%의 인도네시아 O2O 비즈니스 점유율을 자랑한다.

한편 2023년 조용하게 인도네시아에 BELI라는 티커로 상장한 글로벌디지털니아가PT Global Digital Niaga의 블리블리라는 플랫폼도 있다. 블리beli는 인도네시아어로 '물건을 사다'라는 뜻이기에, 블리블리는 '사요사요' 정도의 의미다. 블리블리는 인도네시아 1위 시가총액 BCA 은행의 대주주 자룸 그룹이 지원하는 이커머스 플랫폼이다. 이 기업은 현지 기업 티켓닷컴Tiket.com과 렌치마켓Ranch Market을 인수해 몸집을 키웠고, 2022년 11월 8일 IPO를 통해 15억 달러를 조달했다.

마지막으로 엠텍은 미디어에서 출발해 인터넷, 헬스케어 사업까지 포트폴리오를 갖춘 복합 대기업이다. 엠텍은 인도네시아 미디어

그룹 수르야찌뜨라미디어Surya Citra Media의 지분 71.3%를 지닌 최대 주주다. 또한 부깔라꽉의 지분 24.6%, 그랩 인도네시아의 지분 5.9%, 핀테크 기업 슈퍼뱅크Superbank의 지분 39.2%, 결제 플랫폼 다나DANA의 지분 6.7%를 취득하여 인도네시아 인터넷 경제 주요 플레이어들의 지분을 갖고 있다. 그리고 사라나메디타마메트로폴리탄Sarana Meditama Metropolitan 헬스케어(병원) 지분을 76.3% 들고 있어 안정적인 현금흐름을 취득하고 있다.

네이버는 웹소설, 웹툰을 기반으로 한 동남아시아 미디어 산업에 큰 관심이 있고, 자회사 라인과의 협업 가능성을 모색할 수 있기 때문에 이 회사의 지분을 취득한 것으로 추정된다. 엠텍은 특히 인도네시아를 대표하는 OTT 플랫폼 Vidio.com을 서비스하고 있고, 오리지널 컨텐츠를 확보하고 있는 데에 관심을 갖고 있기에 웹소설, 웹툰 IP를 갖춘 네이버 입장에서 전략적 가치가 높다. 예전에 인도네시아에서는 한국 드라마를 무단으로 모방하여 리메이크한 드라마가 몇몇 있었으나, 지금은 정식으로 한국의 드라마를 수입하는 추세다. Vidio.com에서는 한국 드라마가 인기가 높아 섹션을 따로 두어 서비스하고 있다.

부깔라꽉, 블리블리, 엠텍 모두 유망한 기업들이지만, 모든 기업을 자세히 다룰 수는 없어 여기서는 씨리미티드, 그랩만 투자 포인트 중심으로 소개한다. 그중에서 씨리미티드는 동남아시아 시장 전체의 가능성을 다루기 좋아 상세히 분석한다.

종목 1_씨리미티드[SE]

동남아시아의 아마존

> **투자 포인트**
> 1. 아마존과 알리바바를 성공적으로 벤치마킹하여 동남아시아 이커머스 시장 점유율 압도적 1위다.
> 2. 경쟁자가 갖추지 못한 물류 인프라 확보를 위해 대규모로 투자하고 있다.
> 3. 고금리 환경을 이겨내고 성장할 여력을 갖추고 있다.

게임사로 시작해 동남아의 아마존을 꿈꾸다

싱가포르가 본사인 씨리미티드는 동남아시아 메인 6개국인 인도네시아, 싱가포르, 태국, 말레이시아, 필리핀, 베트남, 그리고 타이완이다. 2022년까지는 멕시코, 아르헨티나, 칠레 등 중남미 시장에도 적극 진출하고자 했으나, 현재 브라질을 제외하고는 보류인 상황이다. 현재는 신흥국 이커머스가 메인 사업이며, 푸드딜리버리, 게임, 핀테크 사업도 함께 한다. 한국의 쿠팡, 쿠팡이츠, 크래프톤(배틀그라운드), 카카오뱅크와 페이를 모두 합친 사업을 하는 셈인데, 동남아의 아마존을 꿈꾸고 있다고 볼 수 있다.

씨리미티드의 창업자 포레스트 리Forrest Li Xiaodong는 2022년 포브스 산정 기준으로 싱가포르 11위 부자이며, 추정 자산은 42억 달러(5.4조 원)다. 그는 중국 텐진에서 태어나 싱가포르로 이주 후 국적을 바꾼 신이민자로, 2009년에 싱가포르에서 게임퍼블리셔 가레나Garena를 창업했다. 그는 동남아시아가 기회가 많은 미개척 시장이라는 점에 주목했고, 수억 명이 다운로드한 프리파이어Free Fire를 개발해 큰 돈을 벌었다. 게임 퍼블리셔로 시작해 여러 IT 서비스를 제공하는 텐센트와 비슷한 성공 루트였다. 텐센트는 씨리미티드에 초창기에 투자한 주주로, 여전히 지분 18.4% 소유한 최대 주주다. 다만 텐센트는 의결권을 전부 이사회에 넘겼기에, 의결권은 없다.

성공적인 이커머스 시장 진입

다른 게임사들과는 달리, 씨리미티드는 대규모 히트작을 통해 막대한 현금흐름을 만들어낸 것에 만족하지 않았다. 엄청난 초기 자본 투입이 필요한 이커머스 시장에 진출한다.

2015년 포레스트 리가 쇼피Shopee를 설립할 당시 동남아의 물류 인프라는 열악했고, 이미 이 업계에 활동 중인 선발 주자가 많았다. SK그룹도 당시 말레이시아, 인도네시아에 각각 11번가11street와 엘베니아Elevenia라는 이름으로 진출해 있었고, 큐텐Qoo10, 라자다Lazada, 토코페디아Tokopedia, 잘로라Zalora 등 쟁쟁한 경쟁자들이 많았다. 2015년 당시 인도네시아 사람들은 온라인샵으로 라자다와 토코페디아를 주로 이용했다.

하지만 초기 쇼피에게는 탄탄한 자금력을 가진 텐센트가 있었다. 등장하자마자 바우처 쿠폰을 엄청나게 뿌리고 저가 공세를 펼치며 마케팅에 큰 돈을 쏟아부었다. 규모가 작은 경쟁자들은 힘없이 쓰러지고 라자다나 토코페디아처럼 어느 정도 탄탄한 기업들도 쉽게 당해낼 수가 없었을 정도로, 이커머스 시장이 제대로 형성되지 않은 당시 동남아 시장을 고려할 때 막대한 수준의 마케팅 비용을 지출했다. 매출액과 마케팅 비용을 상장 이후인 2017년 시점부터 정리하면 다음과 같다.

단위: 백만 달러

	매출액	마케팅비용
2017	414	1,017
2018	1,003	1,461
2019	2,175	970
2020	4,376	1,831
2021	9,955	3,830
2022	12,450	3,269
2023	13,064	2,779

2017년 상장 당시 씨리미티드의 매출액은 4.14억 달러로 5,000억 원을 조금 넘기는 수준이었는데, 당시 매출액의 2배 이상 10.16억 달러(1.3조 원)를 마케팅 비용에 쏟아부었다. 돈이 모자랄 때는 텐센트의 지원과 유상증자를 통해 해결했다. 쿠팡이 손정의 회장의 소프트뱅크 지원과 미국 상장을 통해 돈을 끌어왔던 것과 비슷한 방

법이다. 돈 잘 버는 게임 사업부에서 나오는 현금흐름도 계획된 적자 구간을 버티는 데에 도움이 되었다.

알리바바를 벤치마킹하다

쇼피가 아마존이나 쿠팡과 같이 성장하기에는 현실적인 문제가 있었다. 인프라가 미국, 한국에 비해 열악해서 처음부터 직매입을 통한 직판 매출 전략을 펼치기가 어려웠다. 쇼피가 이를 극복하기 위해 참고한 것은 알리바바의 타오바오였다.

알리바바는 2000년대 초기 이베이와 경쟁할 때, 큰 손실을 감수하면서 무료 수수료 정책을 비롯한 셀러친화적 환경을 만들어 가능한 많은 셀러들을 플랫폼으로 끌어들이는 데 주력했다. 중국은 판매자 신뢰도가 떨어지는 지역이기에 너무 개방적으로 셀러들을 끌어들이다보면 낮은 수준의 셀러들이 대거 몰려들 수 있다. 알리바바는 이 리스크를 감수했고, 결과적으로 성공적이었다.

이와 유사하게 쇼피도 라자다, 토코페디아 등을 밀어내기 위해 막대한 할인 혜택을 제공하며, 타오바오처럼 셀러 모집에 집중했다. 라자다는 셀러들이 입점을 하는 것부터가 어려웠고, 입점 이후에도 셀러 자격 유지 조건이 까다롭기로 악명이 높았으며, 동남아 각국마다 맞춤형 대응이 부족했다는 평을 받았다. 쇼피는 동남아시아 전역에 한국 상품들의 인기가 높아지자, 우수한 한국 셀러를 모집하려 쇼피코리아 지사를 통해 적극적으로 셀러를 발굴하는 등

타 마켓플레이스와는 차별화된 모습을 보인다. 덕분에 그간 이베이, 아마존 플랫폼을 주로 활용했던 한국의 해외 직판(역직구) 셀러들 중 일부가 쇼피 플랫폼도 함께 병행했다. 셀러들을 우대하자 경쟁이 치열해지며 다양하고 우수한 상품들이 저렴한 가격으로 쇼피 플랫폼으로 모여들게 된다.

알리바바는 알리페이-앤트파이낸셜을 만들어 결제와 소비자금융(대출, 투자 등) 부문 전반으로 적극 진출했다. 알리페이는 현금 거래 중개로 시작해서 이후 신용카드 결제와 비슷한 후불결제Buy Now Pay Later, BNPL 시스템을 지원했다. 여기에 알리바바 결제 계좌 잔고를 자동으로 MMF에 재투자할 수 있게 하는 위어바오를 출시하며 은행 예금과 같은 서비스를 제공하게 했다.

쇼피도 이와 동일하게 쇼피페이-씨머니를 통해 결제 부문 전반으로 진출하고 있다. 2021년부터는 씨리미티드는 디지털금융서비스Digital Finance Service, DFS라는 사업 부문을 신설해 실적을 따로 집계하고 있다. 씨리미티드의 차세대 먹거리는 핀테크 부문이다. 특히 동남아시아에서 은행계좌가 없는 인구가 상당히 많다. 씨리미티드의 디지털금융서비스 브랜드 씨머니SeaMoney는 디지털 결제, 대출, 뱅킹 부문에 진출했고, 인도네시아의 고투파이낸셜GotoFinancial과 그랩페이GrabPay를 제외하면 적수가 없다. 씨리미티드의 핀테크 부문 매출액, EBITDA의 성장을 보면 현 아마존의 캐시카우 AWS를 연상할 정도로 향후 핵심 먹거리가 될 것으로 보인다.

씨리미티드의 핀테크 플랫폼

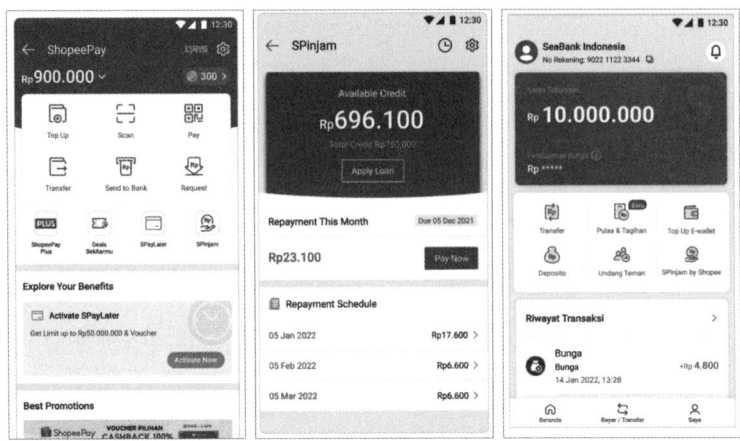

출처: www.seamoney.com

동남아시아 핀테크 부문의 잠재력

국가	총인구 (100만명)	은행계좌가 없는 인구(%)	현금결제 (%)	카드결제 (%)	10만명당 ATM대수	인터넷 침투율(%)
인도네시아	273.5	51%	13%	34%	53.3	55%
필리핀	109.6	66%	37%	22%	29	60%
베트남	97.3	69%	26%	35%	25.9	66%
태국	69.8	18%	16%	26%	115.1	53%
말레이시아	32.4	15%	11%	32%	44.7	80%
싱가포르	5.9	2%	4%	75%	58.8	84%

출처: World's Most Unbanked Countries 2021, Global Finance Magazine

아마존의 길을 가다

이커머스 시장이 확장되는 시기에 경쟁했던 비즈니스 전략은 크게 두 가지였다. 하나는 이베이의 전략이고, 다른 하나는 아마존의 전략이다. 이베이는 셀러들이 이용하는 물류나 서비스에 투자를 많이 하지 않는 대신 입점한 셀러에게 수수료를 낮게 책정했다. 또한 분기별 실적 및 영업이익률 같은 수익성 지표를 중시하며 사업을 운영했다. 반면 아마존은 상품의 준비, 포장, 배송은 물론이고 재고관리, 대금 지급, 배송 추적, 현황 리포트, 해외 판매 등을 돕는 다양한 기능을 포함하는 풀필먼드fulfillment 서비스 인프라에 적극적으로 투자하고 직접 상품을 판매하거나 아마존 마켓플레이스에 입정한 셀러에게는 높은 수수료를 책정하는 길을 갔다. 그리고 순이익 지표보다는 장기적 관점에서 보는 현금흐름을 중시했다. 아래 표는 두 기업의 전략 차이와 그 결과를 모두 보여준다.

2018년도 이베이와 아마존의 총거래액, 수수료율, 매출액

단위: 10억 달러

회사명	종류	총거래액	수수료율	매출액
eBay	Market place	90	8.25%	7.42
	StubHub	5	22.48%	1.07
	Total	95	8.97%	8.48
Amazon	Online store	117	100%	123.99
	Third party	160	26.72%	42.75
	Total	277	60.19%	166.73

출처: 2018년 이베이, 아마존 연차보고서

결과는 누구나 알겠지만 아마존의 승리였다. 2023년 기준 아마존의 이커머스 총거래액은 약 3,653억 달러, 점유율은 37.6%였다. 반면 이베이는 총거래액은 약 300억, 점유율은 3%였다. 그래서 한 지역에서 손꼽히는 이커머스 강자가 되고자 하는 기업은 아마존의 모델을

9. 테크 산업

참고하는 경우가 많다. 즉, 밸류에이션을 위해 분기별 순이익 지표를 중시하기보다 매출액 성장을 더 중시하고, 단기 마진을 희생하더라도 막대한 투자를 통해 대규모 물류 인프라와 풀필먼트 서비스를 갖추고 시장 점유율 확보를 추구한다. 한국에서는 쿠팡이 아마존의 뒤를 따랐다.

사업이 어느 정도 궤도에 오른 쇼피는 이제 동남아의 타 경쟁사들이 엄두도 못 내고 있는 풀필먼트 서비스인 서비스바이쇼피Service by Shopee, SBS에 대규모로 투자하고 있다. 현실적인 여건상 어려웠던 아마존의 길을 다시 제대로 가려는 것이다.

다국가 간 전자상거래 사업을 하다보면 각 나라별로 물류 거점을 만드는 허브 앤 스포크Hub & Spoke 방식을 고민할 수밖에 없다. 예를 들어 싱가포르의 셀러가 필리핀의 소비자에게 물건을 보낼 때 매번 항공 운송에 기대야한다면 물류비가 많이 든다. 만약 필리핀 물류센터에 벌크로 먼저 보낸다면 불필요한 항공 운송 비용이 들지 않게 된다. 다만 동남아시아 각 나라별로 창고를 짓고 운영하는 건 현실상 어려우니, 이때 쇼피가 제공하는 풀필먼트 시스템을 이용할 수 있다. 동남아시아 역내에서 최고의 풀필먼트 서비스를 구축할만한 역량이 있는 회사는 쇼피다. 그렇게 된다면 쇼피가 동남아시아의 아마존이 되는 것이 꿈은 아닐 것이다.

최근의 행보를 보면 씨리미티드는 애초부터 아마존의 길을 가려 했던 것으로 보인다. 다만, 동남아시아가 여러 나라로 나뉘어 있고, 물류 인프라가 잘 갖춰지지 않은 개발도상국이 대부분이라는 현실적인 여건을 고려해 초기에는 알리바바의 전략을 사용하고, 서비스가 어느 정도 자리를 잡은 후 본격적으로 물류 인프라 투자에 들어갔다. 이커머스 강자들의 전략을 상황에 맞춰서 잘 조합하고 있는 것이다.

이커머스 기업의 가능성을 보는 두 가지 방법

씨리미티드가 좋은 비즈니스 전략으로 중산층 소비가 증가하는 인도네시아 이커머스 시장의 강자로 자리잡았다고 하더라도, 과연 투자할 가치가 얼마나 될까? 2022년은 0.25%였던 기준금리가 2년 만에 5.50%까지 올랐고, 탄탄한 실적보다는 장밋빛 미래에 대한 믿음으로 주가가 올랐던 여러 인터넷 기업들의 주가가 폭락했다. 미국의 쇼피파이, 엣지, 카바나, 중국의 알리바바, 징동닷컴, 영국의 오카도, 아시아의 쿠팡, 씨리미티드, 고투 등 전 세계 이커머스 기업들의 주가가 폭락한 재앙의 해였다. 2022년도 이 기업들의 연초 대비 연말 주가는 반토막은 기본으로 깨지는 등 그야말로 박살이 났다. 이런 상황인데도 투자를 할만할까?

이커머스 기업들은 선택의 기로에 놓였다. 지난 20년 이상 저금리 환경에서 큰 폭의 마진 훼손을 각오하고 성장에만 집중한 아마존 모델을 환경이 바뀐 상황에서도 유지할 것인지, 아니면 새로운 고금리 환경에 적응하기 위해 성장 속도를 늦추고 수익성을 추구할 것인지를 선택해야 한다. 투자자의 경우에는 성장에 더 초점을 맞출지, 수익성에 더 초점을 맞출지 기준을 세워야 한다. 고금리 환경이 언제 끝날 지 예상하기 어려운 2024년 상반기 시점에서 이커머스 산업 밸류에이션 방법론을 고민해야 한다.

복잡한 숫자가 들어가는 기업 밸류에이션도 중요하지만, 직관적인 지표가 더 판단에 도움이 될 때가 종종 있다. "대충 맞는 것이 정확히 틀리는 것보다 낫다"는 워런 버핏의 명언처럼, 방향만 명확하게 설정한다면 충분히 투자에 성공할 수 있다. 2016~2018년도 버핏의 애플 투자도 수치를 바탕으로 정확하게 미래를 예측해서 투자한 게 아니라, 이 기업을 향한 소비자의 엄청난 충성도를 보고 괜찮다고 느끼던 중 마침 PER 10 중반대의 저렴한 주가로 거래되고 있었기에 투자했다.

여기서는 우선 아세안의 시장 크기 대비 씨리미티드 시가총액의 비율을 이미 이커머스 시장이 충분히 발달한 다른 국가들과 비교할 것이다. 이를 통해 미래에 씨리미티드가 어느 정도의 성장 여력이 있는지를 가늠해볼 수 있을 것이다. 그 다음에는 아마존의 과거 궤적과 씨리미티드의 궤적을 비교할 것이다.

아직 시장 크기 대비 낮은 시가총액

씨리미티드의 가능성을 보기 위해 아마존과 시가총액을 GDP와 그대로 비교해보자. 아래는 각 국가/지역을 대표하는 1등 이커머스 기업들과 지역을 정리한 표다. 각국을 대표하는 다음 이커머스 기업이 향후 10년 후에도 각 지역 내에서 시장 지배적 위치를 지속 유지한다는 가정이 포함된다. 참고로 메르카도리브레[MELI US]는 아르헨티나에 본사가 있는 전자상거래 기업으로, 지역별 매출 비중이 대략 브라질 50%, 아르헨티나 25%, 멕시코 20%, 기타 5%다.

기업 & 국가	가치($10억)	*시가총액/GDP
아마존 시총	1,570	6.17%
미국 GDP	25,460	
알리바바 시총	199	1.11%
중국 GDP	17,960	
쿠팡 시총	29	1.73%
한국 GDP	1,670	
메르카도리브레 시총	79	2.00%
중남미3국(브라질, 아르헨티나, 멕시코) GDP	3,963	
씨리미티드 시총	23	0.66%
ASEAN6 GDP	3,500	

* 시가총액은 2023-12-31 기준, GDP는 2022년 연간 기준
** ASEAN6: 베트남, 태국, 필리핀, 말레이시아, 싱가포르, 인도네시아

만약 아마존만큼 사업이 궤도에 올라선 이커머스 기업이라면, 시가총액/GDP가 5~6% 정도로 올라올 수 있을 것이다. 반면, 시가총액이 한때 8,000억 달러 가까이 되었으나 현재 고점 대비 -70% 수준인 알리바바는 정치 리스크에 노출되어 시가총액/GDP 수준이 1% 수준밖에 되지 않다. 만약 정치 리스크에 노출되지 않았더라면 2023년 고금리 환경을 고려해도 시가총액/GDP 수준이 3% 내외였을 것이다. 쿠팡은 아직 아마존만큼 성숙하지 못했기에 그만한 대

접을 받을 수 없고, 메르카도리브레는 향후 기대 성장률이 낮은 라틴아메리카 기업이다.

씨리미티드의 시가총액/GDP가 고작 0.66% 수준이다. 이 기업이 아세안에서 차지하는 지배적인 위상을 고려하면, 그리고 아세안이 고성장 국가들로 이뤄진 지역임을 고려하면 0.66%라는 숫자는 나머지 4개 기업과 비교해 볼 때 낮은 수치다.

만약 씨리미티드의 시가총액/GDP 수치가 못해도 1.5%정도는 도달해야 한다고 생각한다면, 시가총액은 아래 표와 같아진다. 현재 시가총액 206억 달러보다 높은 수치다. 향후 5년간 GDP상승률을 3.8%라고 실질 기준으로 보수적으로 가정했을 수치다.

년도	GDP(ASEAN6)	시가총액/GDP	시가총액($10억)
2023	3,633	1.5%	54.5
2024	3,771	1.5%	56.6
2025	3,915	1.5%	58.7
2026	4,063	1.5%	61.0
2027	4,218	1.5%	63.3

아마존의 과거와 비교하기

이번에는 씨리미티드의 현 매출액, 시가총액을 유사 기업인 아마존의 상장 이후 초기 매출액, 시가총액과 비교한 방법이다. 아마존은 1997년 상장했으며, 씨리미티드는 그로부터 20년 뒤인 2017년에 상장했다. 아마존은 2000년도에 닷컴버블이 터지며 주가가 크게 폭락했고, 2022년의 씨리미티드의 주가는 급격한 미국 인플레이션을 잡기 위한 연준의 연속적인 기준금리 인상으로 인해 크게 폭락했다. 두 기업은 놀랄 만큼 비슷한 모습을 보여준다. 매출액 성장률이 엄청난 이 두 기업들은 상장 직후 주가가 크게 폭등했고, 그로부터 얼마 지나지 않아 매크로 이슈로 주가가 폭락했다. 아래 표와 그래프가 이를 보여준다.

아마존				씨리미티드			
년도	매출액	시가총액	전년비 시총변화	년도	매출액	시가총액	전년비 시총변화
1997	0.15	0.89	N/A	2019	2.17	18.63	380.4%
1998	0.61	16.80	1796.2%	2020	4.37	101.74	446.1%
1999	1.64	25.94	54.4%	2021	9.95	124.77	22.6%
2000	2.76	5.54	-78.6%	2022	12.44	29.22	-76.6%
2001	3.12	4.02	-27.4%	2023	13.34	23.03	-21.2%
2002	3.93	7.21	79.4%	2024F	???	???	???
2003	5.26	21.10	192.6%	2025F	???	???	???

* 시가총액은 연말 주가 기준, 단위: $10억
** Sea Ltd의 2023F 실적은 1,2분기는 실적, 3,4분기는 저자계산 추정치 사용
*** 짙은 회색(셀)은 주가급등, 중간 회색은 소폭상승, 옅은 회색은 주가급락

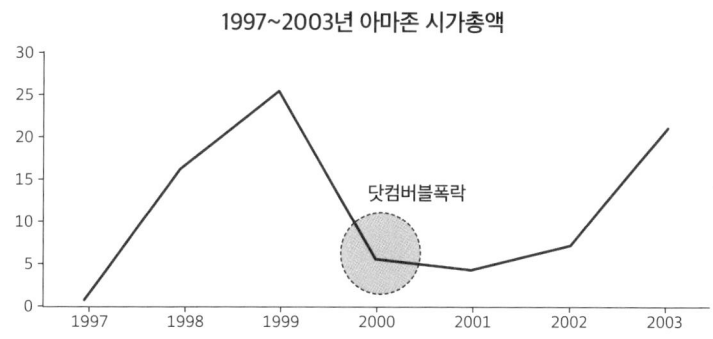

1997~2003년 아마존 시가총액

9. 테크 산업

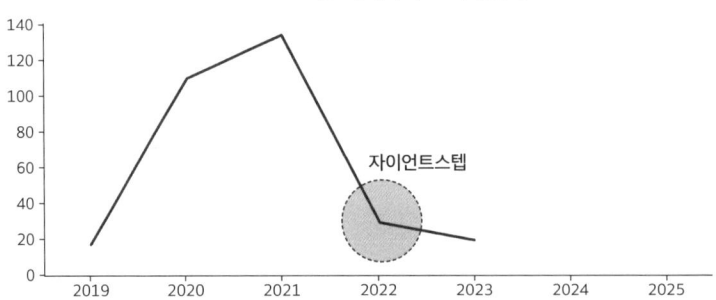

씨리미티드는 3년간 급상승하며 이후 급하락하는 변동성이 극심한 움직임을 보였다. 지난 5년간 주가가 화끈하게 튀어 오르고 시원하게 빠졌다. 2018년 말 기준 시가총액은 38.7억 달러였는데 2021년 말에 1,247.7억 달러를 찍으며 3년만에 무려 32배 올랐다. 이후 금리 상승 여파로 인해 주가가 급격히 하락하며 2023년 말 시가총액은 2021년 말 대비 1/6 수준으로 쪼그라들게 되었다.

2023년 말 기준 시가총액은 2022년 말의 3/4 수준인 230.3억 달러다. 만약 2024년도부터 미국의 금리가 하락하면서 씨리미티드가 2002년, 2003년 아마존처럼 견조한 매출 성장을 보여준다면 투자 심리와 주가 추세는 충분히 달라질 수 있다. 20여 년 전의 아마존은 닷컴버블 위기를 극복하고 다시 재도약에 성공했다. 씨리미티드도 글로벌 금리 인상으로 인한 글로벌 유동성 축소 이슈를 극복하고 다시 반등을 시도할 수 있다.

향후 씨리미티드의 성장률은 아마존의 장기 매출성장률 CAGR

과 비교해볼 때 비슷한 수준이거나 더 높을 것으로 전망한다. 2003년부터 2022년까지 아마존 CAGR은 25.75%이다. 씨리미티드의 주력 사업지역 내 지배적인 위치와 동남아시아의 고성장을 고려한다면 이 기업의 장기 성장률을 아마존과 비슷한 25% 수준, 또는 더 높게 보아도 크게 무리가 없을 것으로 판단한다.

지켜봐야 할 것들

씨리미티드 주식을 볼 때 지켜봐야 할 리스크 요소들은 크게 3가지로 나눌 수 있다. 이것들은 씨리미티드의 이후 행보를 살펴볼 때 중요한 참고가 되니 알아두면 좋다.

1. ADS구조 및 차등의결권
2. 과도한 투자로 인한 재무 리스크
3. 심화되는 경쟁

1. ADS 구조 및 차등의결권

먼저 미국에 상장된 씨리미티드 주식을 사는 건 엄밀히 말하면 직접 씨리미티드의 주식을 사는 게 아니라 씨리미티드의 수익에 대한 요구권이 있는 역외 케이먼 제도의 페이퍼컴퍼니 ADS_{American Depositary Shares}를 사는 것이다. 이 회사의 이름에 리미티드가 들어가 있는 이유는 케이먼 제도의 지주회사인 유한책임회사이기 때문이다. 씨리미티드는 실질적인 운영을 하지 않으며, 자회사와 연결 계열사를 통제한다.

2022년 연차보고서를 보면[1] 미국에 상장된 씨리미티드 ADS의 주식을 사는 것은 우회 상장된 케이먼 제도의 ADS를 사는 것이기에 주주는 미국의 법정 소송을 개시할 자격이 없을 수도 있다. ADS 보유자는 미국에 상장된 일반 주식 대비 주주가 필요한 정보를 얻거나 의결권 경쟁과 관련하여 다른 주주로부터 위임장을 요청하기 더 어려울 수 있다.

또한 ADS 보유자는 Class A 보통주 의결권을 행사하지 못할 수도 있다. ADS 보유자는 예탁자에게 투표 지시를 하여 의결권을 행사할 수 있지만, 예탁 기관이 ADS 보유자의 의결권을 시도하더라도 막힐 수도 있다. ADS 보유자는 Class A 보통주를 인출할 권리를 갖고 있을 뿐이기에, 예탁 기관으로부터 Class A를 인출하기 전까지는 의결권을 직접 행사할 수 없기 때문이다. 또한 Class A 보통주는 창업자 포레스트 리가 보유한 Class B 의결권 대비 1/15의 가치를 지닌다.

---

[1] 연차보고서 원문은 https://www.sea.com/investor/annualreports에서 확인 가능하다.

Directors and Executive Officers:	Class A Ordinary Shares	Class B Ordinary Shares	Percentage of Total Class A and Class B Ordinary Shares	Percentage of Total Voting Power Held
Forrest Xiaodong Li	63,610,849	45,527,793	17.9	59.9
Gang Ye	35,618,937		6.2	1.9
Tony Tianyu Hou	*		*	*
David Heng Chen Seng	*		*	*
Khoon Hua Kuok	16,611,063		2.9	1.4
Chris Zhimin Feng	7,450,000		1.3	0.0
Terry Feng Zhao	*		*	*
Yanjun Wang	*		*	*
David Jingye Chen	11,711,241		2.1	0.7
David Y Ma	*		*	*
All directors and executive officers as a group	218,541,667	45,527,793	43.2	72.2
Principal Shareholders:				
Tencent entities	104,264,743		18.4	0
Blue Dolphins Venture Inc		45,527,793	8	56.7
Capital Research Global Investors[10]	40,850,962		7.2	3.4

* Class A는 주당 1개의 의결권, Class B는 주당 15개의 의결권 보유(2022/02/14 Class B 의결권 3개 → 15개로 개정)
** Forrest Xiaodong Li 지분율 및 의결권은 본인이 100% 소유한 Blue Dolphins Ventures의 Class B주까지 포함한다.
*** 2022년 9월 텐센트는 보유한 모든 Class A 보통주에 대해 이사회에 취소 불가능한 의결권 위임장을 부여(granted an irrevocable voting proxy)
출처: 20-F Annual Report, Sea Limited, 2023-04-06

　　차등의결권을 통해 창업자의 경영권을 지키는 빅테크 기업은 많다. 예를 들어 알파벳(구글), 메타, 쿠팡 등은 차등의결권으로 인해 주주들의 경영 참여가 제한된다. 2022년 씨리미티드는 창업자 포레스트 리의 Class B 의결권을 주당 3개에서 15개로 크게 늘리며 의결권을 과반수 이상 확보했는데, 이는 주주 가치 측면에서 악재는 맞다. 다만 차등의결권이 있다고 해서 주가가 오르지 않는 것은 아니며, 미국에 상장되어 있는 만큼 대표이사의 행보를 감시하는 눈이 많다. 다만 ADS 구조 및 차등의결권에 따른 불이익 및 리스크는 어느 정도 있으니 이를 짚고 넘어갈 필요는 있다.

2. 과도한 투자로 인한 재무 리스크

씨리미티드는 후발 주자와의 격차를 벌리기 위해 물류에 대규모로 투자해야 한다. 높아지는 경쟁 압력을 생각하면 유상증자나 전환사채 추가 발행 가능성이 있는데, 그러면 기존 주주 입장에서 지분이 희석될 수밖에 없어서 주가 하락 요인이 된다.

아래는 2Q23 기준 회사의 현금과 차입금 현황이다.

	2Q22	2Q23	차이
현금성자산	$77.8억	$57억	$20.8억
장기차입금	$41.8억	$33.9억	$7.9억

현금성 자산은 작년 2분기 기준 77.8억 달러(10.1조 원)가 있었는데 불과 1년 만에 57억 달러(7.4조 원)로 줄었다. 한 해에 현금을 20억 달러(2.6조 원) 소진한 것이다. 올해부터는 판관비를 절반 수준으로 대폭 줄이며(2Q22 14억 5,000만 달러 → 2Q23 7억 8,900만 달러)

비용을 효과적으로 통제했으나, 물류 투자를 위한 유형자산 취득 때문에 CAPEX를 더 늘릴 전망이다. 2020년 3억 달러 수준이었던 CAPEX는 2022년에 10억 달러 수준이 됐고, 올해 더 공격적으로 집행될 전망이다. 사실 씨리미티드는 현재 마음만 먹으면 비용을 얼마든지 줄일 수 있고, 흑자로 바로 돌아설 수 있다. 이는 2023년 연간 당기순이익 흑자로 전환해서 증명했다. 다만, 현재 씨리미티드는 수익성보다는 성장 및 시장점유율 확장에 집중하는 상황이다.

	매출액	매출원가	매출총이익	판관비(SG&A)	판매비(S)	관리비(G&A)
2Q22	2,943	1,852	1,090	1,450	974	476
3Q22	3,156	1,928	1,228	1,368	817	552
4Q22	3,452	1,754	1,697	826	474	352
1Q23	3,041	1,624	1,417	734	400	333
2Q23	3,096	1,645	1,451	789	494	295

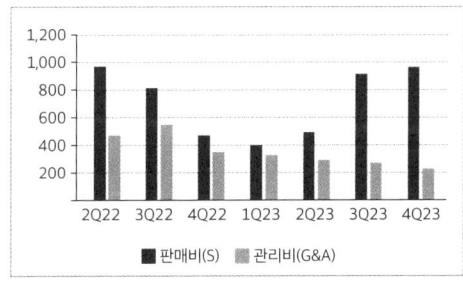
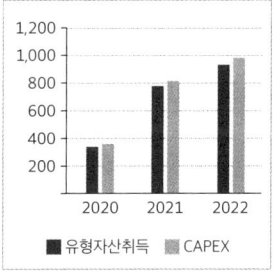

* 유형자산취득: Purchase of Property and Equipment(PPE), 단위: $m

씨리미티드는 2Q23 기준 57억 달러 수준의 현금성 자산을 갖고 있고, 단기 차입금은 거의 없고 장기 차입금만 33.9억 달러 있기에 고금리 시대를 버틸 체력은 충분하다. 2023년도엔 EBITDA, 영업활동현금흐름, 당기순이익 모두 흑자가 나왔고, 2024년도 수익성 극대화 목표 달성에 큰 무리는 없을 것 같아 현금흐름 창출 능력도 충분히 있다. 그렇기에 씨리미티드가 만약 올해와 내년에 공격적으로 투자한다고 해도 버틸 체력은 꽤 괜찮은 수준이라 판단한다. 단지 CAPEX 투자를 얼마나 공격적으로 집행하느냐에 따라 유상증자가 이뤄질 가능성이 어느 정도 있다. 2022년 CEO의 차등의결권이 3개에서 15개로 개정되었다는 것은 차후 유상증자를 위한 포석일 수 있다.

다만, 라자다 그리고 최근 떠오르고 있는 틱톡과의 경쟁 구도가 향후 얼마나 치열해지느냐에 따라 단기-중기적 관점에서의 현금흐름은 얼마든지 달라질 수 있다.

3. 심화되는 경쟁

기존에 씨리미티드의 이커머스 사업부 중 가장 위협적인 경쟁자는 단연 고투와 라자다다. 그런데 최근 바이트댄스 틱톡 플랫폼의 이커머스 진출로 인해 씨리미티드가 고전할 것이라는 우려도 제기되고 있으며, 핀둬둬의 초저가 플랫폼 테무도 위협적인 경쟁자로 떠오르고 있다. 승차공유 업체인 그랩도 음식 배달 및 핀테크 분야에서 주요 경쟁자로 떠오르고 있다. 2022년 쇼피푸드라는 브랜드로 음식배달 사업을 야심차게 준비했지만, 점유율이 미미한 수준에 머무르며 고전 중이다.

특히 틱톡은 동남아시아 전역에서 선풍적 인기를 끌고 있다. 3.25억 명 이상이 틱톡에 한 달에 한 번 이상은 방문한다. 또한 1,500만 명의 사업자들이 틱톡 플랫폼을 이용한다. 틱톡 자체 조사 결과에 따르면, 틱톡을 통해 수익을 창출하는 크리에이터들은 각국 최저임금보다 더 많이 버는 경향을 나타낸다. 동남아시아 지역에서 최저임금이 현실상 잘 반영되지 않음을 감안하면 소상공인들이 틱톡 플랫폼 내 사업자로 참여할 유인이 충분하다.

돈이 되는 크리에이터 플랫폼 틱톡

동남아시아 틱톡크리에이터 중 각국 최저임금 이상을 버는 비중
- 베트남 87%
- 라오스 83%
- 미얀마 73%
- 캄보디아 56%
- 태국 36%
- 필리핀 40%
- 말레이시아 80%
- 싱가포르 68%
- 인도네시아 63%

출처: The Tiktok Effect: Accelerating Southeast Asia's Businesses, Education and Community Report

틱톡은 10억 명 이상이 가입한 SNS 서비스이며, 인스타그램과 유튜브를 크게 위협하는 플랫폼이다. 동남아시아 이커머스의 거대한 돌풍이 될 수 있다. 특히 틱톡샵은 2023년 10월 인도네시아에서 영업금지를 당했으나, 2개월만인 12월에 토코페디아의 지분을 고투로부터 인수하며 이제는 인도네시아를 시작으로 쇼피와 직접적으로 동남아 이커머스 1, 2위를 놓고 경쟁할 전망이다.

테무도 씨리미티드 입장에서 다소 위협적이다. 핀둬둬 산하 쇼핑몰인 테무는 2022년 9월에 출시된 전 세계에서 핫한 초저가 온라인 플랫폼이다. 특히 인플레이션 시기에 생활고를 겪고 있는 전 세계 서민 입장에서 매력적인 쇼핑몰이며, 특히 미국에서 선풍적 인기를 끌고 있다. 테무는 알리익스프레스와 비슷하게 초저가 중국산 제품을 선박 운송을 통해(대략 1주일 이상 배송 기간 소요) 해외 판매하는 컨셉의 플랫폼이지만, 훨씬 저가형으로 승부를 본다. 그리고 SNS에 앱을 공유하고 지인을 가입시키면 더 저렴한 가격, 무료 제품, 크레딧 등을 제공하는 다단계 마케팅도 공격적으로 펼치고 있다. 소득 수준이 낮은 동남아시아 시장에 테무가 본격적으로 진출한다면, 상당한 파급력이 있을 전망이다.

다만 씨리미티드의 물류 투자는 타 경쟁사들이 넘볼 수 없는 경쟁 우위를 제공한다. 씨리미티드는 제3자 물류업체들과의 긴밀한 협력을 진행하는 가운데 자체 인하우스 물류 역량을 강화하고 있다. 한국에서 쿠팡이 경쟁자들을 제압한 가장 큰 무기는 자체 물류다. 씨리미티드도 성공이 입증된 쿠팡의 길을 가고 있으며, 이로 인해 단 기간의 수익성이 다소 악화될 우려는 있다. 이는 2023년 2분기 실적 발표에서 수익성을 다소 포기하겠다는 컨퍼런스콜 내용으로 확인되었고, 주가는 이로 인해 큰 폭으로 조정받았다. 다만 이는 장기 투자자에겐 크게 나쁜 내용은 아니다.

종목 2_그랩[GRAB]

아세안 6개국 점유율 1위 승차공유 플랫폼

> **투자 포인트**
> 1. 아세안 주요 6개국 점유율 1위 승차공유, 음식배달 플랫폼이다.
> 2. 수익성을 빠르게 강화하고 있고, 재무 구조를 정상화하고 있다.
> 3. 시장 경쟁에서 승리해 본 경험이 있는 유능한 경영진이 있다.

아세안 주요 국가들의 국민 승차공유 플랫폼

그랩은 아세안 주요 6개국에 걸쳐 점유율 1위의 승차공유 플랫폼이다. 총거래액 기준으로 전반적으로 1위 점유율을 자랑하고 있으나, 각 지역마다 그랩의 지배적인 위치를 위협하는 경쟁사들이 있다. 인도네시아와 베트남에서는 고투goto와 치열한 접전을 벌이고 있다. 말레이시아에서는 2021년 저비용 항공사 에어아시아에서 런칭한 에어아시아 라이드AirAsia Ride가 매우 빠른 속도로 추격했다. 싱가포르에서는 점유율 1위를 차지하고 있긴 하나, 고투와 타다TADA가 2,3위로 바짝 따라붙고 있다. 이외에 필리핀의 조이라이드JoyRide과 태국의 볼트Bolt가 그랩의 점유율을 노리는 중이다.

2022 동남아 승차공유 플랫폼 총거래액 비중

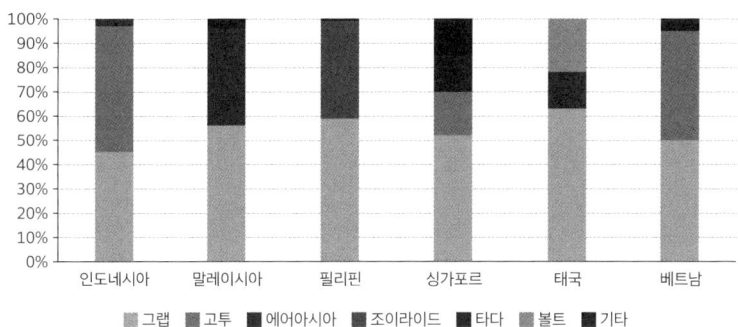

출처: measurable.ai

2022 승차공유, 음식배달 국가별 총거래액

단위: 10억 달러

	인도네시아	말레이시아	필리핀	싱가포르	태국	베트남	합계
2021	7	2	1.5	3.2	2.7	2	19
2022	8	2.5	1.9	3.9	3	3	22
2025F	15	4	4	6	5	5	39

출처: The e-Conomy SEA 2022 report by Google, Temasek, and Bain & Company

2022 승차공유, 음식배달 총거래액 비중

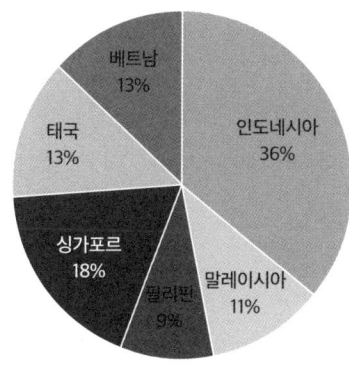

9. 테크 산업

2022년 그랩인베스터스데이Grab Investor Day 발표자료에 의하면, 그랩은 2012년 창업 당시 말레이시아에만 가능했던 택시 서비스에 불과했다. 하지만 10년이 지나 동남아시아 도시 전역에서 서비스를 하며 이 지역을 대표하는 슈퍼앱으로 발전했다.

빠르고 탄탄한 수익성 강화

글로벌 금리 상승으로 인한 유동성이 축소되는 환경에서 그랩 역시 빠른 성장보다는 수익성 강화에 초점을 맞추고 있다. 조정 EBITDA 흑자전환 시기를 2024년이 아닌 2023년도로 앞당겼다. 그랩은 2023년도 2분기 기준으로 각 지역 법인세를 내기 전 기준으로 조정EBITDA를 계산한다면 +30%대 마진을 충분히 내고 있는 상황이다.

물론 법인세는 감가상각비와 달리 실제로 빠져나가는 돈이므로 당연히 계산을 해야 하며 이를 반영할 시 조정EBITDA는 적자이지만, 그래도 전년도 동일분기(22년도 2분기)와 대비해 보았을 때 큰 발전이 있었다. 현재 그랩은 고용을 축소하고 CAPEX 투자 속도를 다소 늦추며 총거래액 대비 지역 법인세 비용 비중을 줄이고자 노력하고 있다.

Q2 2023 Results
Consolidated group

$ in millions, unless otherwise stated	Q2 2023(1)	Q2 2022(1)	YoY% Change	YoY% Change (Constant Currency(2))	Q2 2023(1)	Q2 2022(1)
Operating Metrics					% of GMV	
GMV(3)	5,243	5,055	4%	6%	-	-
MTU(4) (millions of users)	34.9	32.6	7%	-	-	-
GMV per MTU ($)	150	155	(3)%	0%	-	-
Partner Incentives(5)	175	212	(17)%	-	3%	4%
Consumer Incentives(6)	245	311	(21)%	-	5%	6%
Financial Measures						
Revenue(7)	567	321	77%	81%	11%	6%
Loss for the period	(148)	(572)	74%	-	(3)%	(11)%
Total Segment Adjusted EBITDA(8,10) (non-IFRS)	172	(19)	NM	-	3%	(0)%
Adjusted EBITDA(9,10) (non-IFRS)	(20)	(233)	92%	-	(0)%	(5)%

위 자료는 그랩 2Q23 실적 발표 자료이다. 그룹 전체 수수료율은 총거래액(52억 43,00만 달러) 대비 매출액(5억 6,700만)이므로 11% 수준이다. 모빌리티 수수료율은 20%, 음식배달 수수료율은 12% 수준으로 나오지만, 핀테크 쪽 거래수수료율은 1%대 수준으로 매우 작기 때문이다.

지켜보면 좋을 요소들

그랩의 메인 사업은 모빌리티(승차공유), 배달, 핀테크다. 그랩에

겐 모빌리티 분야에서의 경쟁도 치열하나, 배달 분야에서도 다른 경쟁자들을 눌러야 하는 과제가 있다. 고젝은 인도네시아에서 그랩과 거의 비슷한 점유율을 갖고 있고, 딜리버리히어로에 인수된 푸드판다는 말레이시아, 필리핀, 싱가포르에서 그랩과 격전을 펼치고 있다. 한편 우리에게 익숙한 네이버의 자회사 라인이 태국에서, 그랩을 추격하고 있고 배민은 베트남에 진출했다. 씨리미티드도 뒤늦게 쇼피푸드를 인도네시아와 베트남을 주력으로 출시했다.

음식배달 서비스에서는 그랩이 우위를 차지할 것으로 전망된다. 일단 쇼피푸드는 음식배달 서비스 이외에도 돈을 써야할 곳이 너무 많고, 결국 이 배달 시장에 진출하는 것이 비용 대비 실익이 크지 않다고 판단할 수 있다. 푸드판다는 그랩에 이어 대략 동남아 시장의 1/4 수준의 총거래액 점유율을 갖고 있는 플랫폼이나, 그랩에 밀려 철수하는 케이스가 생길 가능성이 있다. 특히 태국에서 의미 있는 규모를 만들어내지 못한다면 푸드판다는 태국 시장에서 철수할 수도 있다.

	인도네시아	말레이시아	필리핀	싱가포르	태국	베트남
음식 배달 서비스	그랩 고젝 쇼피푸드	푸드판다 그랩 쇼피푸드	푸드판다 그랩 피카루	그랩 푸드판다 딜리버루	그랩 라인 맨 푸드판다	그랩 쇼피푸드 배민

그랩은 2Q23 기준으로 현금 및 현금성자산을 56.3억 달러(7.3조 원) 들고 있으며, 이중 7.7억 달러의 부채를 차감한다면 48.6억 달러

(6.3조 원)의 순현금을 갖고 있다. 2022년 조정EBITDA 기준으로 약 9억 달러의 적자를 냈는데, 올해는 이 속도보다 적자폭이 대폭 감소하며 2024년부터는 조정EBITDA가 연간 단위로 흑자로 될 것으로 보인다. 만약 수익성 전략이 계획대로 잘 되지 않아 2022년 수준으로 적자가 계속 난다고 하더라도 5년 이상 버틸 만한 현금성자산 여력이 있다. 인도네시아 경쟁업체인 고투보다 적자 규모가 작고, 재무적으로 더 안정적으로 보인다.

그랩은 과거 우버를 동남아 시장에서 몰아냈을 정도로 경쟁에서 승리하는 데에 있어 상당히 유능한 기업이다. 씨리미티드와 마찬가지로 창업주들이 젊어 여전히 경영진으로 일하고 있고, 모두 워커홀릭으로 소문나 있다. 핀테크 분야에서 잠재력을 좀 더 발휘한다면 그랩의 큰 성장동력이 될 것이다.

마치며

나는 자산관리 PB_{Private Banker}이자 법인본부 RM_{Relationship Manager}으로 일하고 있다. 두 직무에 다소 차이는 있으나, 고객의 돈을 지키고 불리는 게 주된 업業이라는 공통점이 있다.

내가 지금까지 자산관리 업계에 몸담고 금융 시장을 공부, 관찰하면서 내린 결론이 있다. 그건 안정적인 성과를 기대하는 주식 투자자라면 미국 우량주 장기 투자도 병행해야 한다는 것이다. 기껏 인도네시아 주식에 대해 길게 이야기를 해놓고 마지막에 무슨 소리를 하는 것이냐고 할 수 있다. 하지만 나는 안정적인 자산 관리가 목적이라면 일정 부분을 미국 우량 주식에 투자하고, 알파 수익을 위해서 나머지를 다른 곳에 적절히 분배해 투자하는 것이 바람직한 방법이라고 생각한다. 내가 이 책에서 열심히 인도네시아를 다룬 것은 알파 수익을 얻기 위해 자산을 분배해 볼만한 좋은 투자처 중 하나라고 믿기 때문이다.

애플, 마이크로소프트 등 미국 우량 기업들은 경쟁사들이 따라잡기 어려운 경제적 해자를 오랜 기간 단단히 구축해왔다. 미국은 전 세계의 뛰어난 인재들이 모이는 집합소고, 기술 경쟁력은 다른 국가 대비 압도적이며, 자본 시장도 가장 잘 발전된 나라다. 또한 미국 기업은 신흥국에서 성장을 이루고 있으니, 미국 우량 기업에 투자하는 것도 신흥국에 간접 투자하는 것과 비슷한 효과가 있다.

또한 주식뿐만 아니라 고금리 시대로 접어들며 채권에도 관심을 가지는 것이 좋다. 미국 국채를 비롯한 여러 해외 채권도 고민할 시점이 되었다. 주식 투자의 단점은 만기가 없어 수익률을 고정할 수 없다는 것이다. 마침 고금리 시대로 접어들며 무위험장기채권(국고채, 국공채 등)에 투자하더라도 만기까지 장기 인플레이션보다 높은 수준의 이자를 받으면서 연환산 수익률을 고정할 수 있는 환경이 되었다. 기업 신용 분석에 자신 있는 분들은 하워드 막스처럼 낮은 등급의 채권이라도 높은 이자를 주는 채권을 골라 과감하게 베팅할 수 있을 것이다.

이 책은 이런 안정적인 투자가 우선이라는 점을 전제하고, 미래를 대비해 더 고수익의 투자처를 찾고 있는 투자자에게 도움이 되고자 썼다. 골드만삭스의 전망에서도 보았겠지만, 인도네시아는 잠재력이 높고 그 잠재력이 너무 먼 미래가 아닌 시기에 꽃필 가능성이 높은 나라다. 개인투자자 차원에서도, 기업 차원에서도, 국가 차원에서도 인도네시아는 주목할 가치가 충분하다.

한국 기업에게 2024년의 가장 중요한 화두 중 하나로 꼽히는 게 글로벌 공급망 재편이다. 한국의 주요 산업은 글로벌 공급망 재편의 이슈로부터 자유롭지 않다. 인도, 동남아시아, 인도네시아는 중국을 완전히 대체하기는 현실적으로 어려운 부분은 있으나, 미국이 주도하는 중국의 글로벌 공급망 배제로부터 생기는 손실분을 일정 부분 보완할 수 있다. 그리고 이 국가들의 의지에 따라 엄청난 잠재력이 발현될 가능성도 있으니 인도, 아세안, 인도네시아 이슈는 지속적으로 체크해야 할 필요가 있다.

지금 한국의 모습은 일본의 1980~1990년대와 비슷하다고 볼 수 있다. 지난 30여 년간 일본은 버블 붕괴에 저출산/고령화 시대에 진입하며 저성장 장기 불황을 겪었다. 다만 일본은 이 오랜 기간의 저성장 시기를 동남아시아에 선제적으로 투자했던 덕에 선방했다. 도요타, 혼다는 동남아시아 전역에 자동차 생산 인프라를 구축했다. 워런 버핏이 2020년부터 각 회사별로 5% 이상의 지분을 매입한 미쓰이, 미쓰비시, 이토추, 스미토모, 마루베니 일본 5대 상사는 동남아시아의 에너지, 광물, 식량, 유통 곳곳에 투자하며 벌어들인 현금을 본국으로 보냈다. 일본은 과거 잘 나갈 때 동남아시아를 중심으로 많은 돈을 투자해 현재 전 세계 최대 대외 순 자산을 지닌 순 채권국 지위를 유지하고 있으며, 해외에서 발생한 막대한 소득을 본국으로 거둬들이고 있다.

현재 경제적으로 풍요로운 편인 한국도 58년 개띠로 대표되는 베이비붐 세대가 노령 인구에 접어들며 인구 피라미드 구조상 발과 허리는 얇아지고 머리가 점점 두터워지기 시작했다. 이런 인구 변화 추세를 고려할 때 일본이 오랜 기간 겪었던 저성장 사회로의 길을 따라갈 가능성이 있다. 과거 일본 기업들이 선제적으로 동남아시아를 중심으로 전 세계에 투자해 지금까지 본국의 가난한 노령 인구를 부양해왔듯, 한국 기업들도 선제적으로 유망한 고성장 국가의 유망 산업에 투자해야 미래를 대비할 수 있다.

이 책의 모든 내용은 내 개인적인 의견이다. 내가 재직하고 있는 NH투자증권의 공식 의견이 아니다. 해외 주식, 국내 주식, 원금 비보장형 금융상품은 원금 보장 상품이 아니므로 투자 손실이 발생할 수 있다. 투자 판단 및 투자 결과에 대한 모든 책임은 투자자에게 있다. 전문적인 상담을 받고 싶다면 증권투자권유자문인력 등의 금융 자격증을 갖춘 가까운 금융기관전문인력에게 문의하시기 바란다.

이 책이 나오기까지 격려 및 기도해주신 부모님, 동생에게 감사드리고, 출판 결정을 내려준 워터베어프레스 출판사에 감사드린다.

데이터 자료 지원 및 적극적으로 아이디어를 제시해준 NH투자증권 입사 동기 곽재환 님, 김근영 님, 김기철 님, 김동훈 님, 김시

환 님, 노호진 님, 안영준 님, 윤성구 님, 전용재 님, 정석기 님, 표정훈 님에게 감사드린다.

투자 스터디를 함께하며 출판 과정에서 적극적으로 도움을 주신 김대희 이사님, 김명수 님, 조지훈 님, 이선하 님, 그리고 메리츠증권 장재영 님, IBK투자증권 손진원 님에게 감사드린다. 함께 근무하며 격려해주신 우영석 부장님, 강동식 님에게도 감사드린다.

어렵사리 부탁했는데 흔쾌히 추천의 말을 써주며 응원해주신 모든 분들께 감사의 말씀을 드린다.

특별히 여러모로 앞길을 응원해주신 NH투자증권 법인영업본부장 김진여 상무님에게 감사드린다.

무엇보다 앞으로 영원히 제 인생의 동반자로 함께해 줄 전소라 씨에게 가장 깊은 감사를 드린다.

참고도서 및 읽을거리

미중분쟁과 글로벌 공급망 재편
그레이엄 앨리슨, 정혜윤 역, 《예정된 전쟁》, 세종, 2018.
로버트 D. 캐플런, 김용민·최난경 역, 《지리 대전》, 글항아리, 2021.
크리스 밀러, 노정태 역, 《칩워, 누가 반도체 전쟁의 최후 승자가 될 것인가》, 부키, 2023.

인구구조의 변화
마우로 기엔, 우진하 역, 《2030 축의 전환》, 리더스북, 2020.
피터 자이한, 홍지수 역, 《붕괴하는 세계와 인구학》, 김앤김북스, 2023.
조귀동, 《세습 중산층 사회》, 생각의힘, 2020.
박지우, 《행복한 나라의 불행한 사람들》, 추수밭, 2022.

인사이트
짐 로저스, 이건 역, 《짐 로저스의 스트리트 스마트》, 이레미디어, 2019.
스티브 앤더슨, 한정훈 역, 《베조스 레터》, 리더스북, 2019.
레이 달리오, 송이루·조용빈 역, 《변화하는 세계 질서》, 한빛비즈, 2022.
바츨라프 스밀, 강주헌 역, 《세상은 실제로 어떻게 돌아가는가》, 김영사, 2023.

동남아시아 정치/경제/사회/문학 번역서적

조 스터드웰, 송승하 역, 《아시아의 대부들》, 살림Biz, 2009.
조 스터드웰, 김태훈 역, 《아시아의 힘》, 프롬북스, 2016.
앨프리드 러셀 월리스, 노승영 역, 《말레이 제도》, 지오북, 2017.
베네딕트 앤더슨, 서지원 역, 《상상된 공동체》, 길, 2018.
마하티르 빈 모하마드, 김은정·정호재 역, 《마하티르》, 동아시아, 2012.
그레이엄 앨리슨·로버트 블랙윌, 석동연 역, 《리콴유가 말하다》, 행복에너지, 2015.
리귀량, 송승석 역, 《동남아 화교 화인과 트랜스내셔널리즘》, 학고방, 2014.
프라무댜 아난타 투르·안드레 블첵·로시 인디라, 여운경 역, 《작가의 망명》, 후마니타스, 2011.
안드레아 히라타, 김선희 역, 《벨리퉁 섬의 무지개 학교》, 이론과실천, 2011.
에카 쿠르니아완, 박소현 역, 《아름다움 그것은 상처》, 오월의봄, 2017.

동남아시아 정치/경제/사회/투자 국내서적

노경래, 《한국인이 꼭 알아야 할 인도네시아》, 순정아이북스, 2017.
정호재, 《아시아 시대는 케이팝처럼 온다》, 눌민, 2020.
김형준, 《이슬람과 민주주의》, 눌민, 2021.
양성민, 《히잡에서 전기차까지, 인도네시아 깨톡》, 디아스포라, 2021.
김재욱, 《베트남 & 인도네시아 주식투자 실전 가이드북》, 스마트비즈니스, 2019.
고영경, 《아세안 슈퍼앱 전쟁》, 페이지2, 2021.
고영경·박영렬, 《7UPs in Asia 인도와 아세안 6개국 기업사례와 성장전략》, 박영사, 2023.

부록1

인도네시아 진출 한국 기업 10선

이 부록에서는 동남아시아와 인도네시아에 일찍부터 진출해 성과를 거두고 있는 10개의 국내 상장 기업들의 현지 사업을 소개한다. 기업 전체적인 관점이 아니라, 기업의 인도네시아 진출 사업에 한정해 다룬다.

동남아시아와 인도네시아에 진출해 좋은 성과를 거두고 있는 한국 기업은 많다. JYP, SM, YG, HYBE의 K-POP 아티스트들이 활약하고 있고, 말레이시아에서 렌탈서비스 업체 코웨이도 좋은 성과를 보여주고 있다. 대상, CJ제일제당 등 식품 전통 강자들도 인도네시아 현지에 오랫동안 뿌리를 내렸다. 약 5조 원 규모의 발릭파판 정유공장 프로젝트를 수주했던 현대엔지니어링(모회사 현대건설)과 TPPI 올레핀 현장, 짠드라아스리 석화 단지 증설 현장을 수주한 삼성엔지니어링도 있다. 인도네시아 1위 제약사 깔베파르마Kalbe Farma와 오랜 기간 백신, 신약 등 협업을 이어온 제넥신과 소염진통제 신약 등을 인도네시아에 수출하는 대원제약도 있다. 그리고 인도네시아 진출 규모와 역사로 미뤄볼 때 POSCO홀딩스도 빼놓을 수 없다. 포스코그룹은 일찍이 인도네시아 국영 철강회사 크라카타우스틸Krakatau Steel과 함께 일관제철소를 지었으며, 자회사 포스코인터내셔널은 석탄/팜유사업에, 포스코퓨처엠은 이차 전지 소재 사업에 적극 진출해 왔다.

이외에도 동남아시아 및 인도네시아 각 지역 이역만리에서 고생하고 있는 기업이 수없이 많지만, 지면의 한계상 그중 10개의 상장 기업만 간단히 소개하고자 한다.

인도네시아에 진출한 한국기업 대표 10선 리스트

섹터	기업명	인도네시아 진출 주요 제품/서비스
음식료	삼양식품	불닭볶음면
화장품	코스맥스	화장품 위탁생산(ODM)
석유화학	롯데케미칼	나프타분해시설(NCC)
유리	KCC글라스	유리공장
팜유	제이씨케미칼	팜농장
석탄, 니켈	LX인터내셔널	팜농장, 석탄광산, 니켈광산/제련
자동차	현대차	SUV, MPV(승합차), 전기차
이차 전지	LG에너지솔루션	전기차 배터리셀
이차 전지소재	고려아연	배터리셀 양극재 소재
IT/인터넷	NAVER	메신저(LINE), 웹툰, 미디어콘텐츠

1. 삼양식품
동남아를 사로잡은 불닭볶음면

모르는 사람이 드물겠지만, 불닭볶음면은 2012년에 한국에 출시되어 선풍적인 인기를 끌고, 이후로는 전 세계적인 인지도를 갖게 되었다. 그 인기는 인도네시아를 비롯한 동남아시아에서도 느낄 수 있다.

인도네시아 발리 사누르 인도마렛 편의점 가판대

앞의 사진은 내가 현지를 여행하다 찍었다. 2023년 8월 기준 인도네시아 편의점에서 불닭볶음면 봉지 라면은 개당 26,200루피아로, 한화로 약 2,250원이다. 2024년 기준 한국 편의점에서 불닭볶음면 컵라면, 봉지 라면 모두 1,800원에 팔고 있으므로, 해외에 대략 25%로 높은 수준의 프리미엄을 붙여 파는 상황이다.

인도네시아에 살던 2016년 당시 친구들이 먼저 내게 "두유노 삼양?"이라고 물어본 적이 종종 있었다. 삼양을 물어봤던 이유는 당시 한창 유튜브에서 유행하던 불닭볶음면 챌린지 때문이었다. 불닭볶음면을 아냐고 물어보려고 한 것인데, 라면 봉지에 Samyang이라는 영문만 적혀 있어 제품명을 모르는 사람이 많았다. 친구들은 유튜브와 인스타그램을 통해 불닭볶음면이 비싸고 맵지만 맛있다는 평을 많이 접했고, 현지에서 구하면 너무 비싸다며 구해줄 수 있냐고 물었다.

이 대화를 마치자마자 나는 첫째, 삼양식품 주식을 관심 종목에 등록해야 했다. 둘째, 빅테크 기업인 구글과 메타(페이스북) 등 해외 주식을 공부해야 했다. 셋째, 비록 2016년 당시에는 주식 시장에 상장기업이 없었지만(씨리미티드가 최초로 2017년에 상장되었다) 동남아시아 인터넷 주식이 무엇이 있을지 지속적으로 캐치해야 했다.

불닭볶음면 챌린지란 맵기로 유명한 불닭볶음면을 먹고 얼마나 버틸 수 있는지 반응(리액션)을 보여주는 방송 콘텐츠다. 유튜브, 인스타그램, 틱톡 등 다양한 플랫폼에서 활약하는 다국적 인플루언서 및 셀럽들이 자발적으로 불닭볶음면을 홍보하는 셈이다. 광고선전비는 거의 들이지 않았지만, 경쟁사들이 많은 돈을 전통적인 매체 광고에 투자했던 것보다 훨씬 성과가 좋았다.

삼양식품 2015년 vs 2022년

	2015년	2022년	성장(변화)
매출액(억)	2,909	9,090	3배
해외매출(억)	307	6,057	20배
해외매출비중(%)	11%	67%	6배
영업이익(억)	71	904	13배
영업이익률(%)	2.4%	9.9%	4배
공장	원주, 익산	원주, 익산, 밀양	

출처: 삼양식품 사업보고서

2021년도 삼양식품 해외지역별 매출구성

단위: 억

	1분기	2분기	3분기	4분기	합	비중
중국	281	306	328	454	1,369	35%
미주	110	108	159	250	627	16%
아시아	249	268	315	364	1,196	31%
오세아니아	13	17	12	9	51	1%
기타	135	164	152	165	616	16%

출처: 삼양식품 IR자료

　이 기업의 아시아 주요 수출 국가는 태국, 말레이시아, 인도네시아 등 동남아시아 국가다. 사실 베트남, 인도네시아, 필리핀 같은 1인당 GDP 4,000~5,000달러 수준의 개발도상국에서 한 봉지에 2,000원 이상이나 되는 불닭볶음면 라면을 산다는 건 웬만한 한끼 외식 비용보다 더 많이 쓰는 것이다. 그런데도 이 지역 대상 매출은 꾸준히 성장하고 있고, 중산층의 가처분소득이 급격히 올라가고 있기에 앞으로의 매출 성장도 더욱 기대된다.

2. 코스맥스

한국의 미를 동남아시아로

흔히 화장품 수출하면 떠오르는 국가는 중국이다. 국내 화장품주 중 특히 아모레퍼시픽과 LG생활건강의 중국 화장품 수출은 2010년대 중반 당시 대단했다. 비록 브랜드는 없지만, 글로벌 화장품 브랜드들의 주문을 받아 제품을 만들어주는 제조업자 개발 생산 분야에 강점을 지닌 조용한 강자 코스맥스도 주목해볼 만하다.

코스맥스는 2011년부터 일찍이 코스맥스인도네시아 현지 법인을 설립하며 진출했다. 기존 로레알의 인도네시아 현지 공장의 설비를 보완해 2013년 현지 제조 공장을 완공했다. 2016년에는 인도네시아 MUI 할랄HALAL을 취득한 후 모든 제품을 인도네시아 할랄 인증 제품으로 생산하고 있다.

할랄이란 아랍어로 '허용된'이라는 뜻인데, 할랄 인증을 취득했다는 것은 이슬람 율법상으로 허용된 원료, 제조 프로세스를 거쳤음을 인증받았다는 뜻이다. 각 나라마다 할랄 인증기관이 다른데 MUI는 인도네시아 종교부 할랄청 관리한다.

MUI 할랄은 무슬림 인구가 약 2억 3,000만 명으로 단일 국가 최대인 인도네시아의 공식 할랄이기에 큰 의미가 있다. 본래 MUI는 마젤리스 울라마 인도네시아Majelis Ulama Indonesia라는 민간 이슬람 학자 단체가 관장하는 할랄이었으나, 인도네시아 정부는 할랄 산업을 국가 단위에서 관장하기 위해 할랄청을 신설하여 엄격하고 까다로운 신규 프로세스들을 적용하고 있다. 정부가 관장하는 인증이 글로벌 무대에서 공신력을 인정받기 훨씬 유리하며, 인도네시아는 향후 국가 차원에서 자사 소비재 제품을 중동, 아프리카 등 무슬림 시장에 효과적으로 접근, 수출하기 위해 자국 할랄 인증을 활용해 차별화 및 고급화 전략을 취할 수도 있다.

골드러시에서 가장 큰 돈을 번 사람은 광부가 아닌 광부에게 청바지와 곡괭이를 판 상인들이라는 말이 있다. 현 시점 AI시대에서 가장 큰 돈을 만지는 기업은 AI소프트웨어 회사가 아닌 AI반도체를 만드는 엔비디아다. 인도네시아는 동남아시아-남아시아-중동-아프리카를 잇는 글로벌사우스Global South 국가 내 핵심 국가로 거듭나고자 하는 야심을 품고 있다. 코스맥스는 이제 막 태동하기 시작한 할랄 화장품 브랜드 시장에서 인도네시아를 전초기지 삼아 견고하게 자리잡았다. 인도네시아 현지 기업가들과 동남아시아 시장 진출을 원하는 국내 화장품 기업들을 위한 여러 복합 솔루션을 제시하며 이들의 성공을 후방 지원하고 있다. 이제 막 채굴이 시작된 금광산 입구에 자리잡고 광부들에게 청바지와 곡괭이를 파는 상인인 셈이다. 코스맥스 인도네시아 공장에서 생산한 클렌징폼, 스킨케어 제품들은 UAE를 비롯한 중동 시장에 수출되고 있다는 사실이 보고되고 있다.

또한 글로벌사우스 국가들은 한/중/일 동아시아 국가와 비교할 때 피부 특성, 기후, 문화 등이 확연하게 다르기 때문에 코스맥스가 일찍이 인도네시아 현지에 공장 인프라를 구축해 놓은 건 미래를 본 현명한 투자일 수 있다. 한국에서 주로 팔리는 밝은 톤의 21호 제품을 동남아시아에 수출하면 호기심에 한두번 써볼 수는 있겠지만, 실제로 사용해보면 부자연스러울 것이기에 반복 구매가 일어나기 쉽지 않을 것이다. 또한 이슬람 문화권은 여성이 얼굴 주변을 가리는 히잡을 주로 쓰기에 눈을 강조하는 강렬한 아이메이크업 제품이 인기가 많은 편인데, 인도네시아 현지에서 제조 및 마케팅까지 할 수 있으니 이와 같은 문화 요소들을 반영한 제품들을 맞춤형으로 생산하기 적합하다.

코스맥스 동남아시아지역 매출 추이

년도	2018	2019	2020	2021	2022	2023 상반기
매출(억원)	106	394	310	591	868	517

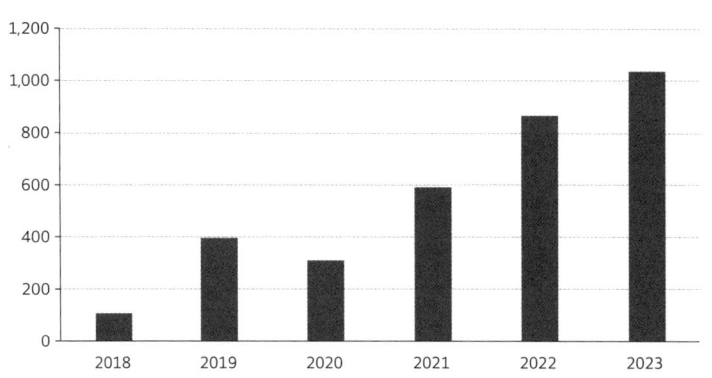

출처: 코스맥스 연간 실적발표자료, 2023년 차트는 상반기 실적 연환산

3. 롯데케미칼
고진감래, 롯데그룹의 타임머신 전략

짠드라아스리를 설명할 때 롯데케미칼을 잠깐 언급했었다. 계획대로라면 5조 원을 들인 NCC 설비가 2025년 완공될 예정이며, 위치는 짠드라아스리 NCC 인근이다. 롯데그룹은 차세대 중국 시장으로 동남아시아를 주목했으며, 수십 년전부터 본격적인 동남아시아 진출을 타진해 왔다. 동남아시아 시장을 전략적 거점으로 삼겠다는 의지를 오랫동안 보여주었다. 동남아시아 곳곳에 롯데마트 점포를 확장해왔으며, 하노이 복합쇼핑몰 프로젝트에 활발히 참여하는 등 베트남에도 큰 관심을 기울이고 있다.

롯데케미칼 인도네시아 LINE 프로젝트 위치는 짠드라아스리의 설비가 위치한 찔레곤이다. 찔레곤에 생산 설비를 구축하는 이유는 기존에 설치되었던 롯데케미칼타이탄 인도네시아[FPNI]LC Titan Indonesia의 폴리에틸렌 설비, 부지를 이용할 수 있기 때문이다. 이곳에서는 에틸렌 100만 톤, 프로필렌 52만 톤, 폴리에틸렌 45만 톤, 폴리프로필렌 25만 톤 등이 생산될 예정이다. 현재 에틸렌 생산 능력은 90만 톤이지만 많은 종류의 화학제품을 팔고 있는 짠드라아스리의 연매출이 약 3조 원 수준이다. 완공 후 가동률이 정상화되면 이와 비슷하거나 살짝 낮은 2.5~3조 원 정도의 연매출이 나올 것으로 추정된다.

2023년 9월 12일 조코위 대통령은 찔레곤 롯데케미칼 현장을 방문하여 "공정률이 73%에 이르러 2025년 3월 완공 후 테스트를 거쳐 즉시 생산에 돌입할 것"이라 밝혔다. 이어서 이 곳에서 생산되는 석유화학 제품의 70%는 내수, 30%는 수출할 계획이며, 예상 고용 인원은 13,000여 명이라고 말했다. 인도네시아 정부 입장에서 롯데케미칼은 고마운 존재다. 인도네시아 대표 석유화학 기업 짠드라아스리는 1989년 설립되어 오랜 역사를 지닌 회사로, 1997년 아시아 외환위기 때 파산할 뻔하다가 겨우 살아나고, 이후 지주사 바리또 퍼시픽의 다른 석유화학 회사 트리폴리타와 합병하며 지금의 몸집을 겨우 갖췄다. 그런데 한국의 한 기업이 갑자기 5조 원을 투자해서 에틸렌 생산 능력 100만 톤 규모의 NCC 크래커를 만들어준다하니 인도네시아 정부 입장에서는 내심 큰 기회로 보았을 것이다.

롯데케미칼이 인도네시아에 50억 달러를 투자해 대규모 유화 단지를 만들겠다고 밝힌 최초 시점은 2012년 2월(2012년 2월 3일 보도 및 공시)이다. 그간 부지 확보 문제 및 인도네시아 정부와의 협의 과정으로 시간이 어느 정도 지체되었고 결국 예정보다 투자 규모를 39억 달러로 조금 줄이긴 했지만, 10년 이상 그룹이 공들여 온 현지 진출이 곧 가시화될 예정이다.

다만, 현재 롯데케미칼의 인도네시아 투자는 석유화학 다운사이클이 장기화되는 지금 시점에서 좋은 평가를 받고 있는 상황은 아니다. 오히려 롯데케미칼이 호황기 시절 기억을 버리지 못하고 범용 화학 제품 증설에만 몰두해 배터리 소재 등 차세대 산업에 투자할 기회를 놓쳤다고 보는 투자자들이 많다. 하지만 10년 이상의 긴 기간을 인도네시아에서 인내해 온 롯데케미칼이다. 석유화학 시황은 예측이 거의 불가능에 가깝지만, 언젠가 상승 사이클이 다시 찾아올 때까지 인내한다면 투자의 결실을 볼 수 있을 것이다.

현대차 인도 법인을 높은 밸류에이션에 인도 증시에서 IPO를 추진하는 사례에서 미뤄보듯이, 롯데케미칼도 인도네시아 증시에 IPO를 하며 자금을 조달하는 방안도 충분히 고려해볼 수 있다. 인도네시아에서 석유화학산업은 고성장이 기대되며 높은 밸류에이션을 받는 산업이다. 짠드라아스리가 2024~2025년에도 높은 시가총액을 유지한다면, 짠드라아스리와 비슷한 수준의 생산 능력을 자랑하는 롯데케미칼 인도네시아도 짠드라아스리와 유사한 고밸류로 상장하며 충분히 자금 조달을 추진해볼 수 있을 것이다. 경쟁 석유화학 회사가 롯데케미칼처럼 인도네시아 현지 정부의 인허가를 받으려면 수십 년이 걸려도 모자랄 수 있다.

롯데케미칼 인도네시아 부지 사진

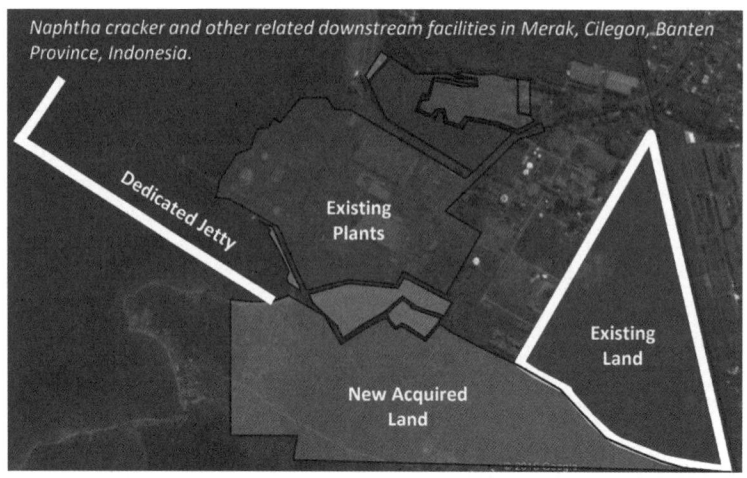

2023년 LINE 프로젝트 진행 위성사진

출처: 2023년 2분기 롯데케미칼타이탄 IR자료

4. KCC글라스

인도네시아 건설/인프라 수혜주

KCC글라스는 인도네시아 제1의 바틱 생산도시 쁘깔롱안Pekalongan 인근 바탕Batang에 유리 공장을 짓고 있다. 2021년부터 착공해 2024년에 완공 예정이며, KCC글라스 입장에서는 여주 공장에 이은 두 번째 신규 공장이다. 완공되면 43.8만 톤의 판유리 생산이 가능할 것으로 전망된다. 이는 국내 여주 판유리 공장의 최대 생산 능력의 약 1/3 수준 규모다. 인도네시아는 동남아시아에서 가장 큰 건설 시장이며, 유리 수요가 높다. KCC글라스는 이런 인도네시아 시장에 직접 판매할 수 있는 현지 생산 기반을 구축하려고 한다.

바탕 산업 단지Batang Industrial Park는 인도네시아 정부가 지역 균형 발전을 위해 전폭적인 지원을 약속하며 추진하는 국가 전략 프로젝트 '그랜드 바탕 시티'의 일부로, 스마트하고 지속 가능한 산업 단지를 조성하는 것이 목표다. 이를 통해 자카르타 인근 지역에만 너무 쏠린 해외 직접 투자를 분산시키고자 한다.

바탕 산업 단지는 언덕에 위치해 있어 깨끗한 산업 용수를 원활히 공급받을 수 있으며, 홍수로 물에 잠기지 않는다. 또한 바탕의 최저임금은 자카르타의 절반 이하 수준이기 때문에 인건비 측면에서 유리하다. 바탕이 속한 중부 자바의 2023년 최저임금은 196만 루피아로, 자카르타의 최저임금인 490만 루피아 대비 절반 이하다. 항만 접근성도 우수해 85킬로미터 떨어진 스마랑 탄중마스Tanjung Mas항을 통해 바다로 진출할 수 있다. 탄중마스항에서 북쪽으로 조금만 가면 인도네시아 깔리만탄의 신수도 예정지 누산타라다. 신수도 건설을 위해 대규모 건설 프로젝트가 오랜 기간 이어질 상황에서 KCC글라스는 시의적절하게 요충지에 자리잡았다.

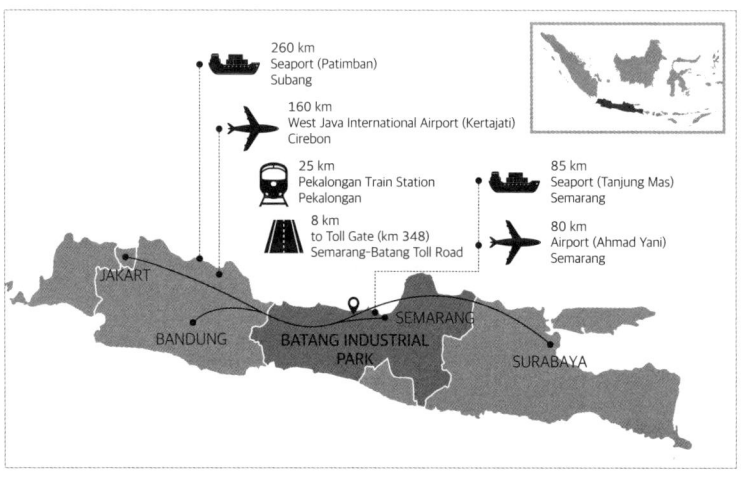

출처: Batang Industrial Park

KCC글라스의 투자는 인도네시아 정부와 지자체의 적극적인 지원을 받고 있다. 조코 위도도 대통령은 2021년 4월 21일 KCC글라스 공장 기공식을 앞두고 미리 방문한 자리에서 KCC글라스의 공장 건설을 환영하고, 이 유리 공장이 동남아시아 최대 규모가 될 것이라고 말했다. 중부 자바는 봉제업과 같은 노동집약적 산업이 주를 이루었으나, KCC글라스의 투자로 기술집약적 산업의 중심지로 확장하게 되었다. 이에 인도네시아 정부는 아직 시작 단계에 불과한 바탕 산업 단지에 안정적으로 전력을 공급하기 위해 기존 변전소에 더해 인근 도시 쁘깔롱안에 90메가와트 규모의 변전소를 새로 지을 예정이다.

인도네시아 신수도 이전 사업은 해외 수주에 목말라 있던 건설, 건설 기계, 건자재 기업에게 있어 중동 시장의 대안이 될 수 있다. 국내 내수를 뛰어 넘어 해외 시장 진출 비전을 품고 있는 KCC글라스에게도 큰 기회다. 단기적으로는 인도네시아 유리 공장에서 수도 자카르타 인근 및 신수도 건설에 들어가는 건축용 판유리를 공급할 것으로 보인다. 인도네시아 부동산 경기는 여전히 강하며, 고층 빌딩에 들어가는 고급 가공 유리 수요도 이어질 전망이다.

중장기적 관점으로 접근한다면 LG화학, 현대 자동차 등 한국의 주요 기업들과 협력할 수 있는 기회가 마련될 것이며, 특히 현대 자동차 인도네시아 현지 공장에 들어가는 자동차용 안전 유리를 공급할 가능성도 있다. 인도네시아의 거대한 인구, 견조한 인구 성장률, 경제 성장률, 저렴한 인건비, 대규모 건설 프로젝트, 한국 대기업과의 연계 등을 고려한다면 인도네시아 진출은 적합한 판단일 수 있다.

5. 제이씨케미칼

칼리만탄 신수도 인근 팜농장을 주목하라

제이씨케미칼의 사업은 두 가지로 나뉜다. 바이오 연료(바이오 디젤)와 팜오일이다. 바이오 연료란 바이오 매스에서 얻는 연료로 유기체, 식물성 연료, 동물의 배설물 등을 포함하는 개념이다. 2022년 사업보고서에 따르면 바이오 연료 매출은 4,500억 원으로 비중은 88%다. 한편 팜 플랜테이션에서 발생한 매출은 618억 원으로 비중은 12%다. 여기서는 지금은 이 회사 매출 비중의 12%만 차지하지만 성장세는 가파른 팜 플랜테이션 사업을 중심으로 다룬다.

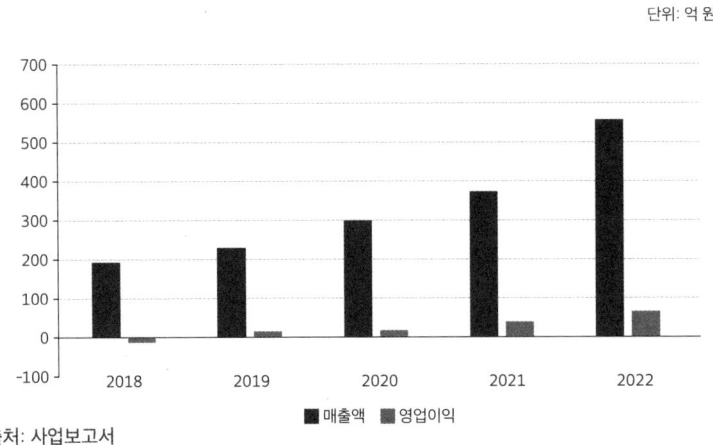

제이씨케미칼 팜 플랜테이션 실적

출처: 사업보고서

제이씨케미칼은 2012년 10월 인도네시아 동부 칼리만탄에 위치한 팜오일 플랜테이션 농장을 인수했다. 바이오 디젤의 주 원료가 팜유였기에, 인도네시아 팜유 농장을 취득하면 바이오 에너지 수직 계열화를 위한 시너지가 나기 때문이라 추정한다. 팜오일 플랜테이션 사업은 이 회사의 신성장 동력 확보를 위한 핵심 전략 사업이었고, 향후에 중추 역할을 담당할 것으로 기대되는 사업이다. 제이씨케미칼 자회사로 싱가포르의 링크드 홀딩스Linked Holdings PTE. Ltd가 있고, 다시 이 기업 밑으로 플랜테이션 운영 법인 니아가마스 게밀랑PT. Niagamas Gemilang, 숙세스 비나 알람PT. Sukses Bina Alam이 있다. CPOCrude Palm Oil 정제소까지 2016년에 지어 놓았기에 팜플랜테이션 농업 수직 계열화를 이루었다. 아울러 니아가마스 게밀랑은 2020년 35년 연한으로(만기연장 가능) 일부 토지에 대해 토지경작권Hak Guna Usaha, HGU를 취득했고, 단계별로 전체 면적으로 HGU를 취득할 계획이다.

팜 플랜테이션 사업을 하는 한국 기업은 포스코인터내셔널, LX인터내셔널, 삼성물산, 제이씨케미칼 정도다. 팜유 산업은 우리나라 소비자에게 그렇게 크게 와닿지 않는다. 한국농수산식품유통공사가 발간한 〈2022 가공식품세분현황 식용유 시장 리포트〉에 따르면, 국내 식용유 시장은 B2B 시장이 80~90%, B2C 시장이 10~20%에 불과하다. 그런데 마트에서 쉽게 볼 수 있는 가정용 식용유 품목이 올리브유30.0%〉카놀라유 25.4%〉대두유 17.2%〉포도씨유

12.0%〉해바라기씨유 5.0%로, 팜유는 찾아볼 수 없다. 팜유는 높은 포화지방 함유율 때문에 건강에 해롭다는 인식이 국내 소비자들에게 있기 때문이다. 대신 팜유는 보존성이 좋아 B2B로 사용되는데, 라면, 과자가공, 마가린, 쇼트닝, 튀김유 등으로 쓰인다.

미국농무부USDA 자료에 따르면 팜유는 전 세계 식물성 기름 총 소비량 2억 1,300만 톤의 36%인 7,600만 톤을 차지할 정도로 널리 쓰이는 식용유다. 대량의 기름을 수확할 수 있어 저렴하다는 장점 때문에 특히 인도네시아, 인도, 중국 등 개발도상국에서 많이 소비한다.

국가별 팜오일 소비량

단위: 1,000톤

국가	인도	인도네시아	중국	EU	말레이	기타	총계
2018년	9,085	13,485	6,862	6,600	3,522	39,554	70,935
2019년	8,459	14,595	6,200	6,575	3,559	39,388	71,065
2020년	9,214	15,700	6,650	6,360	3,242	41,166	73,115
2021년	8,146	17,804	5,150	4,950	3,303	39,353	71,076
2022년	8,946	18,000	6,950	5,300	3,615	33,228	76,039

출처: USDA, Palm Oil : World Supply and Distribution, 2023.02

하지만 소비량이 아닌 시장 규모로 따지게 되면 팜유의 비중은 14% 정도에 불과하다. 이는 그만큼 팜유가 저렴한 작물이고, 대량으로 수확할 수 있기 때문이다. 팜나무의 경작지 면적은 전체 식물성 기름 경작지의 10% 수준에 불과하다. 즉, 동일 면적에 팜나무를

심으면 다른 식물보다 10배의 기름을 뽑아낼 수 있을 정도로 매우 경제적인 작물이다.

2021년 세계 식용유 유형별 시장 규모

단위: 10억 달러

구분	올리브유	옥수수기름	팜유	유채유	콩기름	해바라기유	기타
규모	16.7	4.4	14.4	9.0	17.5	20.0	22.7
비중	16.0%	4.2%	13.8%	8.6%	16.7%	19.1%	21.7%

출처: Euromonitor International

팜나무의 에너지부존량이 크기에 한때는 바이오매스 신재생에너지원으로 크게 각광을 받았던 시절이 있었다. 하지만 팜 플랜테이션을 경작하기 위해서 열대우림에 산불을 내는 사태가 종종 발생하자 요즘은 지속가능한 에너지원으로 보지 않는 추세다. 그리고 팜 플랜테이션이 열대우림 파괴의 주범이라는 국제 사회의 비난을 받자 인도네시아도 팜 플랜테이션 신규 진입 및 확장 허가를 좀처럼 내주지 않고 있어 진입 장벽이 더욱 높아지고 있다.

흥미로운 점은 제이씨케미칼의 팜 플랜테이션 농장이 인도네시아 신수도와 불과 100킬로미터 밖에 떨어져 있지 않아 차로 3시간 거리라는 것이다. 즉, 이 기업의 농장 부지의 가치가 중장기적으로 오르며 재평가될 것이라는 기대감이 있다. 차기 대통령은 2024년 8월 17일 신수도 누산타라에서 독립기념일 기념식을 진행할 예정이며, 이 날 인도네시아 국가의 새로운 비전을 선포할 예정이다.

신수도-제이씨케미칼 팜농장 차량 이동 거리

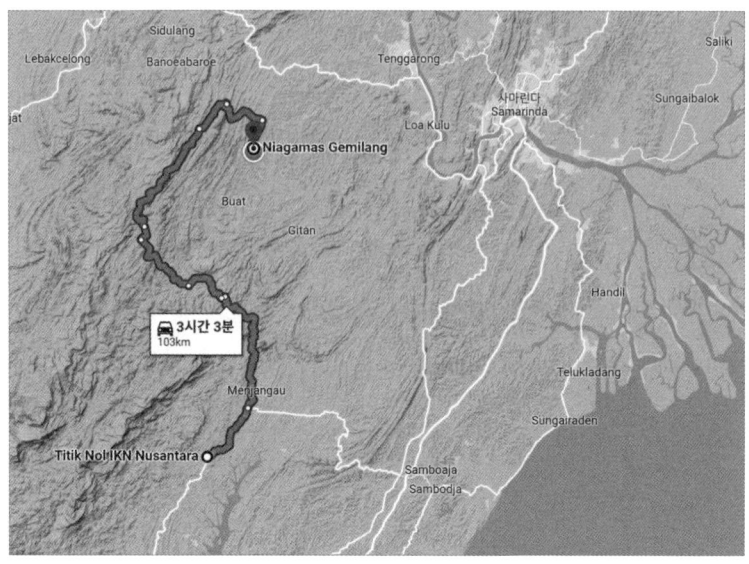

6. LX인터내셔널
두말할 필요 없는 인도네시아 전통 강자

    LX인터내셔널이 계열사 분리하기 전인 LG상사였을 시절에 취업 면접을 보러 간 적이 있다. 상사맨에게 엘리트 이미지가 있어서인지, 다대다 면접 당시 엄청난 스펙의 소유한 지원자들이 정말 많았던 것으로 기억한다. 아쉽게도 그 면접 자리에서 탈락의 고배를 마셨지만, 아직도 기억나는 면접관의 말이 있다.

    "여러분들, 저희 회사는 인도네시아가 제2의 고향인 거 아시죠?"

물론 인도네시아가 제2의 고향이라는 말은 LX인터내셔널의 공식 의견이 아니다. 하지만 2022년 실적을 보면 인도네시아가 이 회사의 주력 사업장라는 것이 확연하게 보인다. 2022년은 석탄 가격 급등으로 석탄 실적이 좋았음을 감안해도 이 기업의 메인은 인도네시아 사업이다.

LX인터내셔널 2022년 영업이익

사업	자원	트레이딩/신성장	물류(판토스)	총계
영업이익(억)	3,438	2,489	3,728	9,655
비중	35.6%	25.8%	38.6%	100%

출처: 사업보고서

- 자원: 석탄(인니·중국·호주), 팜오일(인니 팜농장 3개, 22,000ha)
- 트레이딩/신성장: 트레이딩(석탄·팜오일·니켈·석유화학), 인프라, 발전소
- 물류: 포워딩, W&D(물류센터, 수송), 전자상거래 물류 통합 플랫폼

LX인터내셔널의 전신 LG상사는 2007년 인도네시아 MPP 광산 지분을 인수하면서 본격적으로 자원 개발 사업을 시작했다. 당시 인도네시아 석탄 광산 인수는 국내 종합상사가 참여한 해외 광산 프로젝트 중 탐사부터 개발까지 직접하여 채굴까지 성공한 최초의 사례였다. 2012년에는 GAM 광산을 인수하며 석탄 포트폴리오를

확장했다.

2009년엔 칼리만탄주 1.6만 헥타르 면적의 팜농장을 인수하며 팜오일 산업에 진출을 시작했다. 2012년 확보한 팜농장 내에 팜오일 생산 공장을 준공하며 팜오일 산업 수직계열화를 실현했다. 2018년에는 팜농장 2개를 추가로 인수해 현재의 2.2만 헥타르 면적 규모까지 확보했다.

그동안 LX인터내셔널은 인도네시아의 석탄, 팜오일 자원을 직접 채굴 및 재배해 이를 트레이딩하며 돈을 벌었다. 하지만 중장기적으로 볼 때, 석탄 수요는 신흥국에서는 증가할 것으로 예상되지만 선진국에서는 감소할 것으로 예상되는 상황이다. 또한 팜오일이 바이오 디젤로 활용될 수 있으나, 산불로 인한 환경 오염의 주범이라는 비판을 받고 있기에 국제적으로 제재가 가해질 가능성이 있다. 즉, 석탄과 팜오일 산업의 비중을 앞으로도 계속 높게 유지하면 ESG 경영상 문제점으로 지적받을 가능성이 있어 기관 투자자들에게 외면받게 될 수 있다. 따라서 LX인터내셔널은 현재의 안정적인 현금흐름에 안주하지 않고 차세대 먹거리를 개발하고자 한다.

LX인터내셔널의 2018~2020년 실적을 보면 연간 영업이익이 1,350억~1,650억 원 사이 수준이었다. 그런데 2020년 6,562억, 2021년 9,655억, 2023년 상반기 2,909억 원 영업이익을 기록하며 많은 돈을 벌었다. 석탄 가격 상승으로 벌어들인 돈을 이제 잘 선별하여 재투자를 해야 하는데, 여러 선택지가 있다. 그 중 하나가 인도네시아 니켈 산업이다.

    삼원계 배터리는 수요가 지속적으로 늘어날 것이 분명해보이는 상황이다. 인도네시아 사업에 잔뼈가 굵고 머리가 좋은 전문인력들을 갖추고 있으며, 오랜기간 인도네시아 핵심 인사들과 네트워크를 잘 구축해 놓은 LX인터내셔널은 인도네시아 니켈 광산 및 제련사업 진출에서 유리한 고지를 점할 수 있다. 또한 LX인터내셔널은 LG에너지솔루션, LG화학, 포스코퓨처엠, 인도네시아배터리공사, 인도네시아 아네까땀방, 중국 화유코발트 등이 공동으로 참여하는 90억 달러 투자 규모의 LG컨소시엄의 일원이기도 하다. LX인터내셔널의 계획대로라면 이 컨소시엄에서 의미있는 수준의 니켈 광물 채굴 및 수급을 담당할 예정이다. LX인터내셔널은 2023년 11월 7일 공시를 통해 1,329억 원을 지불하고 인도네시아 PT. AKP(PT. Adhi Kartiko Pratama) 니켈광산 지분 60%를 인수하여 PT. AKP 광산 생산물량 전량에 대해 영구구매권한을 확보하기로 결정했다. PT. AKP는 인도네시아 증시에서 [NICE]라는 티커로 상장되어 거래되고 있고, 최대 주주는 PT. EBI(PT. Energy Battery Indonesia)인데, 이 PT.EBI의 지분 99.99%를 들고 있는 최대 주주가 LX인터내셔널이다.

7. 현대자동차

도요타의 아성에 도전한다

인니 자동차 시장은 아직은 일본 밭이다. 하지만 변화가 일어나고 있다. 다음 페이지의 표는 2022년과 2023년 1년 사이에 인도네시아 자동차 시장점유율에 어떤 변화가 있었는지 보여준다.

2022년과 2023년 1~9월 데이터를 비교해보면 1년만에 현대차 점유율이 8위에서 6위로 올랐고, 비중도 3.0%에서 3.5%로 크게 올랐다. 2022년 인도네시아 내 연간 현대차의 판매 대수는 3.2만 대이지만, 향후 더 높은 매출 성과를 거둘 것으로 기대된다.

다만 현재는 시장점유율 상위 10개 기업 중 한국의 현대자동차와 저가형 중국 전기차 브랜드 우링만 일본산 자동차가 아니라고 볼 수 있을 정도로 일본차가 강세다. 대형트럭 브랜드 미쓰비시 후소의 경우 지분 대부분을 메르세데스-벤츠가 갖고 있기는 하나, 전신이 미쓰비시 그룹이라 일본 관계사라고 봐야 한다.

인도네시아에서 생산되는 차량의 대부분은 일본 제품이며, 인도네시아 현지 파트너와의 합작공장이나 100% 지분 소유 공장을 통해 만들어진다. 인도네시아 자동차 시장의 중심은 세단이 아니라, SUV 또는 7~9인승 미니밴(MPV)이다. 세단보다 SUV나 MPV가 더 선호되는 이유는 여러 가지다. 인도네시아는 대가족 중심 문화이기 때문에 온 가족이 탑승 가능한 차량이 필요하고, 전반적으로 도

2022년 인도네시아 자동차 브랜드 시장점유율(도매)

국적	모기업, 그룹	브랜드	판매대수	비중
일본	도요타	도요타	331,410	31.6%
일본	도요타	다이하쓰	202,665	19.3%
일본	혼다	혼다	131,280	12.5%
일본	닛산, 미쓰비시	미쓰비시	99,051	9.5%
일본	스즈키	스즈키	90,408	8.6%
독일	메르세데스-벤츠	미쓰비시 후소	37,586	3.6%
일본	이스즈	이스즈	36,646	3.5%
한국	현대	현대자동차	31,965	3.0%
일본	도요타	히노	30,853	2.9%
중국	우링	우링	29,989	2.9%
기타			26,187	2.6%

2023년 1~9월 인도네시아 자동차 브랜드 시장점유율(도매)

국적	모기업, 그룹	브랜드	판매대수	비중
일본	도요타	도요타	246,382	32.6%
일본	도요타	다이하쓰	147,551	19.5%
일본	혼다	혼다	108,007	14.3%
일본	스즈키	스즈키	60,540	8.0%
일본	닛산, 미쓰비시	미쓰비시	58,139	7.7%
한국	현대	현대자동차	26,505	3.5%
독일	메르세데스-벤츠	미쓰비시 후소	24,296	3.2%
일본	이스즈	이스즈	24,130	3.2%
일본	도요타	히노	20,591	2.7%
중국	우링	우링	14,480	2.9%
기타			24,552	2.4%

출처: GAIKINDO

로 상태가 좋지 않은 편인데다 자카르타 도심은 홍수가 나면 자주 물에 잠겨 바닥 층고가 높은 차가 선호받는다. 2021년 자동차세 정책 변경되어 세단과 SUV, MPV의 세율이 10%로 같아지기는 했지만, 이전엔 세단 차량에 40%의 사치세가 적용되었다는 점도 세단을 꺼리게 되는 요인이었다. 참고로 인도네시아에서 오랜 기간 인기가 많았던 자동차 대표 브랜드는 도요타 자회사 다이하쓰에서 생산한 아반자Avanza인데, 이 차 역시 7인승 MPV다. 도요타, 혼다 등은 동남아시아에서 자동차 사업을 통해 오랜 기간 막대한 돈을 벌어 본국으로 보냈고, 이 돈은 일본 주주 배당 및 정부향 법인세로 빠져나가며 일본 국부 축적에 기여했다.

인도네시아는 전 세계적으로 가솔린에서 전기 동력으로 자동차 패러다임이 바뀌는 구간에서 새로운 기회를 잡고 싶어한다. 전기차 인프라 및 생태계를 자국 내에 구축하고 싶어하며, 2025년까지 250만 명의 전기차 사용자를 확보하는 것을 목표로 전기차 시장을 키우려 하고 있다. 동시에 글로벌 브랜드에게 자국 내에 공장을 지으라는 러브콜을 꾸준히 보내고 있다. 2022년 6월 애플의 협력사 대만의 폭스콘과 전기스쿠터 고고로가 공동으로 인도네시아에 80억 달러(10.8조 원)을 투자하여 EV를 생산하겠다고 밝혔다. BYD는 2024년 1월에 13억 달러를 투자해 인도네시아 EV공장을 짓겠다고 공식 발표했다. 전기차 부가가치세를 11%에서 1%로 인하할 정도로 정부의 세제 혜택도 파격적으로 이뤄지고 있다. 2023년 8월

로이터에 따르면 아직 인도네시아 도로 위를 달리는 자동차 중 전기차의 비중은 1% 미만에 불과하다고 하니, 아직은 갈 길이 멀지만 인도네시아 정부가 역점을 두고 있는 만큼 가능성은 충분하다.

현대자동차는 인도네시아 정부에 호응하여 자사 프리미엄 전기차 아이오닉IONIQ을 인도네시아 현지에서 생산해 EV 시장을 선점하며 반전을 꾀하고 있다. 2019년 인도네시아 정부와 MOU를 체결해 인도네시아 직접 생산에 뛰어들었다. 특히 일본 브랜드들이 다소 소극적인 전기자동차 분야에 현대차는 큰 강점을 가지고 있는데, 이를 통해 일본이 장악한 인도네시아 시장 전세를 뒤집으려 하고 있다. 현대자동차는 2023년 1~7월 인도네시아에서 전기차 3,913대를 판매해 해당 기간 점유율 56.5%를 기록하며 시장을 선도하고 있다. 다만 세제 혜택 등에도 불구하고 현대자동차의 전기차는 다소 비싼 편이다. 인도네시아에서 아이오닉5의 가격은 6억 8,200만 루피아(약 5,800만 원)부터 시작하는데, 중국의 EV메이커 우링의 경차모델 에어 EV 라이트Air EV Lite와 세레스Seres의 E1이 190만 루피아(1,600만 원) 가격대의 매우 저렴한 전기차를 출시했다.

가성비와 성능을 동시에 충족하고자 하는 현대의 SUV 크레타Creta 또한 2억 9,100만 루피아(약 2,500만원 수준) 전후 가격 수준으로 현지 시장을 공략하고 있다. 이외에도 고급 SUV 라인인 산타페, 팰리세이드도 판매하며 프리미엄 라인도 함께 구비했다. 도요타의 효자 상품 아반자를 겨냥해 스타게이저Stargazer도 출시했다. 도요타의 아반자는 2억 3,500만~2억 7,300만 루피아(약 2,000~2,300만 원)로 엄청난 가성비를 자랑하며 중산층 수요를 크게 빨아들였다. 스타게이저 역시 가격을 아반자 수준인 2억 4,700만 루피아(약 2,100만 원)로 크게 낮추며 판매하고 있는데, 상당히 인기가 높다.

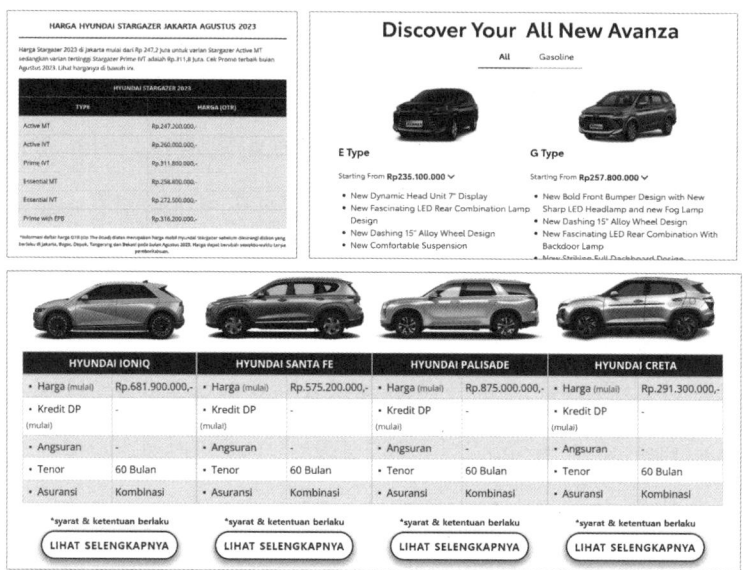

자료: 인도네시아 현지 자동차 딜러 사이트

현대차의 인도네시아 사업의 축은 두 가지다. 하나는 방금 다룬 완성차 시장이며, 자카르타 동부 브까시Bekasi 델타마스 공단에 생산시설이 있다. 다른 하나는 LG에너지솔루션과의 합작하여 만든 HLI그린파워Hyundai LG Indonesia Green Power 까라왕Karawang 공장이다. 다음에 다룰 LG에너지솔루션에서 이를 좀 더 자세히 소개하겠다.

8. LG에너지솔루션

니켈 부국 인도네시아와 손을 잡다

LG에너지솔루션은 반도체에 이어 한국의 미래를 먹여 살릴 차세대 산업인 배터리셀 분야에서 압도적인 글로벌 경쟁력을 갖춘 기업이다. 이 거대 기업은 현대차그룹과의 합작법인 HLI그린파워를 해외 진출의 교두보로 삼고자 한다. HLI그린파워의 공장은 2023년 8월 경에 준공되어 현 규모는 10기가와트시로, 2024년 2분기부터 가동되기 시작했으며, 위치는 인도네시아 까라왕 지역이다. HLI그린파워 전체 투자금은 11억 달러(약 1.5조 원)의 상당히 대규모의 투자다. 이 공장에서 양산되는 배터리셀은 NCM 배터리와 NCMA 배터리이며, 현대차그룹 전기차에 탑재된다. 전기차 완성차 브랜드 현대차와 더불어 배터리셀 업체 LG에너지솔루션까지 인도네시아에 진출한 것은 굉장히 의미가 크다. 향후 한국 핵심 산업의 두 축은 반도체와 배터리(전기차)다. 이 두 거대 산업 중 배터리 분야에서 상당한 수준으로 인도네시아와의 협업이 이뤄지고 있으며, 앞으로 두 국가 간 경제적 파트너쉽이 크게 강화될 것이다.

그동안 LG에너지솔루션은 중국이 여러 루트를 통해 확보해놓은 제련된 니켈이 들어간 전구체를 주로 사용해왔다. LG에너지솔루션 입장에서 중국의 의존도를 줄이려면 배터리셀의 핵심 니켈을 가장 많이 생산하고 보유한 국가인 인도네시아와의 협력이 필수적이었다. 또한 고압산침출법으로 인도네시아산 리모나이트 산화광에서 황산니켈을 생산하는 과정에서 희귀 광물인 코발트 부산물이 나오기 때문에 더욱 적극적으로 진출할 필요성이 생겼다. 그렇기에 에코프로, 포스코, LS-L&F, 고려아연, 엔켐 등 한국 배터리 밸류체인 기업들이 인도네시아에 적극 관심을 보이고 있다.

LG컨소시엄에 대해서는 주요 의사결정권자 사이에서 많은 논의가 이루어지고 있는 것으로 추정된다. LG에너지솔루션과 LG화학이 주도하는 이 컨소시엄에 포스코홀딩스, LX인터내셔널이 한국 기업 멤버로 포함되어 있다. 프로젝트 규모는 약 90억 달러(약 12조 원)다. 2023년 10월 26일 바흘릴 라하달리아Bahlil Lahadalia 인도네시아 투자부 장관은 LG컨소시엄의 양극재 공장이 중부자바 바탕통합산업단지Kawasan Industri Terpadu, KIT에 건설될 것이라 밝혔다. 이 지

HLI그린파워 공장 전경

역은 KCC글라스 현지 공장과 가까우며, 애플카가 백지화된 시점에서 애플 최대협력사 폭스콘의 EV 투자가 불투명하긴 하지만, 이 회사의 인도네시아 전기차 투자가 만일 현실화된다면 이 지역에 이뤄질 가능성이 있다. LG컨소시엄 관련 소식은 빠른 속도로 업데이트 되고 있기에 지속적으로 현황을 체크해야 한다.

인도네시아의 낮은 1인당 국민소득을 고려해볼 때, 이 나라의 내수용 전기차 시장은 중저가형 전기차가 메인스트림이 될 것이다. 그런데 중저가형 전기차는 주로 니켈이 필요없는 LFP 배터리를 사용한다. 5,000만 원이 넘는 현대차의 아이오닉은 에너지 밀도가 높은 고가의 하이니켈 배터리를 쓰지만, 1,600만 원대의 중국 소형전기차는 저렴한 LFP 배터리를 탑재한다. LFP 배터리의 최대 단점 중 하나는 기온이 낮은 겨울철에 주행거리가 크게 감소한다는 건데, 인도네시아는 열대 국가이므로 이 나라에서 주행하는 LFP 배터리 탑재 전기차는 그 단점을 걱정할 필요가 없다.

인도네시아 공장에서 만든 배터리셀과 전기차는 니켈 배터리가 들어간 고가 전기차지만, 인도네시아 자국 내에서 소화할 수 있는 내수용 고가 전기차 판매는 제한적이다. 인도네시아 국민소득을 고려하면, 고가 전기차 수요보다 중저가 전기차 수요가 많을 것이기 때문이다. 따라서 인도네시아 내에서 생산된 배터리, 전기차는 필연적으로 수출을 염두에 두어야 한다. 그리고 수출에 있어 가장 중요한 이슈는 미국-인도네시아 니켈 FTA 체결 여부다.

LG에너지솔루션 입장에서는 인도네시아 니켈이 미국 IRA 지원금 적용 대상이 되는지 여부가 확실하게 결정이 나야 추후 대규모 투자 의사 결정에 부담이 적어진다. 인도네시아가 현재 미국과 FTA 체결이 되어있는 국가가 아니기에 인도네시아산 니켈 등 주요 제품에 한해 FTA를 체결하는 방안을 미국과 인도네시아가 협상 중이다. 미국은 IRA에 따라 북미에서 조립한 전기차에만 대당 최대 7,500달러의 보조금 혜택을 주며, 이 중 절반인 3,750달러 세액 공제는 배터리 광물의 40% 이상을 미국 또는 미국과 FTA를 체결한 국가에서 채굴, 가공해야 받을 수 있다.

만약 인도네시아 니켈에 IRA 적용이 안 되면 인도네시아는 글로벌 전기차 밸류체인에서 큰 기회를 놓치게 되며, 기껏 잡아놓은 여러 해외 기업들의 투자 규모도 축소될 수 있다. 2024년 11월에는 미국 대선이 있고, 인도네시아 입장에서는 미국 대선 이전에 FTA를 마무리짓고자 노력할 것으로 보인다. 미국 대통령 선거 후 당선된 대통령이 전기차 산업 지원 기조를 지속적으로 이어간다면 문제가 없지만, 만약 전기차 산업에 우호적이지 않은 후보가 당선된다면 사업 불확실성이 매우 높아지기 때문이다.

9. 고려아연
중국산 니켈을 견제할 유일무이한 메기

고려아연이 아연, 납, 금, 은 등 제련 이외에 2차전지 소재 사업을 하고 있다는 건 이제는 널리 알려져 있다. 고려아연의 2차전지 소재 사업은 네 가지 축으로 분류할 수 있다. 첫 번째는 자회사 케이잼을 통해 진행 중인 배터리 음극재를 감싸는 동박 사업, 두 번째는 자회사 켐코KEMCO가 생산 중인 황산니켈 사업, 세 번째는 2차전지 양극재의 전구체 사업, 마지막 네 번째는 현대차그룹 등과 파트너쉽을 통해 구축 중인 폐배터리 사업(배터리 재활용 사업)이다.

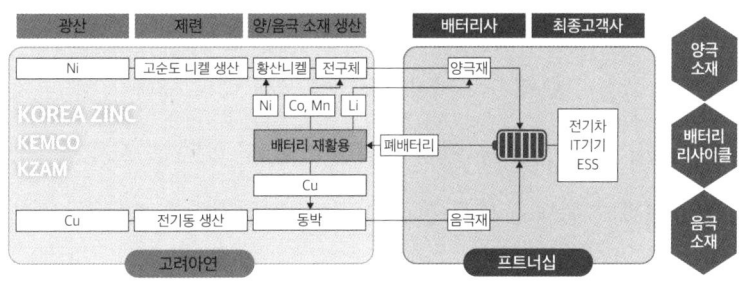

고려아연이 인도네시아와 접점이 있는 사업 부문은 자회사 켐코의 황산니켈과 전구체 사업인데, 여기서 현대차그룹, LG그룹과의 협력이 이뤄지고 있다. 현대차그룹은 해외계열사 HMG 글로벌을 통해 고려아연에 5,272억 원을 투자했고, 고려아연은 현대차로부

터 받은 돈의 일부(약 1,500억 원)를 투자해 자회사 켐코 지분율을 더 높일 계획이다. 참고로 고려아연에 지분을 투자하여 협력관계를 맺고 있는 대표 회사는 현대차그룹, 한화그룹, LG화학이다.

2023년 9월 5일부터 8일까지 윤석열 대통령과 경제사절단은 인도네시아를 방문했는데, 이 일정 중 고려아연 최윤범 회장이 인도네시아 바흘릴 라하달리아 투자부 장관과 단독 면담해 소개한 투자 계획이 있다. 6억 달러(약 8,022억 원) 규모의 투자를 계획인데, 고려아연이 현지 기업과 합작하여 인도네시아에 니켈 제련소를 설립하는 것을 포함하고 있다. 이 제련소는 고온, 고압, 황산을 사용해 니켈과 코발트를 산화광-리모나이트에서 추출하는 고압산침출 기술을 사용하여 니켈 생산의 핵심 원료인 혼합수산화물침전물(MHP)을 연간 4만 톤 생산할 수 있는 시설이 될 것이다.

고려아연은 인도네시아 정부로부터 투자에 대한 세금 감면, 토지 사용 권한, 규제 완화 등 여러 혜택을 받을 수 있다. 인도네시아는 고려아연과의 협력을 통해 광물 가공 기술과 경험을 습득하고, 환경 보호와 지역 발전에 기여할 수 있다. 무엇보다 이번 투자는 인도네시아의 니켈 산업 발전에 크게 기여할 것으로 기대된다. 인도네시아는 세계 최대의 니켈 매장량을 보유하고 있지만, 아직까지 니켈 생산 능력은 부족한 실정이다. 이번 투자로 인도네시아는 니켈 생산 능력을 연간 10% 이상 증가시킬 것으로 예상된다. 그래서 한국과 인도네시아 간 경제 협력 강화에 기여할 것으로 전망된다.

인도네시아는 니켈 제련을 과도하게 중국에 의존하고 있다. 인도네시아에서 흔한 니켈 원광은 리모나이트와 사프로라이트인데, 리모나이트로는 MHP와 MSP 중간재 니켈을 만들 수 있고, 사프로라이트로는 NPI와 페로니켈 중간재로 변환할 수 있다. 그런데 최근 칭산이 NPI 중간재를 니켈매트로 재가공하는 기술을 개발해 인도네시아 전기차 니켈 업사이드를 열어주었다.

중국이 현재 인도네시아 니켈 제련/가공 시장을 꽉 잡고 있는 이유는 MHP, MSP로 가공하는 고압산침출법 제련소와 NPI 제련소들을 술라웨시 말루꾸 인근에 엄청나게 깔아놓았기 때문이다. 이런 중국의 투자를 인도네시아는 한편으로는 환영하면서도 그 진출 속도를 내심 경계하고 있으며, 특히 중국 기업들이 지속적으로 현지 주민들과 갈등을 빚고 생산 과정에서 자연 환경은 신경쓰지 않는 무분별함을 부정적으로 보고 있다.

그런 와중에 비철금속 제련 기술력이 세계적인 수준이라고 알려진 고려아연이 MHP 니켈 제련소를 자국에 짓겠다고 하니 인도네시아 정부 입장에서 반가울 수밖에 없다. 인도네시아 입장에서는 고려아연이 중국을 견제하는 메기 역할을 톡톡해 해주리라 기대할 만하다.

인도네시아에 대규모 현지 투자를 약속한 고려아연은 그 보답으로 안정적인 니켈 원재료 수급을 기대할 수 있다. 구체적으로 인도네시아 투자부는 고려아연측 울산 올인원 니켈제련소에 안정적인 니켈 공급이 가능한 광산 파트너를 선정할 수 있도록 TF를 구성해 협업하기로 했다. 고려아연은 약 5,000억 원을 투자해 울산 온산에 올인원 니켈제련소를 건설하고 있으며, 이중 현대차그룹이 약 3,000억 원을 투자했다. 올인원 니켈 제련소란 고객의 요구에 따라 다양한 니켈 원재료(MHP, 니켈매트, 스크랩, 폐배터리 등)들을 고객에 요구에 따라 황산니켈, 전구체 등 다양한 제품으로 생산할 수 있게 만든 제련소다. 이외에도 LG화학(49%)과 고려아연(51%)의 전구체 생산 합작법인인 한국전구체의 공장도 건설 진행 중이다.

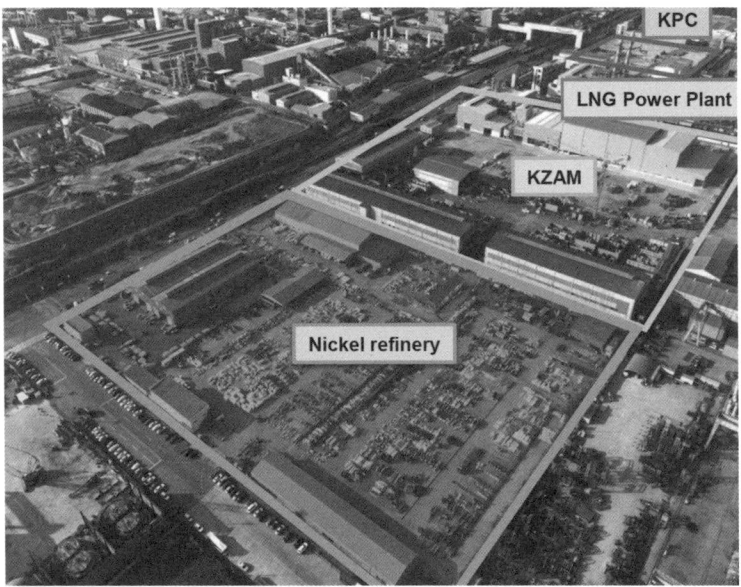

고려아연 니켈제련소 투자계획, 자료: 고려아연 ir

10. 네이버
동남아 국민메신저 라인과 웹툰

아래는 네이버의 동남아시아 기업 2023년 반기 기준 타법인 출자 현황이다. 출자 기업 리스트를 보면 네이버가 동남아시아와 인도네시아 지역에 상당히 관심이 많음을 짐작할 수 있다. 인도네시아 타법인출자 금액은 총 1,815억 원이며, 동남아와 인도까지 포함하면 4,722억 원이다. 미래에셋네이버아시아그로쓰 펀드는 미래에셋 그룹과 합작하여 동남아시아 모빌리티 기업 그랩Grab Holdings에 투자하는 사모펀드다. 네이버는 그랩 이외에도 인도네시아 미디어/테크 그룹 엠텍과, 이커머스 기업 부깔라팍에 중장기적 협업 가능성을 열어놓고 전략적 투자를 집행했다.

2023년 네이버의 동남아시아 타법인 출자 현황

지역	법인명	상장 여부	최초 취득일	최초 취득금액 (억 원)	출자목적
인니	PT Elang Mahkota Teknologi	상장	2021년 03월 26일	1,704	인도네시아 종합미디어 기업 전략적 투자
	Bukalapak	상장	2021년 02월 15일	111	인도네시아 직접투자
동남아 인도	Carousell Pte Ltd	비상장	2020년 09월 14일	749	동남아 스타트업 직접투자
	에스브이에이 콘텐트미디어이호 사모투자 합자회사	비상장	2021년 10월 06일	704	동남아 스타트업 간접투자

Mirae Asset-Naver Asia Growth Investment Pte. Ltd.	비상장	2018년 08월 30일	676	동남아/인도 신성장 기업 발굴 및 투자
KKR Redwood Co-Invest L.P.	비상장	2020년 07월 06일	598	인도통신사 간접투자
미래에셋네이버 아시아그로쓰 사모투자 합자회사	비상장	2018년 08월 30일	182	동남아/인도 신성장 기업 발굴 및 투자

출처: NAVER 2023년 반기보고서

네이버 동남아시아 사업의 핵심은 메신저앱 서비스 라인LINE이다. 네이버는 소프트뱅크와 함께 50:50 지분 비율로 합작해 A홀딩스를 만들었다. A홀딩스는 자회사 LY 코퍼레이션LY Corporation(구 Z홀딩스, [4689])의 지분 63.6%(2023/09/30)을 갖고 있는 중간지주 회사다. 2023년 10월 1일 새롭게 탄생한 LY 코퍼레이션은 Z홀딩스, 라인, 야후재팬 등이 합병되어 만들어졌고, 기존 야후재팬과 라인 간 중복된 사업들을 통합하는 과정이 현재 여럿 진행 중이다.

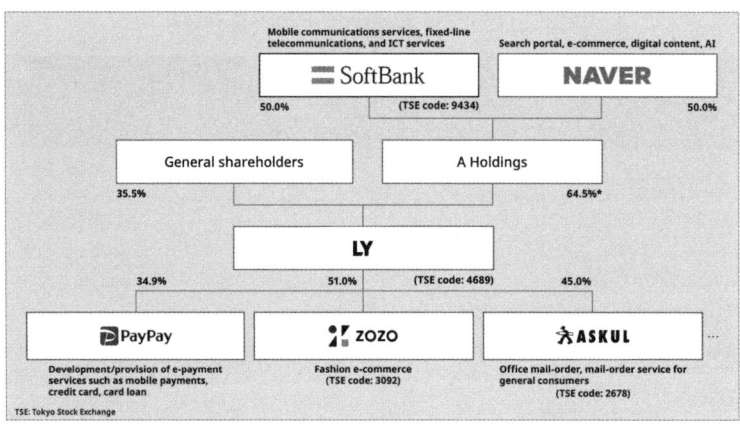

출처: LY Corporation 홈페이지

LY 코퍼레이션은 동남아시아에서 가장 인기 있는 메신저 라인을 서비스하는 회사다. 라인은 대만, 태국, 인도네시아 등 동남아 여러 국가에서 음식배달, 퀵서비스, 택시호출, 택배, 편의점 배달, 신선식품 등 다양한 O2O 서비스를 제공하고 있다. 이 O2O서비스는 태국에서 특히 인기가 많은데, 라인맨LINE Man이라는 이름으로 서비스되고 있다. 다만 현재 인도네시아에서는 라인의 위상이 그리 높지 않다. 회사 홈페이지 내용에 따르면 2023년 3월 31일 기준 대만 인구 2,300만 명 중 월간활성사용자는 2,200만 명이며 태국 인구 6,600만 명 중 월간활성사용자는 5,400만 명이다. 하지만 인도네시아의 경우 2억 7,200만 명 중 월간활성사용자는 700만 명 수준에 불과하다. 인도네시아 메신저 시장에서는 왓츠앱이 최종 승자에 가까워지고 있고, 라인 등 메신저를 일부 혼용하여 쓰는 유저들이 아직 상당수 남아 있는 것으로 보인다.

네이버의 인도네시아 사업은 라인을 중심으로 이뤄진다. 먼저 라인과 하나은행 인도네시아와 합작하여 2021년 6월 10일에 출시한 라인뱅크LINE Bank by Hana Bank가 있다. 라인뱅크는 비대면 실명확인을 통한 계좌개설, 정기예금, 체크카드, 공과금 납부 등 간편뱅킹서비스를 제공하고 있다. 특히 라인의 테크 기술력 및 귀여운 캐릭터 등의 핵심 역량을 하나은행의 현지 금융 노하우에 접목시켜 인도네시아 시장을 효과적으로 공략하고 있다. 라인뱅크 인도네시아는 출시 2년 만에 신규 고객 수가 60만 명을 넘어섰고, 모바일 앱의 누적 다운로드는 400만 회를 돌파했다.

네이버의 또다른 인도네시아 핵심 사업은 웹툰이다. 2015년 네이버는 모바일 만화 플랫폼 라인 웹툰을 인도네시아에 출시했을만큼 선제적으로 진출했고, 구글 플레이스토어에서 만화 카테고리 1위 플랫폼이다. 인도네시아 웹툰 상당수는 한국 웹툰의 번역이지만, 현지 작가들의 작품도 상위권에 몇몇 자리잡고 있다. 라인 웹툰은 한국 문화 콘텐츠의 성공적 수출 사례임과 동시에 현지화 우수 사례이기도 하다.

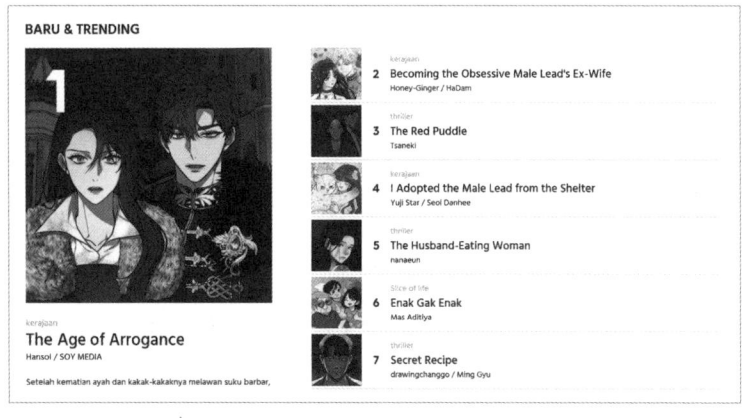

출처: www.webtoons.com/id/popular

부록2

인도네시아 시가총액 상위 100개 종목 리스트

순위	티커	시가총액 (십억원)	P/E	P/B	EV/ EBITDA	영업 이익률	ROE	배당성향	배당 수익률	1개월 수익률	1년 수익률
1	BBCA	97,106	24.08	4.93	N/A	57.60	21.53	62.04	2.25	5.31	10.23
2	BREN	83,804	N/A	N/A	N/A	74.99	N/A	N/A	0.05	11.76	N/A
3	BBRI	72,711	15.29	2.79	N/A	39.78	18.57	85.00	2.96	6.07	17.01
4	BYAN	55,587	29.38	20.82	21.29	62.55	66.40	82.63	2.33	3.64	-6.34
5	BMRI	47,319	11.53	2.35	N/A	47.83	21.77	60.00	4.32	3.81	23.12
6	AMMN	39,805	N/A	7.13	N/A	53.97	N/A	N/A	N/A	11.86	N/A
7	TPIA	38,061	N/A	11.54	671.43	-4.87	-2.12	N/A	0.09	95.88	130.77
8	TLKM	32,791	16.70	3.02	6.05	26.70	18.62	80.00	4.20	4.18	3.37
9	ASII	19,168	7.37	1.21	5.62	14.00	16.48	89.52	11.40	-0.87	0.88
10	BBNI	16,800	9.84	1.40	N/A	38.54	14.95	40.00	3.65	2.38	15.90
11	UNVR	11,285	27.37	25.17	18.00	17.12	88.95	99.56	3.77	-2.20	-22.83
12	BRPT	10,492	316.04	5.21	26.45	9.09	1.53	568.50	0.11	36.45	70.99
13	ICBP	10,335	14.90	3.03	10.49	19.50	21.95	47.79	1.77	1.19	4.67

순위	티커	시가총액(십억원)	P/E	P/B	EV/EBITDA	영업이익률	ROE	배당성향	배당수익률	1개월 수익률	1년 수익률
14	AMRT	10,196	36.43	9.90	14.94	3.89	30.12	34.99	0.83	-0.34	4.33
15	HMSP	8,724	13.49	3.70	10.10	6.97	27.89	100.61	6.15	-6.81	9.88
16	GOTO	8,658	N/A	0.79	N/A	-267.24	-22.23	N/A	N/A	-20.18	-8.42
17	DCII	8,590	210.36	52.11	122.49	50.38	28.28	N/A	N/A	6.67	16.33
18	SMMA	7,737	73.32	4.03	22.51	18.41	5.69	0.00	N/A	6.81	15.54
19	UNTR	7,072	4.17	1.14	2.07	23.57	26.60	121.08	29.33	5.98	-9.36
20	CPIN	6,905	34.01	2.84	17.16	7.01	8.71	0.00	1.99	0.50	-12.99
21	BRIS	6,726	15.04	2.16	N/A	31.23	16.24	10.00	0.53	3.88	24.73
22	PANI	6,417	177.52	29.85	88.55	29.82	18.42	4527.99	N/A	9.24	392.65
23	ADRO	6,379	2.75	0.73	1.28	52.83	28.76	40.11	19.57	-2.73	-29.26
24	ISAT	6,334	19.77	2.60	5.13	22.60	13.57	43.65	2.73	-2.09	48.81
25	KLBF	6,324	25.52	3.62	16.95	14.65	14.75	51.97	2.35	-2.70	-23.58
26	DNET	5,587	70.19	5.22	70.94	32.94	7.74	0.00	N/A	1.30	13.83
27	MDKA	5,455	N/A	4.50	33.80	12.83	-3.55	0.00	N/A	3.86	-37.73
28	NCKL	5,288	10.85	2.89	10.48	40.64	36.53	23.67	2.19	-3.79	N/A
29	DSSA	5,166	5.41	3.01	2.14	29.93	40.49	0.00	N/A	49.51	93.47

순위	티커	시가총액 (십억원)	P/E	P/B	EV/EBITDA	영업이익률	ROE	배당성향	배당수익률	1개월 수익률	1년 수익률
30	MBMA	5,068	N/A	2.61	N/A	6.69	N/A	N/A	N/A	-5.79	N/A
31	MEGA	5,018	14.37	2.92	N/A	59.78	21.67	70.00	4.69	-2.83	-5.50
32	MTEL	4,936	28.54	1.69	11.44	34.88	5.96	99.00	3.12	-4.20	-8.05
33	BELI	4,878	N/A	5.58	N/A	-32.79	-55.21	N/A	N/A	0.00	2.56
34	INDF	4,746	6.44	0.97	5.41	16.75	15.98	35.49	3.98	1.98	-4.44
35	MYOR	4,665	19.08	3.98	12.18	7.93	22.52	40.29	1.42	-1.98	-2.76
36	ADMR	4,659	12.42	4.74	N/A	50.73	46.95	0.00	N/A	10.59	-18.02
37	TOWR	4,232	15.23	3.15	10.53	58.08	22.17	34.87	2.39	7.45	-14.04
38	PGEO	4,059	N/A	N/A	N/A	53.98	10.25	23.56	0.86	21.63	N/A
39	TBIG	3,968	31.34	4.53	15.27	58.08	13.17	48.85	1.17	2.90	-8.58
40	INKP	3,817	5.55	0.50	3.29	28.43	9.41	2.16	0.60	-1.47	-4.57
41	SMGR	3,635	17.42	1.02	6.99	12.59	6.09	70.00	3.79	-1.15	-3.36
42	INCO	3,589	11.20	1.13	4.45	23.01	10.46	30.00	2.03	0.45	-37.75
43	BNGA	3,570	6.97	0.90	N/A	36.77	13.45	56.96	6.75	0.00	46.35
44	ANTM	3,433	10.31	1.69	6.62	8.58	17.14	50.00	4.58	1.76	-13.25
45	MIKA	3,402	39.80	6.74	25.22	33.12	17.68	51.05	1.37	0.37	-11.44

순위	티커	시가총액 (십억원)	P/E	P/B	EV/ EBITDA	영업 이익률	ROE	배당성향	배당 수익률	1개월 수익률	1년 수익률
46	ARTO	3,367	1586.6	4.87	N/A	1.13	0.31	0.00	N/A	-16.05	-17.23
47	GGRM	3,277	6.97	0.67	3.89	3.14	9.86	83.06	5.77	-1.07	15.56
48	MSIN	3,165	179.53	6.35	65.76	12.51	5.25	0.00	N/A	0.00	-37.76
49	FILM	3,156	432.22	24.67	165.21	44.18	5.87	0.00	N/A	12.90	137.96
50	TCPI	3,090	292.92	21.85	65.23	11.89	7.76	32.22	0.10	-14.42	-10.86
51	EMTK	3,032	N/A	1.01	N/A	1.98	-0.75	11.10	0.85	-10.69	-43.20
52	JSMR	2,962	4.56	1.30	7.63	43.18	31.71	20.00	1.56	2.75	53.00
53	MASA	2,932	39.32	6.02	19.77	16.93	16.02	100.00	0.81	-19.07	76.04
54	INTP	2,900	14.95	1.59	8.84	10.95	11.10	29.80	1.70	-1.31	-4.31
55	GEMS	2,859	3.73	3.62	2.56	31.40	112.50	61.73	4.08	-3.72	-17.38
56	CASA	2,830	1365.7	4.17	N/A	10.54	0.31	N/A	N/A	-7.26	-20.69
57	BNLI	2,777	17.39	0.85	N/A	25.84	4.97	26.96	1.63	-1.08	-9.80
58	CMRY	2,666	27.65	5.58	19.38	19.68	21.38	52.37	1.75	11.14	-7.21
59	BUMI	2,645	4.52	1.43	63.38	12.21	N/A	N/A	N/A	-4.04	-42.77
60	AVIA	2,596	21.21	3.07	13.52	21.91	14.78	92.89	4.40	2.88	-19.35
61	MAPI	2,490	14.91	3.27	6.30	11.31	24.86	6.27	0.42	8.91	33.92

순위	티커	시가총액(십억원)	P/E	P/B	EV/EBITDA	영업이익률	ROE	배당성향	배당수익률	1개월 수익률	1년 수익률
62	AKRA	2,481	11.61	2.77	8.14	6.46	24.51	61.59	1.67	4.53	11.11
63	PNBN	2,442	8.95	0.55	N/A	37.66	6.33	0.00	N/A	-0.44	-19.86
64	MEDC	2,433	5.38	1.05	3.47	44.36	22.99	12.57	2.04	3.56	4.48
65	ITMG	2,429	2.71	1.14	1.08	46.28	39.16	64.51	34.41	7.43	-32.46
66	SILO	2,376	25.34	3.70	10.94	10.92	15.51	36.61	0.91	-2.70	69.41
67	PTBA	2,356	4.58	1.51	2.57	35.02	27.98	100.00	43.24	4.12	-32.17
68	BBHI	2,349	70.66	4.14	N/A	46.90	6.09	0.00	N/A	-16.67	-26.76
69	PGAS	2,296	7.93	0.68	2.50	16.47	8.17	70.00	12.37	1.79	-34.29
70	BDMN	2,277	8.14	0.56	N/A	25.26	7.09	35.00	4.25	-2.11	1.83
71	NISP	2,258	7.18	0.77	N/A	47.58	11.08	40.00	4.83	-1.23	61.07
72	EXCL	2,200	22.29	1.00	4.27	14.09	4.88	49.73	2.10	-3.85	-14.89
73	MKPI	2,161	29.68	3.85	20.81	34.48	13.43	60.16	1.65	-0.18	-31.47
74	BINA	2,103	108.39	7.28	N/A	35.33	7.88	0.00	N/A	-0.48	5.58
75	BRMS	2,020	94.17	1.37	114.55	9.13	1.52	N/A	N/A	-12.06	4.79
76	MAPA	1,959	16.30	4.32	8.98	16.06	30.12	9.71	0.50	-1.23	116.98
77	BSDE	1,916	6.88	0.63	6.32	36.20	9.59	0.00	N/A	2.86	18.03

순위	티커	시가총액 (십억원)	P/E	P/B	EV/EBITDA	영업이익률	ROE	배당성향	배당수익률	1개월 수익률	1년 수익률
78	TKIM	1,904	5.74	0.62	17.31	5.44	11.35	1.14	0.35	-1.37	-0.35
79	CNMA	1,886	N/A	N/A	N/A	16.29	N/A	N/A	N/A	-2.19	N/A
80	HEAL	1,877	53.19	5.78	18.33	11.98	11.43	35.09	0.47	1.03	-8.39
81	BUKA	1,866	N/A	0.83	N/A	38.70	-9.11	0.00	N/A	-2.80	-22.39
82	SRTG	1,864	N/A	0.46	N/A	96.10	-23.76	22.04	4.57	1.86	-34.92
83	PWON	1,832	11.60	1.15	8.02	37.81	10.29	20.34	1.47	6.25	-1.78
84	CTRA	1,817	14.28	1.11	8.28	30.83	8.08	14.92	1.29	1.30	25.27
85	BTPN	1,771	7.61	0.55	N/A	35.02	7.42	20.00	2.93	-1.87	1.55
86	IMPC	1,765	47.78	9.69	30.39	15.84	23.60	52.96	0.77	5.98	21.88
87	MPRO	1,750	N/A	23.00	N/A	-80.20	-3.71	N/A	N/A	-1.40	41.33
88	MCOL	1,683	3.68	2.39	2.85	44.36	76.25	66.90	15.93	8.65	-19.29
89	BFIN	1,612	10.46	1.86	9.64	49.15	18.58	23.19	5.15	0.43	9.91
90	FAPA	1,612	70.07	5.03	22.20	27.02	7.48	N/A	N/A	0.00	23.26
91	ULTJ	1,549	16.14	2.70	11.67	15.72	17.76	N/A	1.82	4.10	9.27
92	CMNT	1,536	164.19	5.12	17.55	11.72	3.13	N/A	N/A	14.58	20.88
93	BNII	1,528	11.34	0.63	N/A	23.49	5.71	40.00	3.14	-2.38	1.65

순위	티커	시가총액 (십억원)	P/E	P/B	EV/EBITDA	영업이익률	ROE	배당성향	배당수익률	1개월 수익률	1년 수익률
94	BANK	1,519	N/A	5.52	N/A	-376.10	-10.37	N/A	N/A	7.41	-16.85
95	HRUM	1,512	6.92	1.43	3.16	48.67	21.81	20.95	5.44	-1.43	-16.11
96	BSIM	1,470	68.01	2.33	N/A	8.42	3.54	N/A	N/A	1.71	4.09
97	BBTN	1,470	5.33	0.61	N/A	21.99	12.17	20.00	3.43	-0.39	-4.17
98	FREN	1,405	N/A	1.10	7.63	5.56	-7.99	N/A	N/A	-3.85	-29.58
99	MLBI	1,368	16.20	13.11	10.00	40.35	96.56	65.62	4.57	-3.72	-12.39
100	GOOD	1,330	32.56	5.13	16.35	6.78	17.03	51.54	1.35	6.70	-13.40

부록3

인도네시아 전 종목 리스트

단위: 10억 원(루피아/원 = 0.085 적용)

티커	주식명	시가총액 (십억원)	자산 (십억원)	부채 (십억원)	자본 (십억원)	매출액 (십억원)	영업이익 (십억원)	순이익 (십억원)	PER(x)	PBR(x)	부채비율 (%) 부채/자본	ROA(%)	ROE(%)	순이익률 (%)
A	에너지 ENERGY	121,469							8.48	1.03	85%			
A1	석유, 가스 & 석탄 OIL, GAS, COAL	121,447							8.27	1.07	83%			
1	ABMM	ABM Investama	796	2,989	1,955	1,034	1,492	397	334	1.83	0.77	189%	15.00	42.00	29.00
2	ADMR	Adaro Minerals Indonesia	4,726	1,998	884	1,114	949	425	331	11.76	4.24	79%	20.00	36.00	42.00
3	ADRO	Adaro Energy Indonesia	6,471	13,683	3,928	9,755	6,557	2,251	1,814	2.65	0.66	40%	18.00	25.00	37.00
4	AIMS	Akbar Indo Makmur Stimec	16	2	0	1	1	0	0	-47.28	12.32	22%	-21.00	-26.00	-41.00
5	AKRA	AKR Corporindo	2,517	2,449	1,335	1,114	2,548	192	154	11.61	2.26	120%	8.85	19.00	8.51
6	APEX	Apexindo Pratama Duta	40	339	250	89	62	-1	1	-17.70	0.45	282%	-0.67	-2.54	3.66
7	ARII	Atlas Resources	64	627	534	93	261	0	0	-8.95	0.69	577%	-1.13	-7.67	-2.72
8	ARTI	Ratu Prabu Energi	3	54	67	-13	8	0	0	3.03	-0.25	-513%	2.03	N/A	13.00
9	BBRM	Pelayaran Nasional Bina Buana Raya	47	44	6	38	10	4	4	11.10	1.25	17%	9.61	11.00	42.00

티커	주식명	시가총액 (십억원)	자산 (십억원)	부채 (십억원)	자본 (십억원)	매출액 (십억원)	영업이익 (십억원)	순이익 (십억원)	PER(x)	PBR(x)	부채비율 (%) 부채/자본	ROA(%)	ROE(%)	순이익률 (%)
10	BESS	Batulicin Nusantara Maritim	62	58	12	46	22	4	4	10.11	1.34	26%	11.00	13.00	28.00
11	BIPI	Astrindo Nusantara Infrastruktur	569	2,464	1,521	943	649	75	46	17.45	0.60	161%	1.32	3.46	5.02
12	BOSS	Borneo Olah Sarana Sukses	6	54	68	-14	12	-11	-11	-0.38	-0.42	-478%	29.00	N/A	-128.00
13	BSML	Bintang Samudera Mandiri Lines	24	22	11	10	20	1	1	16.04	2.37	115%	6.88	15.00	7.48
14	BSSR	Baramulti Suksessarana	859	593	296	297	1,128	213	165	3.77	2.89	99%	38.00	76.00	20.00
15	BULL	Buana Lintas Lautan	185	474	288	186	142	32	32	-5.90	1.00	155%	-6.60	-17.00	-22.00
16	BUMI	Bumi Resources	2,683	5,514	1,807	3,707	1,546	99	90	8.95	0.72	49%	5.43	8.08	19.00
17	BYAN	Bayan Resources	56,383	3,727	875	2,852	3,629	1,600	1,252	28.50	19.77	31%	53.00	69.00	55.00
18	CANI	Capitol Nusantara Indonesia	4	19	58	-40	1	0	0	-0.77	-0.09	-148%	-24.00	N/A	-371.00
19	CBRE	Cakra Buana Resources Energi	19	18	3	15	3	1	1	25.90	1.29	19%	4.20	4.98	26.00
20	CNKO	Exploitasi Energi Indonesia	38	91	204	-113	112	-2	-3	-2.09	-0.34	-181%	-20.00	N/A	-16.00
21	COAL	Black Diamond Resources	27	61	33	28	44	5	4	9.41	0.94	116%	4.63	10.00	6.35
22	CUAN	Petrindo Jaya Kreasi	12,828	195	41	154	98	18	14	311.68	83.57	27%	21.00	27.00	42.00
23	DEWA	Darma Henwa	111	704	429	275	303	1	1	-10.34	0.41	156%	-1.53	-3.92	-3.56

	티커	주식명	시가총액 (십억원)	자산 (십억원)	부채 (십억원)	자본 (십억원)	매출액 (십억원)	영업이익 (십억원)	순이익 (십억원)	PER(x)	PBR(x)	부채비율 (%) 부채/자본	ROA(%)	ROE(%)	순이익률 (%)
24	DOID	Delta Dunia Makmur	258	2,058	1,713	344	1,795	46	28	6.48	0.75	498%	1.94	12.00	2.22
25	DSSA	Dian Swastatika Sentosa	5,240	3,405	1,313	2,091	5,388	1,330	987	6.30	2.51	63%	24.00	40.00	15.00
26	DWGL	Dwi Guna Laksana	91	166	145	21	201	12	9	17.24	4.30	683%	3.19	25.00	2.64
27	ELSA	Elnusa	241	795	426	368	764	44	35	5.73	0.65	116%	5.28	11.00	5.50
28	ENRG	Energi Mega Persada	464	1,615	878	737	390	96	60	5.07	0.63	119%	5.66	12.00	23.00
29	FIRE	Alfa Energi Investama	14	32	15	17	9	-1	-1	-1.77	0.83	89%	-25.00	-47.00	-91.00
30	GEMS	Golden Energy Mines	2,900	1,513	697	816	2,705	666	518	3.63	3.55	85%	53.00	98.00	30.00
31	GTBO	Garda Tujuh Buana	89	91	16	74	58	19	14	4.46	1.19	22%	22.00	27.00	34.00
32	GTSI	GTS Internasional	67	136	56	80	22	9	8	10.02	0.84	70%	4.92	8.37	30.00
33	HILL	Hillcon	601	384	237	147	245	31	28	19.82	4.10	162%	7.90	21.00	12.00
34	HITS	Humpuss Intermoda Transportasi	227	349	209	141	108	16	14	13.95	1.62	149%	4.66	12.00	15.00
35	HRUM	Harum Energy	1,534	1,942	457	1,485	846	261	191	6.56	1.03	31%	12.00	16.00	28.00
36	HUMI	Humpuss Maritim Internasional	232	335	119	216	97	16	15	13.36	1.07	55%	5.17	8.03	18.00
37	IATA	MNC Energy Investments	107	283	154	130	171	38	29	4.60	0.83	119%	8.23	18.00	14.00
38	INDY	Indika Energy	636	4,114	2,320	1,795	3,026	270	158	2.23	0.35	129%	6.94	16.00	9.43

	티커	주식명	시가총액 (십억원)	자산 (십억원)	부채 (십억원)	자본 (십억원)	매출액 (십억원)	영업이익 (십억원)	순이익 (십억원)	PER(x)	PBR(x)	부채비율 (%) 부채/자본	ROA(%)	ROE(%)	순이익률 (%)
39	INPS	Indah Prakasa Sentosa	9	26	20	6	18	4	4	-4.71	1.58	334%	-7.71	-33.00	-11.00
40	ITMA	Sumber Energi Andalan	59	295	17	278	0	2	2	13.98	0.21	6%	1.42	1.51	1,749.00
41	ITMG	Indo Tambangraya Megah	2,464	2,829	604	2,225	2,405	687	534	2.55	1.11	27%	34.00	43.00	40.00
42	KKGI	Resource Alam Indonesia	156	259	70	189	311	51	36	3.11	0.83	37%	19.00	27.00	16.00
43	KOPI	Mitra Energi Persada	21	27	18	9	13	1	0	61.32	2.41	213%	1.25	3.93	2.65
44	LEAD	Logindo Samudramakmur	21	171	139	31	32	-7	-7	-2.17	0.68	444%	-5.75	-31.00	-31.00
45	MAHA	Mandiri Herindo Adiperkasa	273	202	63	140	119	15	10	12.73	1.96	45%	11.00	15.00	18.00
46	MBAP	Mitrabara Adiperdana	443	306	49	257	221	46	32	7.40	1.72	19%	20.00	23.00	27.00
47	MBSS	Mitrabahtera Segara Sejati	180	293	29	265	60	21	20	4.74	0.68	11%	13.00	14.00	63.00
48	MCOL	Prima Andalan Mandiri	1,708	985	207	779	904	300	240	4.63	2.19	27%	37.00	47.00	41.00
49	MEDC	Medco Energi Internasional	2,468	8,995	6,368	2,627	2,198	660	339	4.90	0.94	242%	5.60	19.00	23.00
50	MTFN	Capitalinc Investment	135	69	72	-4	26	-1	-1	NA	-34.80	-1900%	-0.25	N/A	-0.64
51	MYOH	Samindo Resources	323	226	24	202	125	18	15	15.33	1.60	12%	9.32	10.00	17.00

	티커	주식명	시가총액 (십억원)	자산 (십억원)	부채 (십억원)	자본 (십억원)	매출액 (십억원)	영업이익 (십억원)	순이익 (십억원)	PER(x)	PBR(x)	부채비율 (%) 부채/자본	ROA(%)	ROE(%)	순이익률 (%)
52	PGAS	Perusahaan Gas Negara	2,328	8,804	4,285	4,519	3,542	484	360	7.98	0.52	95%	3.31	6.45	8.23
53	PKPK	Perdana Karya Perkasa	37	21	1	21	4	-1	-1	-41.55	1.77	4%	-4.13	-4.27	-23.00
54	PSSI	IMC Pelita Logistik	233	262	48	214	104	53	46	3.93	1.09	22%	23.00	28.00	57.00
55	PTBA	Bukit Asam	2,389	3,060	1,409	1,651	2,358	427	332	4.43	1.45	85%	18.00	33.00	23.00
56	PTIS	Indo Straits	16	54	27	27	11	2	1	13.93	0.58	100%	2.09	4.19	11.00
57	PTRO	Petrosea	450	931	631	300	349	16	14	8.27	1.50	211%	5.84	18.00	16.00
58	RAJA	Rukun Raharja	507	418	234	185	146	22	17	24.25	2.74	127%	4.99	11.00	14.00
59	RGAS	Kian Santang Muliatama	11	5	0	4	1	0	0	22.10	2.63	3%	12.00	12.00	49.00
60	RIGS	Rig Tenders Indonesia	25	60	1	59	7	1	1	4.78	0.42	2%	8.62	8.80	74.00
61	RMKE	RMK Energy	221	172	47	124	156	31	24	6.57	1.78	38%	20.00	27.00	22.00
62	RMKO	Royaltama Mulia Kontraktorindo	28	39	19	19	17	0	0	42.91	1.47	98%	1.73	3.42	3.92
63	RUIS	Radiant Utama Interinsco	13	120	73	46	111	2	1	11.61	0.27	158%	0.91	2.36	0.99
64	SGER	Sumber Global Energy	718	229	115	114	810	65	52	16.76	6.32	101%	19.00	38.00	5.29
65	SHIP	Sillo Maritime Perdana	242	567	314	253	147	36	31	8.13	0.96	124%	5.24	12.00	20.00
66	SICO	Sigma Energy Compressindo	8	12	2	10	6	1	1	8.70	0.80	19%	7.72	9.15	15.00

	티커	주식명	시가총액 (십억원)	자산 (십억원)	부채 (십억원)	자본 (십억원)	매출액 (십억원)	영업이익 (십억원)	순이익 (십억원)	PER(x)	PBR(x)	부채비율 (%) 부채/자본	ROA(%)	ROE(%)	순이익률 (%)
67	SMMT	Golden Eagle Energy	249	102	13	88	66	17	15	11.83	2.82	15%	21.00	24.00	32.00
68	SMRU	SMR Utama	53	75	63	13	21	-4	-4	-3,411.3	4.20	495%	-0.02	-0.12	-0.07
69	SOCI	Soechi Lines	110	805	302	503	166	13	11	13.41	0.22	60%	1.02	1.63	4.93
70	SUGI	Sugih Energy	105	612	417	195	1	-2	-2	NA	0.54	213%	-16.00	-52.00	-9,608.00
71	SUNI	Sunindo Pratama	85	64	16	48	41	8	6	11.46	1.78	33%	12.00	16.00	18.00
72	SURE	Super Energy	140	73	43	30	19	-10	-9	-16.03	4.69	145%	-12.00	-29.00	-45.00
73	TAMU	Pelayaran Tamarin Samudra	29	82	42	40	12	1	1	-6.53	0.72	104%	5.37	11.00	37.00
74	TCPI	Transcoal Pacific	3,134	265	120	145	111	10	8	306.47	21.60	83%	3.86	7.05	9.23
75	TEBE	Dana Brata Luhur	85	101	10	91	39	19	15	3.68	0.94	11%	23.00	25.00	59.00
76	TOBA	TBS Energi Utama	209	1,244	694	550	488	34	25	13.42	0.38	126%	1.25	2.84	3.20
77	TPMA	Trans Power Marine	158	149	29	120	63	18	17	6.62	1.32	25%	16.00	20.00	38.00
78	TRAM	Trada Alam Minera	211	459	347	112	302	-99	-95	NA	1.88	309%	-15.00	-62.00	-23.00
79	UNIQ	Ulima Nitra	58	63	31	32	35	3	3	17.09	1.79	96%	5.33	10.00	9.66
80	WINS	Wintermar Offshore Marine	148	254	46	208	67	4	4	18.97	0.71	22%	3.07	3.76	12.00
81	WOWS	Ginting Jaya Energi	11	58	13	45	8	0	0	-20.35	0.23	29%	-0.89	-1.15	-6.52
A2	대체에너지 ALTERNATIVE ENERGY		22	0	0	0	0	0	0	11.78	0.83	125%			
1	JSKY	Sky Energy Indonesia	9	33	19	14	13	-7	-6	NA	0.66	141%	-19.00	-45.00	-49.00

	티커	주식명	시가총액 (십억원)	자산 (십억원)	부채 (십억원)	자본 (십억원)	매출액 (십억원)	영업이익 (십억원)	순이익 (십억원)	PER(x)	PBR(x)	부채비율 (%) 부채/자본	ROA(%)	ROE(%)	순이익률 (%)
2	SEMA	Semacom Integrated	13	27	14	13	10	1	1	11.78	1.00	108%	4.07	8.47	11.00
B	기초소재 BASIC MATERIALS		143,014	0	0	0	0	0	0	12.00	0.98	63%			
B1	기초소재 BASIC MATERIALS		143,014	0	0	0	0	0	0	12.00	0.98	63%			
1	ADMG	Polychem Indonesia	45	212	35	177	103	-15	-14	-1.91	0.26	20%	-11.00	-13.00	-23.00
2	AGII	Samator Indo Gas	396	656	331	325	176	13	10	33.31	1.22	102%	1.81	3.66	6.77
3	AKPI	Argha Karya Prima Industry	39	282	137	145	174	-2	-1	-21.16	0.27	95%	-0.65	-1.25	-1.05
4	ALDO	Alkindo Naratama	107	150	80	70	103	1	1	83.20	1.53	115%	0.86	1.84	1.25
5	ALKA	Alakasa Industrindo	21	48	32	17	147	1	1	5.10	1.26	189%	8.54	25.00	2.79
6	ALMI	Alumindo Light Metal Industry	62	89	52	37	59	-9	-7	-5.19	1.67	140%	-13.00	-32.00	-20.00
7	AMMN	Amman Mineral Internasional	40,374	10,809	5,041	5,768	1,515	387	90	71.04	7.00	87%	5.26	9.85	38.00
8	ANTM	Aneka Tambang	3,483	3,018	925	2,092	2,626	313	242	10.13	1.66	44%	11.00	16.00	13.00
9	APLI	Asiaplast Industries	70	41	14	27	30	5	3	14.21	2.54	51%	12.00	18.00	16.00
10	ARCI	Archi Indonesia	861	1,046	704	342	227	23	15	61.62	2.52	206%	1.34	4.09	6.16
11	WSBP	Waskita Beton Precast	232	455	656	-201	55	-22	-22	-2.69	-1.15	-326%	-19.00	NA	-158.00
12	WTON	Wijaya Karya Beton	80	684	375	309	253	3	2	9.11	0.26	121%	1.28	2.84	3.47
13	YPAS	Yanaprima Hastapersada	24	21	11	10	22	0	0	26.12	2.32	104%	4.35	8.87	4.28

티커	주식명	시가총액 (십억원)	자산 (십억원)	부채 (십억원)	자본 (십억원)	매출액 (십억원)	영업이익 (십억원)	순이익 (십억원)	PER(x)	PBR(x)	부채비율 (%) 부채/자본	ROA(%)	ROE(%)	순이익률 (%)
14	ZINC	Kapuas Prima Coal	107	220	154	66	32	1	1	-11.11	1.62	232%	-4.38	-15.00	-30.00
15	AVIA	Avia Avian	2,633	964	107	858	439	125	97	21.21	3.07	12%	13.00	14.00	28.00
16	AYLS	Agro Yasa Lestari	4	4	0	4	0	0	0	-11.49	0.98	4%	-8.21	-8.50	-109.00
17	BAJA	Saranacentral Bajatama	19	51	43	9	61	-1	-1	-4.15	2.20	499%	-8.86	-53.00	-7.42
18	BEBS	Berkah Beton Sadaya	191	79	6	73	31	9	7	40.77	2.63	9%	5.95	6.46	15.00
19	BMSR	Bintang Mitra Semestaraya	33	128	64	65	257	8	7	3.70	0.51	99%	6.98	14.00	3.48
20	BRMS	Bumi Resources Minerals	2,049	1,468	196	1,271	43	14	14	87.06	1.61	15%	1.60	1.85	55.00
21	BRNA	Berlina	82	148	93	56	64	-6	-5	-8.06	1.47	167%	-6.84	-18.00	-16.00
22	BRPT	Barito Pacific	10,598	12,471	7,483	4,987	2,781	265	127	303.73	2.13	150%	0.28	0.70	1.25
23	BTON	Betonjaya Manunggal	27	30	9	21	9	1	1	13.80	1.29	44%	6.48	9.36	22.00
24	CHEM	Chemstar Indonesia	17	12	3	10	7	0	0	69.00	1.80	28%	2.05	2.61	3.43
25	CITA	Cita Mineral Investindo	710	455	74	381	225	35	30	19.02	1.86	19%	8.20	9.80	17.00
26	CLPI	Colorpak Indonesia	26	64	18	46	51	4	3	7.16	0.56	38%	5.63	7.77	7.06
27	CMNT	Cemindo Gemilang	1,558	1,525	1,182	343	583	18	17	159.72	4.54	345%	0.64	2.84	1.67
28	CTBN	Citra Tubindo	98	212	88	125	196	18	15	9.57	0.78	70%	4.80	8.19	5.19
29	DKFT	Central Omega Resources	54	214	178	36	42	5	3	9.01	1.47	488%	2.78	16.00	14.00

티커	주식명	시가총액 (십억원)	자산 (십억원)	부채 (십억원)	자본 (십억원)	매출액 (십억원)	영업이익 (십억원)	순이익 (십억원)	PER(x)	PBR(x)	부채비율 (%) 부채/자본	ROA(%)	ROE(%)	순이익률 (%)
30 DPNS	Duta Pertiwi Nusantara	12	34	5	28	7	1	1	8.52	0.42	18%	4.14	4.87	19.00
31 EKAD	Ekadharma International	74	104	8	96	33	6	5	12.97	0.77	8%	5.47	5.93	17.00
32 EPAC	Megalestari Epack Sentosaraya	3	24	16	8	7	-2	-2	-0.87	0.34	192%	-13.00	-39.00	-48.00
33 ESIP	Sinergi Inti Plastindo	5	8	0	8	4	0	0	-160.96	0.58	2%	-0.35	-0.36	-0.78
34 ESSA	ESSA Industries Indonesia	776	1,001	286	716	306	23	16	12.64	1.08	40%	6.13	8.58	20.00
35 ETWA	Eterindo Wahanatama	39	75	111	-35	0	-1	-1	-1.92	-1.10	-315%	-27.00	N/A	N/A
36 FASW	Fajar Surya Wisesa	1,222	1,063	679	384	488	-47	-37	-21.51	3.18	177%	-5.34	-15.00	-12.00
37 FPNI	Lotte Chemical Titan	93	201	56	145	382	4	4	20.49	0.64	38%	2.26	3.13	1.19
38 FWCT	Wijaya Cahaya Timber	12	43	22	21	55	0	0	-21.80	0.57	107%	-1.27	-2.63	-0.99
39 GDST	Gunawan Dianjaya Steel	104	187	81	106	163	20	16	5.08	0.98	77%	11.00	19.00	13.00
40 GGRP	Gunung Raja Paksi	480	1,466	375	1,090	707	37	29	11.23	0.44	34%	2.92	3.92	6.04
41 HKMU	HK Metals Utama	14	34	40	-6	0	-10	-8	-0.57	-2.31	-669%	-71.00	N/A	-6,713.00
42 IFII	Indonesia Fibreboard Industry	122	157	56	101	58	7	5	17.13	1.21	56%	4.56	7.09	12.00
43 IFSH	Ifishdeco	157	85	29	56	85	12	9	8.11	2.81	52%	23.00	35.00	23.00

티커	주식명	시가총액 (십억원)	자산 (십억원)	부채 (십억원)	자본 (십억원)	매출액 (십억원)	영업이익 (십억원)	순이익 (십억원)	PER(x)	PBR(x)	부채비율 (%) 부채/자본	ROA(%)	ROE(%)	순이익률 (%)
44 IGAR	Champion Pacific Indonesia	36	76	6	70	56	5	4	11.39	0.52	9%	4.19	4.56	5.67
45 INAI	Indal Aluminium Industry	11	125	104	21	81	-3	-4	-1.09	0.52	494%	-8.05	-48.00	-12.00
46 INCF	Indo Komoditi Korpora	6	38	26	13	14	0	0	64.84	0.48	204%	0.25	0.75	0.67
47 INCI	Intanwijaya Internasional	10	42	5	37	24	2	1	6.63	0.26	13%	3.45	3.90	6.06
48 INCO	Vale Indonesia	3,640	3,768	457	3,312	1,235	368	291	10.75	1.10	14%	8.99	10.00	27.00
49 INKP	Indah Kiat Pulp & Paper	3,871	13,237	5,459	7,778	3,537	558	422	5.37	0.50	70%	5.45	9.27	20.00
50 INRU	Toba Pulp Lestari	118	634	476	158	95	-26	-20	-2.03	0.75	301%	-9.16	-37.00	-61.00
51 INTD	Inter Delta	7	4	0	3	3	0	0	119.25	1.97	7%	1.54	1.65	1.94
52 INTP	Indocement Tunggal Prakarsa	2,941	2,192	467	1,724	1,099	136	108	16.00	1.71	27%	8.39	11.00	17.00
53 IPOL	Indopoly Swakarsa Industry	86	373	144	230	187	0	0	-95.61	0.37	63%	-0.24	-0.39	-0.48
54 ISSP	Steel Pipe Industry of Indonesia	178	663	284	380	406	40	31	5.57	0.47	75%	4.83	8.44	7.89
55 JKSW	Jakarta Kyoei Steel Works	1	14	56	-42	0	0	0	-50.18	-0.02	-133%	-0.11	N/A	N/A
56 KAYU	Darmi Bersaudara	7	9	2	7	0	0	0	77.92	0.99	24%	1.03	1.28	19.00
57 KBRI	Kertas Basuki Rachmat Indonesia	37	86	75	12	0	-2	-3	NA	3.20	645%	-3.39	-25.00	-8,954.00

부록3

티커	주식명	시가총액 (십억원)	자산 (십억원)	부채 (십억원)	자본 (십억원)	매출액 (십억원)	영업이익 (십억원)	순이익 (십억원)	PER(x)	PBR(x)	부채비율 (%) 부채/자본	ROA(%)	ROE(%)	순이익률 (%)
58	KDSI	Kedawung Setia Industrial	60	98	31	67	135	9	7	7.52	0.90	47%	8.14	12.00	5.88
59	KKES	Kusuma Kemindo Sentosa	6	10	5	5	14	0	0	19.43	1.16	87%	3.21	6.00	2.30
60	KMTR	Kirana Megatara	194	363	202	161	572	-5	-5	-25.87	1.21	126%	-2.07	-4.67	-1.31
61	KRAS	Krakatau Steel Persero	233	3,848	3,114	734	1,663	-67	-78	-1.47	0.32	425%	-4.13	-22.00	-9.55
62	LMSH	Lionmesh Prima	4	11	1	9	7	0	0	-6.78	0.39	16%	-5.01	-5.82	-7.90
63	LTLS	Lautan Luas	173	477	231	246	458	12	8	14.19	0.70	94%	2.56	4.96	2.66
64	MBMA	Merdeka Battery Materials	5,141	4,176	1,328	2,848	1,150	36	35	239.53	1.81	47%	0.51	0.75	1.87
65	MDKA	Merdeka Copper Gold	5,533	6,175	2,727	3,448	1,540	7	-5	-127.35	1.61	79%	-0.70	-1.26	-2.82
66	MDKI	Emdeki Utama	43	89	8	81	29	4	3	9.65	0.53	10%	5.01	5.52	15.00
67	MOLI	Madusari Murni Indah	87	173	60	113	92	8	7	12.83	0.77	53%	3.92	5.99	7.39
68	NCKL	Trimegah Bangun Persada	5,363	3,833	1,523	2,310	1,471	555	482	11.42	2.32	66%	12.00	20.00	32.00
69	NICL	PAM Mineral	188	79	9	70	62	8	5	17.48	2.69	13%	14.00	15.00	17.00
70	NIKL	Pelat Timah Nusantara	65	196	121	75	168	-4	-4	-16.50	0.87	161%	-2.01	-5.26	-2.36
71	NPGF	Nusa Palapa Gemilang	14	20	4	17	2	2	2	-46.45	0.83	22%	-1.46	-1.78	-18.00
72	OBMD	OBM Drilchem	19	15	2	13	11	5	3	6.93	1.43	19%	17.00	21.00	25.00

티커	주식명	시가총액 (십억원)	자산 (십억원)	부채 (십억원)	자본 (십억원)	매출액 (십억원)	영업이익 (십억원)	순이익 (십억원)	PER(x)	PBR(x)	부채비율 (%) 부채/자본	ROA(%)	ROE(%)	순이익률 (%)
73	OKAS	Ancora Indonesia Resources	19	238	191	48	181	23	16	2.99	0.39	400%	2.64	13.00	3.47
74	OPMS	Optima Prima Metal Sinergi	4	8	0	8	0	0	0	-15.18	0.59	1%	-3.81	-3.87	-761.00
75	PACK	Solusi Kemasan Digital	5	7	2	5	2	0	0	47.84	1.03	48%	1.45	2.16	4.47
76	PBID	Panca Budi Idaman	211	251	37	214	298	28	22	7.33	0.99	17%	11.00	13.00	9.68
77	PDPP	Primadaya Plastindo	101	42	10	31	18	2	1	47.40	3.26	34%	5.15	6.88	12.00
78	PICO	Pelangi Indah Canindo	6	65	48	17	34	0	0	13.04	0.34	278%	0.68	2.57	1.30
79	PNGO	Pinago Utama	93	125	56	69	129	17	13	5.31	1.35	82%	14.00	25.00	14.00
80	PPRI	Paperocks Indonesia	7	9	1	8	6	0	0	53.35	0.98	14%	1.61	1.84	2.19
81	PSAB	J Resources Asia Pasifik	198	1,144	651	493	123	-3	-7	-4.60	0.40	132%	-3.76	-8.74	-35.00
82	PURE	Trinitan Metals and Minerals	6	59	59	1	1	-6	-6	NA	10.01	9900%	-13.00	-1,286.00	-585.00
83	SAMF	Saraswanti Anugerah Makmur	325	245	133	112	325	39	30	8.34	2.90	119%	16.00	35.00	12.00
84	SBMA	Surya Biru Murni Acetylene	12	23	5	18	7	1	0	82.82	0.68	28%	0.65	0.82	2.16
85	SIMA	Siwani Makmur	2	22	22	0	0	-1	-1	NA	-11.04	-13100%	-12.00	N/A	-968.00
86	SMBR	Semen Baturaja	235	405	140	265	123	6	5	26.14	0.88	53%	2.22	3.38	7.29

	티커	주식명	시가총액 (십억원)	자산 (십억원)	부채 (십억원)	자본 (십억원)	매출액 (십억원)	영업이익 (십억원)	순이익 (십억원)	PER(x)	PBR(x)	부채비율 (%) 부채/자본	ROA(%)	ROE(%)	순이익률 (%)
87	SMCB	Solusi Bangun Indonesia	1,031	1,833	799	1,034	762	66	47	15.19	1.00	77%	3.70	6.57	8.91
88	SMGR	Semen Indonesia Persero	3,673	6,943	2,931	4,012	2,351	216	152	17.79	0.92	73%	2.97	5.15	8.78
89	SMKL	Satyamitra Kemas Lestari	59	164	85	79	113	1	1	65.87	0.74	108%	0.54	1.13	0.79
90	SPMA	Suparma	93	290	95	194	166	16	12	4.70	0.48	49%	6.85	10.00	12.00
91	SQMI	Wilton Makmur Indonesia	73	44	31	12	0	-1	-1	-31.68	5.87	252%	-5.27	-19.00	-917.00
92	SRSN	Indo Acidatama	34	87	27	60	64	5	4	5.30	0.58	46%	7.45	11.00	10.00
93	SULI	SLJ Global	49	78	54	24	11	-4	-4	2.94	1.99	221%	21.00	68.00	148.00
94	SWAT	Sriwahana Adityakarta	13	56	38	18	12	-1	-1	-2.19	0.70	205%	-11.00	-32.00	-48.00
95	TALF	Tunas Alfin	32	147	45	102	81	3	2	10.05	0.32	43%	2.20	3.15	3.99
96	TBMS	Tembaga Mulia Semanan	83	188	104	85	741	7	6	12.59	0.98	122%	3.50	7.77	0.89
97	TDPM	Tridomain Performance Materials	106	194	167	27	84	-61	-70	-1.62	3.95	624%	-34.00	-244.00	-78.00
98	TINS	Timah	408	1,082	518	564	542	-5	-7	-25.01	0.72	92%	-1.51	-2.89	-3.01
99	TIRT	Tirta Mahakam Resources	4	20	73	-53	0	-2	-2	-1.13	-0.08	-138%	-19.00	N/A	-231,943.00
100	TKIM	Pabrik Kertas Tjiwi Kimia	1,932	4,785	1,695	3,090	1,070	186	177	6	0.63	55%	7.18	11.00	32.00

티커	주식명	시가총액 (십억원)	자산 (십억원)	부채 (십억원)	자본 (십억원)	매출액 (십억원)	영업이익 (십억원)	순이익 (십억원)	PER(x)	PBR(x)	부채비율 (%) 부채/자본	ROA(%)	ROE(%)	순이익률 (%)
101 TPIA	Chandra Asri Petrochemical	38,606	6,581	2,860	3,721	2,189	-33	-26	-471	10.38	77%	-1.24	-2.20	-3.74
102 TRST	Trias Sentosa	143	447	218	230	179	-8	-8	-15	0.62	95%	-2.14	-4.18	-5.35
103 UNIC	Unggul Indah Cahaya	267	426	54	372	345	26	20	10	0.72	14%	6.04	6.91	7.46
C 산업 INDUSTRIALS		33,240							9.76	0.99	50%			
C1 산업재 INDUSTRIAL GOODS		12,024							9.98	0.91	48%			
1 AMFG	Asahimas Flat Glass	218	640	288	351	376	52	41	6.80	0.62	82%	5.01	9.12	8.53
2 AMIN	Ateliers Mecaniques D'indonesie	15	30	16	14	20	1	1	9.70	1.03	111%	5.02	11.00	7.75
3 APII	Arita Prima Indonesia	17	49	16	34	20	2	2	19.70	0.51	47%	1.76	2.58	4.36
4 ARKA	Arkha Jayanti Persada	9	40	30	9	12	1	1	18.19	0.90	320%	1.18	4.96	4.05
5 ARNA	Arwana Citramulia	415	220	67	152	157	39	30	10.38	2.73	44%	18.00	26.00	26.00
6 CAKK	Cahayaputra Asa Keramik	19	40	21	18	13	-1	-2	-16.69	1.03	115%	-2.86	-6.16	-8.56
7 CCSI	Communication Cable Systems Indonesia	48	64	29	35	22	0	0	107.68	1.36	83%	0.69	1.27	1.98
8 CTTH	Citatah	1	62	48	14	5	0	0	-0.54	0.09	333%	-3.79	-16.00	-45.00
9 GPSO	Geoprima Solusi	7	6	2	4	1	0	0	-35.99	1.73	37%	-3.51	-4.81	-28.00

	티커	주식명	시가총액 (억원)	자산 (억원)	부채 (억원)	자본 (억원)	매출액 (억원)	영업이익 (억원)	순이익 (억원)	PER(x)	PBR(x)	부채비율 (%) 부채/자본	ROA(%)	ROE(%)	순이익률 (%)
10	HEXA	Hexindo Adiperkasa	384	589	384	205	417	52	41	4.98	1.88	188%	13.00	38.00	18.00
11	HOPE	Harapan Duta Pertiwi	11	15	4	10	3	0	0	-64.45	1.08	43%	-1.17	-1.67	-5.47
12	IBFN	Intan Baruprana Finance	2	41	94	53	0	-2	-5	-0.36	-0.04	-178%	-16.00	N/A	-2,641.00
13	IKAI	Intikeramik Alamasri Industri	57	104	40	64	14	0	0	325.95	0.89	63%	0.17	0.27	1.24
14	IKBI	Sumi Indo Kabel	47	144	47	97	159	7	6	4.65	0.48	49%	6.99	10.00	6.34
15	IMPC	Impack Pratama Industri	1,790	292	89	204	177	39	30	47.64	8.79	44%	13.00	18.00	21.00
16	INTA	Intraco Penta	14	201	365	-164	60	0	-5	-2.12	-0.09	-223%	-3.33	N/A	-11.00
17	JECC	Jembo Cable Company	31	184	117	66	176	5	4	3.95	0.47	178%	4.31	12.00	4.49
18	KBLI	KMI Wire & Cable	115	241	24	217	158	7	6	10.27	0.53	11%	4.65	5.18	7.12
19	KBLM	Kabelindo Murni	25	132	26	107	99	2	2	8.63	0.23	24%	2.19	2.71	2.92
20	KIAS	Keramika Indonesia Assosiasi	19	87	17	69	34	-3	-3	-6.32	0.27	25%	-3.48	-4.35	-8.74
21	KOBX	Kobexindo Tractors	30	292	249	42	126	0	0	-12.80	0.72	588%	-0.81	-5.59	-1.88
22	KOIN	Kokoh Inti Arebama	7	82	86	-4	196	-6	-6	-0.77	-1.83	-2300%	-11.00	N/A	-4.49
23	KPAL	Steadfast Marine	5	65	49	16	3	-1	-1	NA	0.29	315%	-1.98	-8.24	-50.00
24	KRAH	Grand Kartech	36	51	48	3	15	-2	-2	NA	12.27	1600%	-15.00	-266.00	-51.00
25	KUAS	Ace Oldfields	6	20	7	13	9	0	0	7.69	0.43	54%	3.62	5.58	7.82

	티커	주식명	시가총액 (십억원)	자산 (십억원)	부채 (십억원)	자본 (십억원)	매출액 (십억원)	영업이익 (십억원)	순이익 (십억원)	PER(x)	PBR(x)	부채비율 (%) 부채/자본	ROA(%)	ROE(%)	순이익률 (%)
26	LABA	Ladangbaja Murni	4	5	0	5	1	0	0	-9.89	0.92	10%	-8.48	-9.34	-63.00
27	MARK	Mark Dynamics Indonesia	197	79	10	69	34	11	8	18.69	2.87	14%	13.00	15.00	31.00
28	MLIA	Mulia Industrindo	246	578	175	403	304	46	36	5.03	0.61	44%	8.48	12.00	16.00
29	N	Nusatama Berkah	11	13	5	8	9	0	0	31.37	1.43	67%	2.73	4.55	4.06
30	PIPA	Multi Makmur Lemindo	15	15	3	12	2	0	0	177.04	1.17	21%	0.54	0.66	4.00
31	PTMP	Mitra Pack	54	20	6	14	9	1	0	75.33	3.81	41%	3.59	5.06	8.13
32	SCCO	Supreme Cable Manufacturing & Commerce	143	457	40	416	362	21	17	8.34	0.34	10%	3.76	4.13	4.74
33	SINI	Singaraja Putra	36	51	103	-52	19	0	0	-486.01	-0.68	-197%	-0.14	N/A	-0.39
34	SKRN	Superkrane Mitra Utama	317	266	182	85	63	19	14	21.34	3.75	215%	5.58	18.00	23.00
35	SMIL	Sarana Mitra Luas	90	70	14	56	21	5	5	12.72	1.61	25%	10.00	13.00	33.00
36	SPTO	Surya Pertiwi	129	281	94	187	158	17	14	6.67	0.69	50%	6.85	10.00	12.00
37	TOTO	Surya Toto Indonesia	200	283	80	203	131	20	16	8.69	0.99	40%	8.14	11.00	18.00
38	UNTR	United Tractors	7,173	13,017	6,322	6,695	8,296	1,804	1,398	4.12	1.07	94%	13.00	26.00	21.00
39	VOKS	Voksel Electric	78	253	189	64	187	4	3	20.22	1.21	295%	1.52	6.01	2.06
40	WIDI	Widiant Jaya Krenindo	4	1	1	1	0	0	0	42.09	4.30	59%	6.41	10.00	31.00
C2	산업서비스 INDUSTRIAL SERVICES		608							9.82	1.23	48%			

부록3

	티커	주식명	시가총액 (십억원)	자산 (십억원)	부채 (십억원)	자본 (십억원)	매출액 (십억원)	영업이익 (십억원)	순이익 (십억원)	PER(x)	PBR(x)	부채비율 (%) 부채/자본	ROA(%)	ROE(%)	순이익률 (%)
1	ASGR	Astra Graphia	103	224	72	152	177	13	11	7.68	0.67	47%	5.97	8.78	7.56
2	BINO	Perma Plasindo	24	47	10	37	23	0	0	34.98	0.64	26%	1.45	1.83	3.02
3	BLUE	Berkah Prima Perkasa	12	9	1	8	9	2	1	8.96	1.61	11%	16.00	18.00	15.00
4	CRSN	Carsurin	32	22	4	17	27	2	2	9.82	1.82	24%	15.00	19.00	12.00
5	DYAN	Dyandra Media International	31	111	62	49	75	5	5	4.26	0.63	126%	6.54	15.00	9.67
6	ICON	Island Concepts Indonesia	5	30	11	19	11	0	0	-3.59	0.24	58%	-4.26	-6.72	-12.00
7	INDX	Tanah Laut	4	5	2	4	0	0	0	-4.43	1.20	43%	-19.00	-27.00	-463.00
8	JTPE	Jasuindo Tiga Perkasa	179	163	66	96	132	18	14	9.53	1.86	69%	12.00	20.00	14.00
9	KING	Hoffmen Cleanindo	23	12	4	8	8	0	0	145.42	2.98	50%	1.36	2.05	1.89
10	KONI	Perdana Bangun Pusaka	27	12	1	11	14	1	1	21.24	2.46	12%	10.00	12.00	8.95
11	LION	Lion Metal Works	25	63	21	42	31	2	2	62.83	0.61	50%	0.64	0.96	1.31
12	MDRN	Modern Internasional	4	19	46	-27	3	0	0	0.95	-0.14	-168%	22.00	N/A	133.00
13	MFMI	Multifiling Mitra Indonesia	40	28	18	10	11	2	1	19.12	3.93	180%	7.33	21.00	20.00
14	MUTU	Mutuagung Lestari	29	23	6	17	17	3	2	7.40	1.73	35%	17.00	23.00	23.00
15	PADA	Personel Alih Daya	13	27	15	12	51	0	0	47.84	1.12	126%	1.04	2.35	0.55
16	SOSS	Shield on Service	33	41	17	24	113	4	3	11.22	1.39	72%	7.19	12.00	2.61

티커	주식명	시가총액 (억원)	자산 (억원)	부채 (억원)	자본 (억원)	매출액 (억원)	영업이익 (억원)	순이익 (억원)	PER(x)	PBR(x)	부채비율 (%) 부채/자본	ROA(%)	ROE(%)	순이익률 (%)
17 TIRA	Tira Austenite	18	30	16	15	17	0	0	73.67	1.26	108%	0.82	1.71	1.49
18 TRIL	Triwira Insanlestari	5	11	2	9	2	0	0	NA	0.56	17%	-2.65	-3.09	-17.00
C3	복합기업 MULTI-SECTOR HOLDINGS	20,608								7.01	0.98	85%			
1 ASII	Astra International	19,442	37,653	17,341	20,312	20,478	3,501	2,854	7.31	0.96	85%	7.07	13.00	13.00
2 BHIT	MNC Asia Holding	366	6,033	2,596	3,436	1,038	113	90	6.71	0.11	76%	0.90	1.59	5.25
3 BNBR	Bakrie & Brothers	680	1,708	1,508	201	262	16	11	29.91	3.39	752%	1.33	11.00	8.69
4 FOLK	Multi Garam Utama	21	10	0	10	1	-1	-1	-87.53	2.13	5%	-2.33	-2.43	-18.00
5 ZBRA	Dosni Roha Indonesia	98	284	183	100	99	-7	-7	-8.51	0.98	183%	-4.07	-12.00	12.00
D	필수소비재 CONSUMER NON-CYCLICALS	100,539								13.85	1.56	78%			
D1	식품 및 필수소비재 유통 FOOD & STAPLES RETAILING	13,704								9.79	3.05	160%			
1 AMRT	Sumber Alfaria Trijaya	10,342	2,806	1,615	1,191	6,802	238	192	36.93	8.69	136%	9.98	24.00	4.12
2 BUAH	Segar Kumala Indonesia	180	28	14	14	114	3	2	65.74	12.86	102%	9.66	20.00	2.41
3 DAYA	Duta Intidaya	59	62	61	1	93	-2	-2	-12.46	113.55	11700%	-7.69	-911.00	-5.10
4 DMND	Diamond Food Indonesia	656	618	138	479	577	26	20	23.44	1.37	29%	4.53	5.83	4.85
5 EPMT	Enseval Putera Megatrading	596	919	312	608	1,796	59	46	9.79	0.98	51%	6.62	10.00	3.39

	티커	주식명	시가총액 (십억원)	자산 (십억원)	부채 (십억원)	자본 (십억원)	매출액 (십억원)	영업이익 (십억원)	순이익 (십억원)	PER(x)	PBR(x)	부채비율 (%) 부채/자본	ROA(%)	ROE(%)	순이익률 (%)
6	HERO	Hero Supermarket	315	549	468	81	323	-24	2	22.59	3.88	577%	2.54	17.00	4.31
7	KMDS	Kurniamitra Duta Sentosa	29	21	4	16	20	4	3	7.03	1.76	26%	20.00	25.00	20.00
8	MIDI	Midi Utama Indonesia	1,222	628	310	319	1,099	41	33	29.91	3.83	97%	6.50	13.00	3.72
9	MLPL	Multipolar	97	1,118	724	394	697	9	0	5.45	0.25	184%	1.60	4.53	2.56
10	MPPA	Matahari Putra Prima	72	287	264	23	452	-21	-21	-2.18	3.09	1100%	-11.00	-142.00	-7.28
11	PCAR	Prima Cakrawala Abadi	5	9	3	6	17	0	0	8.31	0.87	54%	6.83	10.00	3.47
12	RANC	Supra Boga Lestari	89	103	74	30	185	-7	-7	-10.27	3.01	249%	-8.40	-29.00	-4.70
13	SDPC	Millennium Pharmacon International	17	132	108	24	207	3	2	7.36	0.70	441%	1.76	9.53	1.12
14	WICO	Wicaksana Overseas International	25	30	29	1	93	-9	-9	-2.41	19.60	2300%	-34.00	-813.00	-11.00
D2	음식료 FOOD & BEVERAGE		60,883								14.84	1.58	78%			
1	AALI	Astra Agro Lestari	1,149	2,497	603	1,894	1,333	96	70	10.31	0.61	32%	4.46	5.89	8.36
2	ADES	Akasha Wira International	485	165	27	138	93	32	25	13.71	3.51	19%	21.00	26.00	38.00
3	AGAR	Asia Sejahtera Mina	9	16	7	9	32	0	0	-13.93	0.98	78%	-3.97	-7.05	-2.05
4	AISA	FKS Food Sejahtera	114	149	81	68	112	2	1	-157.57	1.68	119%	-0.49	-1.07	-0.65

티커	주식명	시가총액 (십억원)	자산 (십억원)	부채 (십억원)	자본 (십억원)	매출액 (십억원)	영업이익 (십억원)	순이익 (십억원)	PER(x)	PBR(x)	부채비율 (%) 부채/자본	ROA(%)	ROE(%)	순이익률 (%)
5	ALTO	Tri Banyan Tirta	9	86	57	29	20	-1	-1	-3.82	0.32	197%	-2.84	-8.43	-12.00
6	AMMS	Agung Menjangan Mas	4	6	0	6	0	0	0	33.16	0.69	3%	2.04	2.09	32.00
7	ANDI	Andira Agro	40	35	17	18	14	-2	-2	-10.25	2.16	90%	-11.00	-21.00	-27.00
8	ANJT	Austindo Nusantara Jaya	212	802	246	555	233	9	0	110.38	0.38	44%	0.24	0.35	0.83
9	ASHA	Cilacap Samudera Fishing Industry	21	19	4	15	25	0	0	111.03	1.39	24%	1.01	1.25	0.76
10	AYAM	Janu Putra Sejahtera	37	23	12	10	10	0	0	1.75	3.66	123%	94.00	209.00	217.00
11	BEEF	Estika Tata Tiara	148	64	52	12	33	6	5	86.51	12.72	449%	2.68	15.00	5.25
12	BEER	Jobubu Jarum Minahasa	103	20	1	19	3	1	1	93.81	5.36	5%	5.43	5.72	32.00
13	BISI	Bisi International	408	289	25	264	125	26	22	11.01	1.55	10%	13.00	14.00	30.00
14	BOBA	Formosa Ingredient Factory	17	15	2	12	9	1	1	17.46	1.34	18%	6.52	7.67	11.00
15	BTEK	Bumi Teknokultura Unggul	197	347	252	95	11	-7	-7	-20.74	2.07	265%	-2.74	-9.97	-88.00
16	BUDI	Budi Starch & Sweetener	106	270	144	126	270	8	6	12.92	0.84	114%	3.05	6.52	3.04
17	BWPT	Eagle High Plantations	145	868	686	182	274	-9	9	11.23	0.79	377%	1.48	7.08	4.71
18	CAMP	Campina Ice Cream Industry	201	91	12	80	74	12	10	18.37	2.53	15%	12.00	14.00	15.00

티커	주식명	시가총액 (십억원)	자산 (십억원)	부채 (십억원)	자본 (십억원)	매출액 (십억원)	영업이익 (십억원)	순이익 (십억원)	PER(x)	PBR(x)	부채비율 (%) 부채/자본	ROA(%)	ROE(%)	순이익률 (%)
19	CBUT	Citra Borneo Utama	469	257	182	75	607	13	10	19.75	6.26	243%	9.25	32.00	3.91
20	CEKA	Wilmar Cahaya Indonesia	93	166	29	137	400	13	10	5.44	0.68	21%	10.00	13.00	4.29
21	CLEO	Sariguna Primatirta	724	160	43	117	98	22	17	34.15	6.21	37%	13.00	18.00	22.00
22	CMRY	Cisarua Mountain Dairy	2,705	560	78	482	488	104	82	27.70	5.61	16%	17.00	20.00	20.00
23	COCO	Wahana Interfood Nusantara	13	50	33	16	12	-1	-1	-12.21	0.82	208%	-2.19	-6.73	-9.22
24	CPIN	Charoen Pokphand Indonesia	7,004	3,565	1,098	2,466	4,006	284	227	34.08	2.84	45%	5.77	8.33	5.13
25	CPRO	Central Proteina Prima	258	598	301	298	575	37	27	7.42	0.87	101%	5.82	12.00	6.06
26	CRAB	Toba Surimi Industries	47	27	11	16	37	1	1	62.15	2.99	69%	2.85	4.82	2.07
27	CSRA	Cisadane Sawit Raya	82	156	64	92	57	14	10	7.82	0.89	70%	6.73	11.00	18.00
28	DEWI	Dewi Shri Farmindo	10	15	2	13	5	1	1	13.91	0.76	14%	4.80	5.49	14.00
29	DLTA	Delta Djakarta	240	100	24	76	46	17	13	13.77	3.15	32%	17.00	23.00	38.00
30	DPUM	Dua Putra Utama Makmur	13	114	66	48	52	-1	-1	-5.11	0.28	138%	-2.26	-5.40	-4.99
31	DSFI	Dharma Samudera Fishing Industries	11	35	14	21	37	1	1	8.88	0.51	66%	3.46	5.73	3.30
32	DSNG	Dharma Satya Nusantara	500	1,360	647	713	558	57	43	7.21	0.70	91%	5.10	9.73	12.00

	티커	주식명	시가총액 (십억원)	자산 (십억원)	부채 (십억원)	자본 (십억원)	매출액 (십억원)	영업이익 (십억원)	순이익 (십억원)	PER(x)	PBR(x)	부채비율 (%) 부채/자본	ROA(%)	ROE(%)	순이익률 (%)
33	ENZO	Morenzo Abadi Perkasa	9	26	12	14	32	0	0	805.64	0.67	90%	0.04	0.08	0.04
34	FAPA	FAP Agri	1,635	726	384	342	296	14	10	69.77	4.79	113%	3.23	6.86	7.91
35	FISH	FKS Multi Agro	225	672	451	222	1,355	26	20	6.12	1.02	203%	5.48	17.00	2.72
36	FOOD	Sentra Food Indonesia	6	5	3	3	5	-1	-1	-5.13	2.09	97%	-21.00	-41.00	-23.00
37	GOLL	Golden Plantation	16	41	34	7	0	0	0	NA	2.29	501%	-3.54	-21.00	-454.00
38	GOOD	Garudafood Putra Putri Jaya	1,349	592	280	312	666	41	31	31.59	4.33	90%	7.21	14.00	6.41
39	GRPM	Graha Prima Mentari	6	6	0	6	20	0	0	26.37	1.09	5%	3.92	4.12	1.18
40	GULA	AmaN/Agrindo	29	19	6	13	24	0	0	99.28	2.33	50%	1.56	2.34	1.26
41	GZCO	Gozco Plantations	61	147	48	99	48	2	1	7.86	0.62	49%	5.29	7.87	16.00
42	HOKI	Buyung Poetra Sembada	142	75	19	55	75	-1	-1	-133.17	2.57	35%	-1.43	-1.93	-1.41
43	IBOS	Indo Boga Sukses	249	32	3	28	4	0	0	371.05	8.82	12%	2.12	2.38	19.00
44	ICBP	Indofood CBP Sukses Makmur	10,483	10,106	4,822	5,284	4,361	890	689	14.79	1.98	91%	7.01	13.00	16.00
45	IKAN	Era Mandiri Cemerlang	4	11	5	6	9	0	0	29.99	0.57	72%	1.11	1.90	1.34
46	INDF	Indofood Sukses Makmur	4,814	16,049	7,602	8,447	7,130	1,090	833	6.44	0.57	90%	4.66	8.85	10.00
47	IPPE	Indo Pureco Pratama	20	25	1	24	2	0	0	535.03	0.81	4%	0.14	0.15	1.48

	티커	주식명	시가총액 (십억원)	자산 (십억원)	부채 (십억원)	자본 (십억원)	매출액 (십억원)	영업이익 (십억원)	순이익 (십억원)	PER(x)	PBR(x)	부채비율 (%) 부채/자본	ROA(%)	ROE(%)	순이익률 (%)
48	JARR	Jhonlin Agro Raya	195	286	184	102	263	5	4	46.80	1.91	180%	1.45	4.07	1.58
49	JAWA	Jaya Agra Wattie	248	309	301	8	58	-21	-21	-7.95	31.83	3900%	-10.00	-400.00	-54.00
50	JPFA	Japfa Comfeed Indonesia	1,176	2,962	1,760	1,202	3,210	110	84	14.90	0.98	146%	2.67	6.57	2.46
51	KEJU	Mulia Boga Raya	147	66	12	54	62	6	4	32.02	2.70	22%	6.93	8.43	7.39
52	LSIP	PP London Sumatra Indonesia	516	1,061	123	937	248	46	39	8.32	0.55	13%	5.85	6.62	25.00
53	MAGP	Multi Agro Gemilang Plantation	38	71	65	6	3	-1	-1	NA	5.93	1000%	-7.56	-84.00	-197.00
54	MAIN	Malindo Feedmill	98	462	282	180	762	9	4	9.37	0.54	156%	2.26	5.80	1.37
55	MAXI	Maxindo Karya Anugerah	42	17	4	13	6	0	0	208.02	3.26	30%	1.21	1.57	3.57
56	MGRO	Mahkota Group	213	198	154	44	357	-13	-14	-21.61	4.84	350%	-4.97	-22.00	-2.76
57	MKTR	Menthobi Karyatama Raya	153	116	68	48	39	3	3	41.40	3.21	142%	3.20	7.75	9.55
58	MLBI	Multi Bintang Indonesia	1,388	278	172	106	193	74	59	16.15	13.06	162%	31.00	81.00	45.00
59	MYOR	Mayora Indah	4,732	1,991	793	1,198	1,946	219	175	19.31	3.95	66%	12.00	20.00	13.00
60	NASI	Wahana Inti Makmur	5	6	1	5	4	0	0	82.87	1.04	19%	1.05	1.25	1.43
61	NAYZ	Hassana Boga Sejahtera	4	8	2	6	2	0	0	24.88	0.72	26%	2.32	2.91	9.19
62	NSSS	Nusantara Sawit Sejahtera	358	300	212	87	76	-1	-3	-148.46	4.10	243%	-0.81	-2.76	-3.18

티커	주식명	시가총액 (십억원)	자산 (십억원)	부채 (십억원)	자본 (십억원)	매출액 (십억원)	영업이익 (십억원)	순이익 (십억원)	PER(x)	PBR(x)	부채비율 (%) 부채/자본	ROA(%)	ROE(%)	순이익률 (%)
63	OILS	Indo Oil Perkasa	5	16	8	7	40	1	0	180.31	0.69	113%	0.18	0.38	0.07
64	PANI	Pratama Abadi Nusa Industri	6,509	1,438	772	666	138	61	60	199.34	9.77	116%	2.27	4.90	24.00
65	PGUN	Pradiksi Gunatama	203	216	85	131	52	12	9	15.59	1.55	65%	6.02	9.95	25.00
66	PMMP	Panca Mitra Multiperdana	52	393	280	113	199	11	6	10.18	0.46	247%	1.31	4.54	2.59
67	PSDN	Prasidha Aneka Niaga	11	15	7	8	22	14	14	0.85	1.43	95%	86.00	168.00	59.00
68	PSGO	Palma Serasih	213	343	188	155	135	16	11	10.14	1.38	122%	6.13	14.00	16.00
69	PTPS	Pulau Subur	28	6	2	5	1	1	1	11.66	6.10	41%	37.00	52.00	204.00
70	ROTI	Nippon Indosari Corpindo	605	349	154	196	241	25	20	17.82	3.09	78%	9.72	17.00	14.00
71	SGRO	Sampoerna Agro	311	848	382	465	354	45	35	5.49	0.67	82%	6.68	12.00	16.00
72	SIMP	Salim Ivomas Pratama	505	3,016	1,204	1,811	1,004	74	45	8.04	0.28	66%	2.09	3.47	6.26
73	SIPD	Sreeya Sewu Indonesia	211	283	180	103	390	1	1	-18.46	2.05	175%	4.04	11.00	2.93
74	SKBM	Sekar Bumi	46	159	69	90	193	1	0	14.95	0.51	77%	1.94	3.43	1.60
75	SKLT	Sekar Laut	166	91	37	53	116	6	5	23.55	3.10	70%	7.77	13.00	6.07
76	SMAR	SMART	977	3,327	1,741	1,586	4,157	56	44	4.72	0.62	110%	6.22	13.00	4.98
77	SOUL	Mitra Tirta Buwana	2	4	0	4	0	0	0	-25.82	0.57	2%	-2.17	-2.20	-39.00
78	SSMS	Sawit Sumbermas Sarana	846	1,112	581	531	376	59	44	12.47	1.59	109%	6.10	13.00	18.00

	티커	주식명	시가총액 (십억원)	자산 (십억원)	부채 (십억원)	자본 (십억원)	매출액 (십억원)	영업이익 (십억원)	순이익 (십억원)	PER(x)	PBR(x)	부채비율 (%) 부채/자본	ROA(%)	ROE(%)	순이익률 (%)
79	STAA	Sumber Tani Agung Resources	843	557	168	389	327	61	48	13.70	2.17	43%	11.00	16.00	19.00
80	STRK	Lovina Beach Brewery	46	6	2	4	1	2	2	21.75	10.62	37%	36.00	49.00	166.00
81	STTP	Siantar Top	1,044	446	54	393	308	71	58	13.79	2.66	14%	17.00	19.00	25.00
82	TAPG	Triputra Agro Persada	920	1,153	235	918	513	114	97	6.19	1.00	26%	13.00	16.00	29.00
83	TAYS	Jaya Swarasa Agung	10	34	23	12	17	0	0	-74.36	0.80	191%	-0.37	-1.08	-0.77
84	TBLA	Tunas Baru Lampung	356	2,035	1,389	646	1,008	49	37	5.97	0.55	215%	2.93	9.23	5.91
85	TGKA	Tigaraksa Satria	504	383	201	182	921	36	29	11.80	2.77	111%	11.00	23.00	4.63
86	TGUK	Platinum Wahab Nusantara	28	17	2	15	9	0	0	32.30	1.85	13%	5.08	5.73	10.00
87	TLDN	Teladan Prima Agro	495	462	272	190	245	27	20	23.52	2.60	143%	4.56	11.00	8.58
88	TRGU	Cerestar Indonesia	120	296	209	87	334	1	0	-77.75	1.38	241%	-0.52	-1.77	-0.46
89	UDNG	Agro Bahari Nusantara	9	1	0	1	0	0	0	40.44	7.34	8%	17.00	18.00	66.00
90	ULTJ	Ultra Jaya Milk Industry & Trading	1,571	656	108	548	520	103	81	17.36	2.87	20%	14.00	17.00	17.00
91	UNSP	Bakrie Sumatera Plantations	24	402	896	-494	158	15	13	1.71	-0.05	-181%	3.50	N/A	8.87
92	WAPO	Wahana Pronatural	10	11	5	6	21	0	0	-48.15	1.58	78%	1.84	3.28	0.93
93	WINE	Hatten Bali	97	32	9	22	16	4	3	27.84	4.33	42%	11.00	16.00	22.00

	티커	주식명	시가총액 (십억원)	자산 (십억원)	부채 (십억원)	자본 (십억원)	매출액 (십억원)	영업이익 (십억원)	순이익 (십억원)	PER(x)	PBR(x)	부채비율 (%) 부채/자본	ROA(%)	ROE(%)	순이익률 (%)
94	WMPP	Widodo Makmur Perkasa	125	477	323	154	63	-24	-24	-2.62	0.81	209%	-9.98	-31.00	-76.00
95	WMUU	Widodo Makmur Unggas	55	221	125	96	23	-6	-6	-3.87	0.57	130%	-6.43	-15.00	-61.00
D3	담배 TOBACCO		13,461							7.78	1.56	44%			
1	GGRM	Gudang Garam	3,324	7,367	2,267	5,100	6,949	489	379	6.81	0.65	44%	6.62	9.56	7.02
2	HMSP	H.M. Sampoerna	8,849	4,740	2,360	2,380	7,420	668	527	13.65	3.72	99%	14.00	27.00	8.74
3	ITIC	Indonesian Tobacco	24	46	14	32	19	2	2	12.01	0.75	44%	4.32	6.21	11.00
4	RMBA	Bentoel Internasional Investama	947	802	195	606	569	51	34	8.41	1.56	32%	14.00	19.00	20.00
5	WIIM	Wismilak Inti Makmur	317	241	89	152	316	48	38	7.15	2.09	59%	18.00	29.00	14.00
D4	비내구재 NONDURABLE HOUSEHOLD PRODUCTS		12,492							25.27	0.69	56%			
1	EURO	Estee Gold Feet	36	5	0	5	1	0	0	86.31	7.10	7%	7.71	8.22	46.00
2	FLMC	Falmaco Nonwoven Industri	5	17	9	8	2	1	1	168.17	0.69	123%	0.18	0.41	1.64
3	KINO	Kino Indonesia	154	387	252	135	251	7	6	-2.79	1.13	186%	-14.00	-41.00	-22.00
4	KPAS	Cottonindo Ariesta	4	20	10	10	2	-3	-3	NA	0.41	98%	-14.00	-28.00	-165.00
5	MBTO	Martina Berto	9	62	27	34	27	0	0	-4.03	0.27	80%	-3.67	-6.59	-8.30
6	MRAT	Mustika Ratu	13	55	20	35	19	0	0	1.85	0.38	56%	13.00	21.00	39.00

티커	주식명	시가총액 (십억원)	자산 (십억원)	부채 (십억원)	자본 (십억원)	매출액 (십억원)	영업이익 (십억원)	순이익 (십억원)	PER(x)	PBR(x)	부채비율(%) 부채/자본	ROA(%)	ROE(%)	순이익률(%)
7 NANO	Nanotech Indonesia Global	6	15	1	14	2	0	0	320.37	0.44	9%	0.13	0.14	1.01
8 TCID	Mandom Indonesia	93	202	45	157	126	-1	-1	-74.86	0.59	29%	-0.62	-0.79	-0.99
9 UCID	Uni-Charm Indonesia	353	711	252	459	656	32	24	12.35	0.77	55%	4.02	6.23	4.36
10 UNVR	Unilever Indonesia	11,447	1,609	1,151	457	2,593	458	356	27.25	25.03	252%	26.00	92.00	16.00
11 VICI	Victoria Care Indonesia	371	100	23	77	87	16	12	23.29	4.81	30%	16.00	21.00	18.00
E 자유소비재 CONSUMER CYCLICALS		34,550							15.50	0.93	48%			
E1 자동차 및 부품 AUTOMOBILES COMPONENTS		6,922							10.07	0.81	48%			
1 AEGS	Anugerah Spareparts Sejahtera	9	3	2	1	0	0	0	116.22	7.01	144%	2.47	6.03	23.00
2 AUTO	Astra Otoparts	967	1,682	494	1,188	1,197	142	122	6.30	0.81	42%	9.13	13.00	13.00
3 BOLT	Garuda Metalindo	146	117	42	76	96	12	9	10.77	1.93	55%	12.00	18.00	14.00
4 BRAM	Indo Kordsa	230	377	79	298	253	22	14	8.96	0.77	27%	6.79	8.60	10.00
5 DRMA	Dharma Polimetal	568	286	122	164	361	56	45	10.07	3.45	74%	20.00	34.00	16.00
6 GDYR	Goodyear Indonesia	51	156	91	65	171	6	5	8.19	0.78	139%	3.99	9.53	3.64
7 GJTL	Gajah Tunggal	307	1,599	932	667	1,069	78	59	5.25	0.46	140%	3.65	8.75	5.47
8 INDS	Indospring	139	341	77	264	250	22	17	6.00	0.53	29%	6.79	8.77	9.28

	티커	주식명	시가총액 (억원)	자산 (억원)	부채 (억원)	자본 (억원)	매출액 (억원)	영업이익 (억원)	순이익 (억원)	PER(x)	PBR(x)	부채비율 (%) 부채/자본	ROA(%)	ROE(%)	순이익률 (%)
9	ISAP	Isra Presisi Indonesia	3	15	1	14	5	0	0	24.21	0.24	6%	0.93	0.98	2.78
10	LMAX	Lupromax Pelumas Indonesia	7	2	1	1	0	0	0	32.80	7.70	152%	9.30	23.00	66.00
11	LPIN	Multi Prima Sejahtera	13	29	2	27	9	2	2	6.25	0.49	7%	7.31	7.81	25.00
12	MASA	Multistrada Arah Sarana	2,974	639	143	496	498	116	93	38.24	6.00	29%	12.00	16.00	16.00
13	NIPS	Nipress	39	181	99	82	69	1	0	NA	0.48	120%	0.73	1.62	1.94
14	PRAS	Prima Alloy Steel Universal	6	122	101	21	3	-19	-16	-0.34	0.30	482%	-15.00	-87.00	-628.00
15	SMSM	Selamat Sempurna	977	385	83	302	320	81	65	12.71	3.23	27%	20.00	25.00	24.00
16	TYRE	King Tire Indonesia	36	38	12	26	32	2	2	15.75	1.41	47%	6.10	8.98	7.21
17	VKTR	VKTR Teknologi Mobilitas	450	146	47	99	76	4	3	1,091.95	4.56	48%	0.28	0.42	0.54
E2	가정용 내구재 HOUSEHOLD GOODS		328							8.82	0.54	71%			
1	CBMF	Cahaya Bintang Medan	8	31	10	21	0	0	0	-15.98	0.38	48%	-1.61	-2.39	-323.00
2	CINT	Chitose Internasional	14	42	13	29	25	0	0	-14.03	0.49	46%	-2.40	-3.50	-3.99
3	GEMA	Gema Grahasarana	38	90	56	34	75	2	0	12.29	1.13	167%	3.44	9.20	4.13
4	KICI	Kedaung Indah Can	3	15	6	9	5	0	0	-11.24	0.34	62%	-1.84	-2.98	-6.03

	티커	주식명	시가총액 (십억원)	자산 (십억원)	부채 (십억원)	자본 (십억원)	매출액 (십억원)	영업이익 (십억원)	순이익 (십억원)	PER(x)	PBR(x)	부채비율 (%) 부채/자본	ROA(%)	ROE(%)	순이익률 (%)
5	LFLO	Imago Mulia Persada	7	8	4	4	3	0	0	16.30	1.65	106%	4.92	10.00	14.00
6	LMPI	Langgeng Makmur Industri	10	59	42	16	35	-1	-1	-3.88	0.58	259%	-4.17	-15.00	-7.07
7	MGLV	Panca Anugrah Wisesa	10	24	13	11	13	2	2	6.32	0.94	121%	6.73	15.00	12.00
8	MICE	Multi Indocitra	30	104	38	66	69	4	3	9.22	0.46	57%	3.15	4.94	4.74
9	OLIV	Oscar Mitra Sukses Sejahtera	1	5	1	4	1	0	0	-8.40	0.33	20%	-3.27	-3.92	-19.00
10	SCNP	Selaras Citra Nusantara Perkasa	46	67	35	31	50	-1	-1	-29.96	1.47	112%	-2.32	-4.92	-3.09
11	SOFA	Boston Furniture Industries	2	5	1	4	2	0	0	8.41	0.62	36%	5.44	7.41	16.00
12	WOOD	Integra Indocabinet	158	591	263	328	145	10	5	-28.98	0.48	80%	-0.92	-1.66	-3.75
E3	레저용 제품 LEISURE GOODS		193							76.82	4.38	42%			
1	BIKE	Sepeda Bersama Indonesia	44	22	12	10	30	1	1	76.82	4.38	117%	2.62	5.70	1.87
2	IIKP	Inti Agri Resources	143	21	2	19	1	-1	0	-42.48	7.56	11%	-16.00	-18.00	-448.00
3	TOYS	Sunindo Adipersada	6	30	9	21	4	-1	-1	-7.31	0.29	42%	-2.77	-3.94	-19.00
E4	의류 및 사치품 APPAREL LUXURY GOODS		1,571							10.53	0.44	92%			
1	ARGO	Argo Pantes	259	93	81	12	7	-2	-2	-33.06	21.64	678%	-8.41	-65.00	-120.00
2	BATA	Sepatu Bata	16	58	38	20	41	-4	-7	-1.10	0.77	188%	-24.00	-70.00	-34.00

티커	주식명	시가총액 (십억원)	자산 (십억원)	부채 (십억원)	자본 (십억원)	매출액 (십억원)	영업이익 (십억원)	순이익 (십억원)	PER(x)	PBR(x)	부채비율 (%) 부채/자본	ROA(%)	ROE(%)	순이익률 (%)
3	BELL	Trisula Textile Industries	49	44	22	23	31	1	1	127.69	2.15	96%	0.86	1.68	1.25
4	BIMA	Primarindo Asia Infrastructure	5	26	19	7	6	0	0	-49.61	0.65	269%	-0.36	-1.31	-1.52
5	CNTB	Century Textile Industry Seri B	3	55	74	-19	46	-2	-2	-0.84	-0.14	-383%	-6.02	N/A	-7.15
6	CNTX	Century Textile Industry PS	1	45	68	-23	25	-4	-4	-0.15	-0.03	-292%	-11.00	N/A	-20.00
7	ERTX	Eratex Djaja	26	104	71	33	115	3	3	4.99	0.79	220%	4.97	16.00	4.50
8	ESTI	Ever Shine Tex	9	64	45	20	22	1	0	15.84	0.44	228%	0.84	2.76	2.49
9	HDTX	Panasia Indo Resources	37	21	28	-7	0	-1	0	-97.46	-5.21	403%	1.76	N/A	14,147.00
10	HRTA	Hartadinata Abadi	136	418	254	164	793	29	22	5.22	0.83	155%	6.24	16.00	3.29
11	INDR	Indo-Rama Synthetics	170	1,068	512	556	788	-53	-43	-2.81	0.31	92%	-5.66	-11.00	-7.67
12	INOV	Inocycle Technology Group	24	88	64	24	39	-2	-1	-6.42	1.00	271%	-4.20	-16.00	-9.34
13	MYTX	Asia Pacific Investama	40	326	357	-30	71	-18	-18	-1.47	-1.30	-1200%	-8.21	N/A	-38.00
14	PBRX	Pan Brothers	91	917	479	437	568	6	2	-10.67	0.21	110%	-0.93	-1.96	-1.51
15	POLU	Golden Flower	53	17	7	10	5	-1	-1	-23.44	5.08	63%	-13.00	-22.00	-48.00
16	POLY	Asia Pacific Fibers	11	281	1,545	-1,264	301	-23	-21	-0.46	-0.01	-122%	-8.30	N/A	-7.75
17	RICY	Ricky Putra Globalindo	6	134	116	18	56	-2	-2	-1.13	0.33	635%	-3.98	-29.00	-9.60

	티커	주식명	시가총액 (십억원)	자산 (십억원)	부채 (십억원)	자본 (십억원)	매출액 (십억원)	영업이익 (십억원)	순이익 (십억원)	PER(x)	PBR(x)	부채비율 (%) 부채/자본	ROA(%)	ROE(%)	순이익률 (%)
18	SBAT	Sejahtera Bintang Abadi Textile	4	55	42	13	1	-3	-2	-0.59	0.29	336%	-11.00	-50.00	-659.00
19	SRIL	Sri Rejeki Isman	254	860	2,039	-1,179	327	-153	-152	-0.52	-0.22	-173%	-56.00	N/A	-148.00
20	SSTM	Sunson Textile Manufacture	50	33	12	20	16	0	0	-61.24	2.43	61%	-2.46	-3.96	-5.21
21	TFCO	Tifico Fiber Indonesia	275	439	33	406	197	2	2	-272.95	0.68	8%	-0.23	-0.25	-0.51
22	TRIS	Trisula International	56	99	37	61	89	6	5	19.03	0.91	61%	2.96	4.76	3.28
23	UNIT	Nusantara Inti Corpora	2	31	10	21	5	0	0	NA	0.10	47%	0.09	0.14	0.65
E5	소비자 서비스 CONSUMER SERVICES		5,841							25.04	1.43	60%			
1	AKKU	Anugerah Kagum Karya Utama	27	62	25	37	0	0	0	-7.68	0.75	69%	-5.78	-9.74	-910.00
2	ARTA	Arthavest	114	26	1	24	4	0	0	238.71	4.66	6%	1.84	1.95	11.00
3	BAYU	Bayu Buana	45	67	32	35	142	6	5	6.62	1.26	90%	9.99	19.00	4.75
4	BLTZ	Graha Layar Prima	157	179	142	37	68	-3	-3	-22.62	4.23	385%	-3.86	-19.00	-10.00
5	BMBL	Lavender Bina Cendikia	2	7	0	7	1	0	0	12.79	0.32	5%	2.39	2.51	17.00
6	BOLA	Bali Bintang Sejahtera	82	66	5	61	20	0	0	-83.49	1.34	7%	-1.49	-1.60	-4.80
7	BUVA	Bukit Uluwatu Villa	107	166	106	61	24	4	4	36.41	1.76	175%	1.76	4.85	12.00
8	CLAY	Citra Putra Realty	28	48	48	0	14	1	0	-63.06	123.42	20900%	-0.93	-196.00	-3.32

	티커	주식명	시가총액 (십억원)	자산 (십억원)	부채 (십억원)	자본 (십억원)	매출액 (십억원)	영업이익 (십억원)	순이익 (십억원)	PER(x)	PBR(x)	부채비율 (%) 부채/자본	ROA(%)	ROE(%)	순이익률 (%)
9	CNMA	Nusantara Sejahtera Raya	1,913	602	207	395	324	45	36	47.60	4.84	52%	6.68	10.00	12.00
10	CSMI	Cipta Selera Murni	200	6	5	1	0	0	0	-391.19	273.31	661%	-9.18	-70.00	-213.00
11	DFAM	Dafam Property Indonesia	9	21	18	3	4	-1	-1	-6.33	2.46	506%	-6.41	-39.00	-31.00
12	DUCK	Jaya Bersama Indo	19	114	36	78	15	3	2	NA	0.24	46%	3.06	4.46	23.00
13	EAST	Eastparc Hotel	52	23	2	21	6	3	2	17.27	2.46	8%	13.00	14.00	47.00
14	ENAK	Champ Resto Indonesia	239	76	55	22	88	1	1	92.85	10.91	250%	3.36	12.00	2.92
15	ESTA	Esta Multi Usaha	21	24	10	14	3	0	0	59.26	1.57	73%	1.53	2.64	13.00
16	FAST	Fast Food Indonesia	251	321	244	77	393	-17	-13	-13.88	3.26	317%	-5.63	-24.00	-4.60
17	FITT	Hotel Fitra International	32	5	2	3	1	0	0	-61.31	12.66	93%	-11.00	-21.00	-76.00
18	GWSA	Greenwood Sejahtera	102	669	67	602	4	5	5	52.83	0.17	11%	0.29	0.32	55.00
19	HAJJ	Arsy Buana Travelindo	25	18	4	14	27	2	1	21.28	1.84	31%	6.59	8.66	4.39
20	HOME	Hotel Mandarine Regency	94	208	28	180	1	-1	-1	NA	0.52	16%	-1.43	-1.65	-341.00
21	HOTL	Saraswati Griya Lestari	15	112	86	26	3	-2	-2	NA	0.59	337%	-3.20	-14.00	-116.00
22	HRME	Menteng Heritage Realty	25	81	25	56	7	-1	-1	-21.91	0.45	45%	-1.43	-2.08	-17.00
23	IDEA	Idea Indonesia Akademi	5	7	2	5	1	0	0	47.53	0.87	29%	1.42	1.84	13.00

	티커	주식명	시가총액 (십억원)	자산 (십억원)	부채 (십억원)	자본 (십억원)	매출액 (십억원)	영업이익 (십억원)	순이익 (십억원)	PER(x)	PBR(x)	부채비율 (%) 부채/자본	ROA(%)	ROE(%)	순이익률 (%)
24	JGLE	Graha Andrasentra Propertindo	96	143	44	98	9	-3	-3	-1.53	0.98	45%	-44.00	-64.00	-670.00
25	JIHD	Jakarta International Hotels	77	575	160	415	90	16	13	20.48	0.19	38%	0.65	0.90	4.16
26	JSPT	Jakarta Setiabudi Internasional	255	528	290	238	109	12	8	74.52	1.07	122%	0.65	1.44	3.14
27	KDTN	Puri Sentul Permai	12	6	1	6	2	0	0	37.92	2.19	14%	5.07	5.77	17.00
28	KOTA	DMS Propertindo	45	130	26	104	2	-2	-2	-28.57	0.43	25%	-1.21	-1.51	-95.00
29	KPIG	MNC Land	514	2,768	577	2,191	89	26	26	15.50	0.23	26%	1.20	1.51	37.00
30	LUCY	Lima Dua Lima Tiga	13	8	4	4	4	0	0	36.77	3.45	110%	4.47	9.37	10.00
31	MABA	Marga Abhinaya Abadi	65	189	165	24	4	-23	-23	NA	2.71	684%	-12.00	-92.00	-576.00
32	MAMI	Mas Murni Indonesia	52	150	45	105	3	-3	-3	NA	0.50	43%	-2.03	-2.91	-119.00
33	MAMIP	Mas Murni Preferred Stock	0	150	45	105	3	-3	-3	NA	0.00	43%	-2.03	-2.91	-119.00
34	MAPB	MAP Boga Adiperkasa	394	276	129	147	261	13	10	28.81	2.68	88%	4.96	9.30	5.24
35	MINA	Sanurhasta Mitra	28	9	1	8	1	0	0	-153.06	3.33	9%	-2.00	-2.18	-23.00
36	NATO	Surya Permata Andalan	135	68	0	68	1	0	0	1,473.91	1.99	0%	0.13	0.13	12.00
37	NUSA	Sinergi Megah Internusa	33	70	6	64	1	-1	-1	NA	0.51	9%	-1.43	-1.55	-133.00

	티커	주식명	시가총액 (십억원)	자산 (십억원)	부채 (십억원)	자본 (십억원)	매출액 (십억원)	영업이익 (십억원)	순이익 (십억원)	PER(x)	PBR(x)	부채비율 (%) 부채/자본	ROA(%)	ROE(%)	순이익률 (%)
38	PANR	Panorama Sentrawisata	66	142	85	57	173	10	9	9.80	1.16	150%	4.75	12.00	3.91
39	PDES	Destinasi Tirta Nusantara	13	22	17	5	23	2	2	6.91	2.61	337%	8.64	38.00	8.53
40	PGLI	Pembangunan Graha Lestari Indah	6	8	3	4	1	-2	-1	-2.61	1.39	73%	-31.00	-53.00	-197.00
41	PJAA	Pembangunan Jaya Ancol	129	348	205	143	77	22	14	6.18	0.90	143%	6.01	15.00	27.00
42	PLAN	Planet Properindo Jaya	2	7	2	5	0	0	0	-9.55	0.42	46%	-3.00	-4.38	-49.00
43	PNSE	Pudjiadi & Sons	29	31	16	15	13	0	0	-37.03	1.93	103%	-2.57	-5.20	-6.17
44	PSKT	Red Planet Indonesia	44	34	5	29	3	-1	-1	-53.99	1.51	17%	-2.39	-2.79	-24.00
45	PTSP	Pioneerindo Gourmet International	49	26	14	12	39	1	1	61.57	4.10	121%	3.01	6.66	2.03
46	PZZA	Sarimelati Kencana	95	198	102	96	234	-4	-3	-41.54	0.99	107%	-1.16	-2.39	-0.98
47	RAFI	Sari Kreasi Boga	13	31	3	28	19	9	9	1.44	0.48	11%	30.00	33.00	48.00
48	SHID	Hotel Sahid Jaya International	62	109	43	65	7	-1	-1	-61.86	0.95	67%	-0.92	-1.53	-14.00
49	SNLK	Sunter Lakeside Hotel	20	16	4	12	3	0	0	-68.25	1.58	30%	-1.78	-2.32	-11.00
50	SOTS	Satria Mega Kencana	29	34	15	20	1	-1	-1	-26.39	1.47	74%	-3.21	-5.58	-79.00

	티커	주식명	시가총액 (십억원)	자산 (십억원)	부채 (십억원)	자본 (십억원)	매출액 (십억원)	영업이익 (십억원)	순이익 (십억원)	PER(x)	PBR(x)	부채비율 (%) 부채/자본	ROA(%)	ROE(%)	순이익률 (%)
E6	미디어 및 엔터테인먼트 MEDIA & ENTERTAINMENT		9,226							57.79	0.59	18%			
1	ABBA	Mahaka Media	17	23	27	-4	6	-2	-2	-9.94	-4.08	-637%	-7.66	N/A	-28.00
2	BMTR	Global Mediacom	378	3,115	780	2,335	688	88	74	5.43	0.16	33%	2.23	2.98	10.00
3	DIGI	Arkadia Digital Media	1	2	3	-1	3	0	0	-2.49	-2.03	-379%	-29.00	N/A	-16.00
4	DOOH	Era Media Sejahtera	55	21	2	19	12	1	1	257.29	2.86	10%	1.01	1.11	1.82
5	FILM	MD Pictures	3,201	145	7	138	25	10	7	407.17	23.26	5%	5.42	5.71	32.00
6	FORU	Fortune Indonesia	5	4	1	3	3	0	0	-21.17	1.81	34%	-6.36	-8.54	-8.91
7	FUTR	Lini Imaji Kreasi Ekosistem	27	17	1	16	9	1	1	144.67	1.70	9%	1.08	1.18	2.12
8	IPTV	MNC Vision Networks	179	919	266	653	154	-14	-11	-6.64	0.27	41%	-2.94	-4.14	-18.00
9	MARI	Mahaka Radio Integra	22	43	35	8	5	-6	-7	-7.32	2.90	456%	-7.12	-40.00	-58.00
10	MDIA	Intermedia Capital	167	714	469	245	52	-4	-5	-16.36	0.68	191%	-1.43	-4.16	-19.00
11	MNCN	Media Nusantara Citra	494	1,928	160	1,768	514	100	81	4.57	0.28	9%	5.60	6.11	21.00
12	MSIN	MNC Digital Entertainment	3,095	578	89	489	201	28	22	177.08	6.33	18%	3.02	3.57	8.70
13	MSKY	MNC Sky Vision	17	256	92	164	52	-29	-25	-0.51	0.10	56%	-13.00	-20.00	-63.00
14	NETV	Net Visi Media	118	133	158	-26	15	-20	-18	-5.66	-4.56	-615%	-16.00	N/A	-135.00
15	RAAM	Tripar Multivision	303	118	18	100	20	6	4	57.79	3.03	18%	4.45	5.24	27.00

	티커	주식명	시가총액 (십억원)	자산 (십억원)	부채 (십억원)	자본 (십억원)	매출액 (십억원)	영업이익 (십억원)	순이익 (십억원)	PER(x)	PBR(x)	부채비율 (%) 부채/자본	ROA(%)	ROE(%)	순이익률 (%)
16	SCMA	Surya Citra Media	1,069	893	179	715	407	26	9	49.86	1.50	25%	2.40	3.00	5.26
17	TMPO	Tempo Intimedia	8	34	18	16	12	0	0	-53.59	0.49	111%	-0.44	-0.92	-1.21
18	VIVA	Visi Media Asia	70	772	982	-210	77	-74	-75	-0.55	-0.33	-467%	-17.00	N/A	-166.00
E7 자유소비재 유통 RETAILING			0							12.99	1.01	46%			
1	ACES	Ace Hardware Indonesia	1,050	631	131	500	467	50	41	15.46	2.10	26%	11.00	14.00	15.00
2	ASLC	Autopedia Sukses Lestari	105	74	13	61	39	2	1	66.72	1.73	22%	2.13	2.60	4.09
3	BABY	Multitrend Indo	40	71	28	43	63	-1	-2	8.58	0.93	65%	6.60	11.00	7.37
4	BAUT	Mitra Angkasa Sejahtera	20	22	5	17	13	1	1	32.44	1.20	29%	2.86	3.68	4.86
5	BOGA	Bintang Oto Global	383	75	33	42	56	2	1	531.78	9.20	79%	0.96	1.73	1.29
6	CARS	Bintraco Dharma	128	313	244	70	391	19	13	8.92	1.83	351%	4.56	21.00	3.65
7	CSAP	Catur Sentosa Adiprana	292	908	614	294	1,028	18	14	15.53	1.00	209%	2.07	6.41	1.83
8	DEPO	Caturkarda Depo Bangunan	219	153	49	103	168	6	5	24.87	2.12	48%	5.78	8.54	5.25
9	ECII	Electronic City Indonesia	33	150	44	106	151	0	0	25.08	0.31	41%	0.87	1.23	0.86
10	ERAA	Erajaya Swasembada	578	1,832	1,171	661	3,639	65	43	8.21	0.87	177%	3.84	11.00	1.93
11	ERAL	Sinar Eka Selaras	141	166	45	121	229	18	14	8.81	1.17	37%	9.67	13.00	6.99
12	GLOB	Globe Kita Terang	10	1	79	-78	6	0	0	-1.73	-0.13	-101%	-832.00	N/A	-108.00

티커	주식명	시가총액 (십억원)	자산 (십억원)	부채 (십억원)	자본 (십억원)	매출액 (십억원)	영업이익 (십억원)	순이익 (십억원)	PER(x)	PBR(x)	부채비율 (%) 부채/자본	ROA(%)	ROE(%)	순이익률 (%)
13 IMAS	Indomobil Sukses Internasional	474	5,178	3,945	1,233	1,864	66	44	11.30	0.38	320%	0.81	3.40	2.25
14 KLIN	Klinko Karya Imaji	3	4	1	3	0	0	0	-14.60	1.14	29%	-6.03	-7.81	-49.00
15 LPPF	Matahari Department Store	384	469	469	0	423	66	54	4.71	1,284.99	156800%	17.00	27,278.00	19.00
16 MAPA	Map Aktif Adiperkasa	1,987	786	319	467	815	115	88	16.60	4.25	68%	15.00	26.00	15.00
17 MAPI	Mitra Adiperkasa	2,526	2,089	1,075	1,014	2,022	198	156	14.14	2.49	106%	8.55	18.00	8.84
18 MKNT	Mitra Komunikasi Nusantara	1	35	39	-4	106	-1	-1	-0.52	-0.24	-996%	-5.09	N/A	-1.70
19 MPMX	Mitra Pinasthika Mustika	398	738	227	511	893	44	36	7.48	0.78	45%	7.22	10.00	5.96
20 PMJS	Putra Mandiri Jembar	166	381	143	238	677	22	16	8.33	0.70	60%	5.23	8.38	2.94
21 RALS	Ramayana Lestari Sentosa	311	399	98	301	182	25	22	11.84	1.03	33%	6.57	8.72	14.00
22 SLIS	Gaya Abadi Sempurna	16	41	12	29	28	2	1	5.59	0.54	42%	6.83	9.72	10.00
23 SONA	Sona Topas Tourism Industry	57	82	32	50	44	2	-1	224.18	1.14	63%	0.31	0.51	0.58
24 TELE	Tiphone Mobile Indonesia	31	9	402	-393	199	-1	-1	-2.01	-0.08	-102%	-181.00	N/A	-7.74
25 TOOL	Rohartindo Nusantara Luas	11	18	2	15	8	2	2	6.68	0.69	16%	8.94	10.00	19.00
26 TRIO	Trikomsel Oke	942	8	325	-317	45	-1	-1	-99.52	-2.97	-102%	-123.00	N/A	-21.00

	티커	주식명	시가총액 (십억원)	자산 (십억원)	부채 (십억원)	자본 (십억원)	매출액 (십억원)	영업이익 (십억원)	순이익 (십억원)	PER(x)	PBR(x)	부채비율 (%) 부채/자본	ROA(%)	ROE(%)	순이익률 (%)
27	UFOE	Damai Sejahtera Abadi	38	39	21	18	55	1	1	32.61	2.15	118%	3.03	6.60	2.14
28	YELO	Yelooo Integra Datanet	8	90	64	25	55	1	1	185.12	0.32	253%	0.05	0.17	0.08
29	ZATA	Bersama Zatta Jaya	36	59	15	44	14	1	0	70.41	0.82	34%	0.87	1.17	3.55
30	ZONE	Mega Perintis	82	62	30	32	46	5	4	17.25	2.58	94%	7.71	15.00	10.00
F	헬스케어 HEALTHCARE		21,976							20.50	1.85	40%			
F1	헬스케어 장비HEALTHCARE EQUIPMENT & PROVIDERS		11,665							42.74	2.15	33%			
1	BMHS	Bundamedik	238	257	104	153	93	1	1	178.56	1.56	68%	0.52	0.87	1.43
2	CARE	Metro Healthcare Indonesia	452	353	88	265	13	-8	-8	-50.85	1.71	33%	-2.52	-3.36	-69.00
3	DGNS	Diagnos Laboratorium Utama	26	22	5	17	9	-1	-1	-30.31	1.54	27%	-4.00	-5.08	-9.47
4	HALO	Haloni Jane	24	28	13	15	15	2	2	2.45	1.64	91%	35.00	67.00	64.00
5	HEAL	Medikaloka Hermina	1,904	724	300	424	360	48	38	55.74	4.49	71%	4.72	8.05	9.50
6	IRRA	Itama Ranoraya	109	60	20	40	26	2	1	56.15	2.71	49%	3.24	4.83	7.46
7	MEDS	Hetzer Medical Indonesia	9	7	1	5	1	-1	-1	-10.95	1.72	28%	-12.00	-16.00	-80.00
8	MIKA	Mitra Keluarga Karyasehat	3,451	605	65	539	268	81	63	42.74	6.40	12%	13.00	15.00	30.00

	티커	주식명	시가총액 (십억원)	자산 (십억원)	부채 (십억원)	자본 (십억원)	매출액 (십억원)	영업이익 (십억원)	순이익 (십억원)	PER(x)	PBR(x)	부채비율 부채/자본 (%)	ROA(%)	ROE(%)	순이익률 (%)
9	MMIX	Multi Medika Internasional	41	21	5	16	12	2	2	31.69	2.52	31%	6.09	7.96	11.00
10	MTMH	Murni Sadar	237	157	59	98	58	0	0	106.87	2.42	61%	1.41	2.27	3.85
11	OMED	Jayamas Medica Industri	492	209	25	184	108	19	16	20.50	2.67	14%	11.00	13.00	22.00
12	PRAY	FamoN/Awal Bros Sedaya	836	376	131	245	115	18	15	51.35	3.42	53%	4.33	6.65	14.00
13	PRDA	Prodia Widyahusada	430	229	29	199	137	26	20	15.24	2.16	15%	12.00	14.00	21.00
14	PRIM	Royal Prima	25	87	4	82	16	-1	-1	-60.23	0.31	5%	-0.49	-0.51	-2.68
15	RSCH	Charlie Hospital Semarang	27	13	0	13	3	0	0	-274.80	2.14	2%	-0.76	-0.78	-3.84
16	RSGK	Kedoya Adyaraya	99	69	6	63	23	2	2	48.10	1.57	10%	2.97	3.26	8.85
17	SAME	Sarana Meditama Metropolitan	457	452	114	338	96	1	1	261.18	1.35	34%	0.39	0.52	1.82
18	SILO	Siloam International Hospitals	2,410	914	260	653	701	102	75	25.63	3.69	40%	10.00	14.00	13.00
19	SRAJ	Sejahteraraya Anugrahjaya	306	478	320	158	154	-3	-3	-75.76	1.94	203%	-0.85	-2.56	-2.62
20	SURI	Maja Agung Latexindo	88	15	5	10	1	-1	-1	-233.06	8.51	45%	-2.52	-3.65	-49.00
F2	제약 PHARMACEUTICALS & HEALTHCARE RESEARCH		10,312							13.95	1.36	45%			
1	DVLA	Darya-Varia Laboratoria	159	171	50	120	115	11	9	22.23	1.32	42%	4.18	5.94	6.22

	티커	주식명	시가총액 (십억원)	자산 (십억원)	부채 (십억원)	자본 (십억원)	매출액 (십억원)	영업이익 (십억원)	순이익 (십억원)	PER(x)	PBR(x)	부채비율 (%) 부채/자본	ROA(%)	ROE(%)	순이익률 (%)
2	IKPM	Ikapharmindo Putramas	29	35	20	16	12	1	1	17.30	1.85	126%	4.74	11.00	14.00
3	INAF	Indofarma	153	127	136	9	38	-18	-16	-4.11	-17.06	-1500%	-29.00	N/A	98.00
4	KAEF	Kimia Farma	684	1,747	944	803	656	-13	-11	-48.31	0.85	118%	-0.81	-1.76	-2.16
5	KLBF	Kalbe Farma	6,415	2,310	409	1,902	1,918	225	176	25.48	3.37	21%	11.00	13.00	13.00
6	MERK	Merck	159	79	16	63	66	14	11	11.67	2.52	25%	17.00	22.00	21.00
7	PEHA	Phapros	46	157	93	64	66	-2	-1	-127.75	0.72	145%	-0.23	-0.56	-0.54
8	PEVE	Penta Valent	26	76	58	19	153	3	2	9.18	1.36	306%	3.64	15.00	1.82
9	PYFA	Pyridam Farma	52	132	99	34	44	-4	-4	-10.38	1.54	293%	-3.79	-15.00	-11.00
10	SCPI	Organon Pharma Indonesia	9	131	40	91	190	28	22	0.44	0.10	45%	15.00	22.00	11.00
11	SIDO	Industri Jamu dan Farmasi Sido Muncul	1,339	319	29	290	201	64	50	16.22	4.62	10%	26.00	28.00	41.00
12	SOHO	Soho Global Health	539	397	180	216	512	29	23	18.72	2.49	83%	7.26	13.00	5.62
13	TSPC	Tempo Scan Pacific	703	961	276	686	830	110	85	5.86	1.03	40%	12.00	18.00	14.00
G	금융 FINANCIALS		318,685							15.53	0.90	201%			
G1	은행 BANKS		288,911							15.27	0.90	425%			
1	AGRO	Bank Raya Indonesia	645	972	683	289	57	12	1	-1,209.93	2.25	236%	-0.06	-0.19	-0.95
2	AGRS	Bank IBK Indonesia	264	1,665	1,297	368	131	13	13	16.64	0.72	353%	0.96	4.35	12.00
3	AMAR	Bank Amar Indonesia	495	377	94	284	59	14	14	32.74	1.76	33%	4.05	5.39	26.00

티커	주식명	시가총액 (십억원)	자산 (십억원)	부채 (십억원)	자본 (십억원)	매출액 (십억원)	영업이익 (십억원)	순이익 (십억원)	PER(x)	PBR(x)	부채비율 (%) 부채/자본	ROA(%)	ROE(%)	순이익률 (%)
4	ARTO	Bank Jago	3,381	1,626	895	708	122	6	4	1,567.57	4.82	126%	0.13	0.31	1.78
5	BABP	Bank MNC Internasional	171	1,475	1,172	303	86	7	5	38.25	0.57	387%	0.31	1.49	5.25
6	BACA	Bank Capital Indonesia	222	1,717	1,431	286	72	5	4	40.95	0.78	501%	0.32	1.91	7.55
7	BANK	Bank Aladin Syariah	1,541	515	13	262	15	-12	-12	-69.31	5.95	5%	-4.36	-8.58	149.00
8	BBCA	Bank Central Asia	97,512	117,423	96,754	20,054	5,609	3,826	3,097	24.04	4.91	482%	3.49	20.00	73.00
9	BBHI	Allo Bank Indonesia	2,359	1,019	440	579	83	37	29	70.11	4.11	76%	3.33	5.87	41.00
10	BBKP	Bank KB Bukopin	1,264	7,131	5,706	1,425	328	-367	-287	-2.60	0.90	400%	-6.88	-34.00	150.00
11	BBMD	Bank Mestika Dharma	688	1,402	998	405	79	32	25	19.05	1.72	247%	2.60	9.02	46.00
12	BBNI	Bank Negara Indonesia Persero	16,870	85,791	73,278	12,514	5,059	1,647	1,351	9.84	1.36	586%	2.02	14.00	34.00
13	BBRI	Bank Rakyat Indonesia Persero	73,015	157,417	130,937	26,480	13,106	4,736	3,758	15.49	2.79	494%	3.02	18.00	36.00
14	BBSI	Krom Bank Indonesia	1,132	291	22	269	24	11	8	120.33	4.26	8%	3.27	3.54	40.00
15	BBTN	Bank Tabungan Negara Persero	1,476	34,822	30,305	2,470	1,686	248	197	5.69	0.60	1200%	0.75	11.00	16.00
16	BBYB	Bank Neo Commerce	442	1,653	1,379	275	236	-48	-48	-6.96	1.62	502%	-3.88	-23.00	-27.00
17	BCIC	Bank JTrust Indonesia	183	3,151	2,827	324	156	9	9	19.25	0.57	872%	0.30	2.96	6.15

	티커	주식명	시가총액 (십억원)	자산 (십억원)	부채 (십억원)	자본 (십억원)	매출액 (십억원)	영업이익 (십억원)	순이익 (십억원)	PER(x)	PBR(x)	부채비율 (%) 부채/자본	ROA(%)	ROE(%)	순이익률 (%)
18	BDMN	Bank Danamon Indonesia	2,286	17,704	13,541	4,162	1,354	290	227	8.14	0.55	325%	1.60	6.82	21.00
19	BEKS	Bank Pembangunan Daerah Banten	218	584	446	138	29	-2	-1	-20.30	1.60	324%	-1.86	-7.88	-38.00
20	BGTG	Bank Ganesha	155	637	365	272	38	7	6	23.52	0.58	134%	1.05	2.45	18.00
21	BINA	Bank Ina Perdana	2,111	2,003	1,705	298	110	19	14	107.82	7.16	572%	0.99	6.64	18.00
22	BJBR	Bank Pembangunan Daerah Jawa Barat dan Banten	1,018	15,241	13,262	1,276	965	147	120	6.35	0.81	1000%	1.06	13.00	17.00
23	BJTM	Bank Pembangunan Daerah Jawa Timur	790	9,098	7,906	999	453	120	93	6.54	0.80	792%	1.34	12.00	27.00
24	BKSW	Bank QNB Indonesia	241	1,100	696	405	68	6	6	191.52	0.60	172%	0.12	0.31	1.87
25	BMAS	Bank Maspion Indonesia	884	1,771	1,499	273	72	6	4	138.10	3.28	550%	0.36	2.37	8.94
26	BMRI	Bank Mandiri Persero	47,517	170,590	130,878	22,831	10,657	4,523	3,636	11.39	2.10	573%	2.47	18.00	40.00
27	BNBA	Bank Bumi Arta	212	695	431	264	34	3	3	97.62	0.81	163%	0.32	0.83	6.50
28	BNGA	Bank CIMB Niaga	3,585	27,976	23,948	4,028	1,629	537	421	6.98	0.90	594%	1.85	13.00	32.00
29	BNII	Bank Maybank Indonesia	1,550	14,454	11,901	2,553	767	141	110	11.14	0.61	466%	0.97	5.50	18.00
30	BNLI	Bank Permata	2,801	21,412	18,078	3,334	1,107	235	182	17.42	0.85	542%	0.76	4.87	15.00

	티커	주식명	시가총액 (십억원)	자산 (십억원)	부채 (십억원)	자본 (십억원)	매출액 (십억원)	영업이익 (십억원)	순이익 (십억원)	PER(x)	PBR(x)	부채비율 (%) 부채/자본	ROA(%)	ROE(%)	순이익률 (%)
31	BRIS	Bank Syariah Indonesia	6,754	27,187	7,000	3,160	1,043	463	357	15.27	2.16	222%	1.64	14.00	43.00
32	BSIM	Bank Sinarmas	1,477	4,054	2,910	640	234	22	19	68.01	2.33	454%	0.54	3.42	9.36
33	BSWD	Bank of India Indonesia	386	524	238	286	23	3	3	120.09	1.37	83%	0.62	1.14	14.00
34	BTPN	Bank BTPN	1,796	16,647	12,266	3,487	1,244	261	204	7.70	0.52	352%	1.42	6.76	19.00
35	BTPS	Bank BTPN Syariah	1,096	1,867	235	739	335	109	85	8.94	1.50	32%	6.63	17.00	37.00
36	BVIC	Bank Victoria International	132	2,324	1,999	326	117	12	10	7.03	0.41	614%	0.82	5.82	16.00
37	DNAR	Bank Oke Indonesia	173	933	629	304	63	2	2	87.28	0.58	207%	0.22	0.66	3.21
38	INPC	Bank Artha Graha Internasional	124	2,065	1,714	350	97	11	11	14.77	0.36	489%	0.41	2.42	8.76
39	MASB	Bank Multiarta Sentosa	426	2,245	1,936	309	90	21	16	20.06	1.39	627%	0.95	6.95	24.00
40	MAYA	Bank Mayapada Internasional	452	11,510	10,328	1,182	556	7	6	-303.14	0.39	874%	-0.01	-0.13	-0.27
41	MCOR	Bank China Construction Bank Indonesia	249	2,234	1,692	542	107	19	15	13.31	0.46	312%	0.85	3.48	18.00
42	MEGA	Bank Mega	5,039	9,932	8,172	1,760	765	294	238	14.23	2.89	464%	3.60	20.00	47.00
43	NISP	Bank OCBC NISP	2,278	20,995	17,937	3,058	1,083	330	260	7.06	0.75	587%	1.55	11.00	30.00
44	NOBU	Bank Nationalnobu	466	2,110	1,830	280	99	11	9	41.67	1.68	654%	0.54	4.03	11.00
45	PNBN	Bank Pan Indonesia	2,452	17,970	12,427	4,541	943	302	241	9.58	0.55	274%	1.44	5.69	27.00

	티커	주식명	시가총액 (억원)	자산 (억원)	부채 (억원)	자본 (억원)	매출액 (억원)	영업이익 (억원)	순이익 (억원)	PER(x)	PBR(x)	부채비율 (%) 부채/자본	ROA(%)	ROE(%)	순이익률 (%)
46	PNBS	Bank Panin Dubai Syariah	176	1,321	87	232	33	18	18	7.06	0.77	37%	1.91	11.00	76.00
47	SDRA	Bank Woori Saudara Indonesia 1906	407	4,583	3,711	873	235	60	45	6.33	0.47	425%	1.42	7.45	28.00
G2	금융서비스 FINANCING SERVICE		4,311							11.28	1.04	103%			
1	ADMF	Adira Dinamika Multi Finance	931	2,520	1,621	899	492	144	114	6.08	1.04	180%	6.08	17.00	31.00
2	BBLD	Buana Finance	92	462	347	115	40	7	6	10.26	0.80	301%	1.95	7.81	22.00
3	BFIN	BFI Finance Indonesia	1,635	2,054	1,254	800	340	123	100	11.50	2.04	157%	6.92	18.00	42.00
4	BPFI	Woori Finance Indonesia	94	143	56	88	15	7	5	17.32	1.06	63%	3.77	6.15	37.00
5	CFIN	Clipan Finance Indonesia	166	802	340	462	84	78	61	2.05	0.36	74%	10.00	18.00	97.00
6	DEFI	Danasupra Erapacific	85	4	0	4	0	0	0	-79.46	22.22	1%	-28.00	-28.00	-1,068.00
7	FUJI	Fuji Finance Indonesia	25	14	0	14	1	0	0	91.09	1.85	2%	1.99	2.03	42.00
8	HDFA	Radana Bhaskara Finance	56	192	134	58	14	1	1	24.24	0.95	230%	1.19	3.94	17.00
9	MFIN	Mandala Multifinance	658	575	292	283	138	39	31	15.57	2.32	103%	7.34	15.00	31.00
10	POLA	Pool Advista Finance	12	21	1	20	1	-1	-1	-6.60	0.57	4%	-8.30	-8.59	-198.00

	티커	주식명	시가총액 (십억원)	자산 (십억원)	부채 (십억원)	자본 (십억원)	매출액 (십억원)	영업이익 (십억원)	순이익 (십억원)	PER(x)	PBR(x)	부채비율 (%) 부채/자본	ROA(%)	ROE(%)	순이익률 (%)
11	TIFA	KDB Tifa Finance	196	147	50	96	10	5	4	43.42	2.04	52%	3.08	4.69	44.00
12	TRUS	Trust Finance Indonesia	24	36	4	31	3	2	2	11.13	0.78	14%	6.13	6.99	66.00
13	VRNA	Mizuho Leasing Indonesia	42	236	173	62	20	4	4	11.28	0.67	277%	1.56	5.90	19.00
14	VTNY	Venteny Fortuna International	187	77	43	34	9	1	1	932.61	5.51	127%	0.26	0.59	2.36
15	WOMF	Wahana Ottomitra Multiartha	108	560	425	136	110	15	12	5.87	0.79	313%	3.27	14.00	17.00
G3	투자서비스 INVESTMENT SERVICE		918							21.83	1.79	24%			
1	AMOR	Ashmore Asset Management Indonesia	185	33	6	27	7	3	3	21.92	6.80	23%	25.00	31.00	120.00
2	PADI	Minna Padi Investama Sekuritas	8	17	2	15	0	-1	-1	-2.31	0.51	13%	-19.00	-22.00	-2,262.00
3	PANS	Panin Sekuritas	99	182	50	132	26	13	10	8.73	0.75	38%	6.23	8.58	43.00
4	RELI	Reliance Sekuritas Indonesia	92	65	13	52	2	3	3	26.45	1.77	26%	5.32	6.69	215.00
5	TRIM	Trimegah Sekuritas Indonesia	178	272	174	98	44	11	8	21.74	1.81	177%	3.01	8.33	19.00
6	YULE	Yulie Sekuritas Indonesia	357	43	3	40	-1	-2	-2	479.73	8.93	8%	1.72	1.86	N/A
G4	보험 INSURANCE		3,526							15.67	0.77	163%			

	티커	주식명	시가총액 (십억원)	자산 (십억원)	부채 (십억원)	자본 (십억원)	매출액 (십억원)	영업이익 (십억원)	순이익 (십억원)	PER(x)	PBR(x)	부채비율 (%) 부채/자본	ROA(%)	ROE(%)	순이익률 (%)
1	ABDA	Asuransi Bina Dana Arta	306	216	91	126	62	5	4	65.85	2.43	72%	2.15	3.70	7.55
2	AHAP	Asuransi Harta Aman Pratama	39	80	64	17	49	-1	-1	-26.66	2.33	383%	-1.81	-8.72	-2.95
3	AMAG	Asuransi Multi Artha Guna	123	443	300	143	200	10	10	9.56	0.86	209%	2.91	9.01	6.46
4	ASBI	Asuransi Bintang	21	84	50	33	31	1	1	21.44	0.63	152%	1.15	2.92	3.14
5	ASDM	Asuransi Dayin Mitra	15	96	65	31	91	1	1	8.67	0.50	212%	1.85	5.76	1.95
6	ASJT	Asuransi Jasa Tania	15	42	15	27	13	0	0	299.56	0.55	56%	0.12	0.18	0.38
7	ASMI	Asuransi Maximus Graha Persada	38	91	58	33	111	1	1	-32.15	1.15	174%	-1.30	-3.57	-1.07
8	ASRM	Asuransi Ramayana	40	160	105	55	146	5	5	5.40	0.74	192%	4.68	14.00	5.14
9	BHAT	Bhakti Multi Artha	249	91	45	45	10	0	0	1,406.60	5.47	99%	0.20	0.39	1.82
10	JMAS	Asuransi Jiwa Syariah Jasa Mitra Abadi	5	31	21	10	3	0	0	50.16	0.51	203%	0.34	1.01	3.08
11	LIFE	Asuransi Jiwa Sinarmas MSIG	1,076	1,254	621	632	216	16	11	49.29	1.70	98%	1.74	3.45	10.00
12	LPGI	Lippo General Insurance	103	243	171	71	244	2	2	-29.75	1.45	240%	-1.43	-4.87	-1.42
13	MREI	Maskapai Reasuransi Indonesia	92	380	257	121	190	4	3	27.50	0.76	213%	0.88	2.76	1.75

	티커	주식명	시가총액 (십억원)	자산 (십억원)	부채 (십억원)	자본 (십억원)	매출액 (십억원)	영업이익 (십억원)	순이익 (십억원)	PER(x)	PBR(x)	부채비율 (%) 부채/자본	ROA(%)	ROE(%)	순이익률 (%)
14	MTWI	Malacca Trust Wuwungan Insurance	18	100	77	24	54	1	1	17.59	0.77	321%	1.04	4.39	1.94
15	PNIN	Paninvest	341	3,164	359	2,800	174	33	126	3.72	0.12	13%	2.89	3.27	53.00
16	PNLF	Panin Financial	719	3,014	362	2,650	264	132	131	4.60	0.27	14%	5.19	5.90	59.00
17	TUGU	Asuransi Tugu Pratama Indonesia	308	2,031	1,167	863	498	122	97	2.93	0.36	135%	5.18	12.00	21.00
18	VINS	Victoria Insurance	19	25	12	14	10	1	1	15.67	1.38	86%	4.74	8.81	12.00
G5	다부문 지주회사 HOLDING INVESTMENT COMPANIES		21,019							67.82	0.87	55%			
1	APIC	Pacific Strategic Financial	1,145	612	409	203	132	12	12	72.40	5.63	201%	2.58	7.78	12.00
2	BCAP	MNC Kapital Indonesia	181	2,148	1,620	528	159	10	8	14.77	0.34	307%	0.57	2.33	7.74
3	BPII	Batavia Prosperindo Internasional	451	299	160	139	59	12	8	65.30	3.25	115%	2.31	4.97	12.00
4	CASA	Capital Financial Indonesia	2,871	2,783	1,800	723	473	5	4	1,485.87	3.97	249%	0.07	0.27	0.41
5	DNET	Indoritel Makmur Internasional	5,667	1,714	610	1,104	88	58	56	70.34	5.13	55%	4.70	7.29	92.00
6	GSMF	Equity Development Investment	74	504	286	218	64	-1	-1	-93.24	0.34	132%	-0.16	-0.36	-1.24
7	LPPS	Lenox Pasifik Investama	14	86	0	86	0	2	2	6.49	0.17	0%	2.56	2.56	14,402.00

티커	주식명	시가총액 (십억원)	자산 (십억원)	부채 (십억원)	자본 (십억원)	매출액 (십억원)	영업이익 (십억원)	순이익 (십억원)	PER(x)	PBR(x)	부채비율 (%) 부채/자본	ROA(%)	ROE(%)	순이익률 (%)
8	MGNA	Magna Investama Mandiri	3	11	8	4	3	0	0	-33.09	0.87	209%	-0.85	-2.62	-3.14
9	NICK	Charnic Capital	14	16	0	16	-6	-6	-6	-1.33	0.86	1%	-64.00	-65.00	N/A
10	OCAP	Onix Capital	4	1	20	-19	0	0	0	-2.13	-0.19	-105%	-179.00	N/A	N/A
11	PALM	Provident Investasi Bersama	378	550	226	325	0	-165	-165	-2.58	1.17	70%	-27.00	-45.00	-68,834.00
12	PEGE	Panca Global Kapital	41	24	3	21	0	-3	-3	-6.63	1.95	15%	-26.00	-29.00	N/A
13	PLAS	Polaris Investama	5	16	3	13	0	0	0	NA	0.38	20%	-0.20	-0.24	-19.00
14	POOL	Pool Advista Indonesia	10	37	1	36	1	0	0	NA	0.28	3%	-8.16	-8.39	-292.00
15	SFAN	Surya Fajar Capital	225	21	6	15	1	-1	-1	-650.47	15.27	40%	-1.68	-2.35	-46.00
16	SMMA	Sinarmas Multiartha	7,848	9,686	7,526	2,160	1,434	139	128	73.21	3.63	348%	1.11	4.96	7.48
17	SRTG	Saratoga Investama Sedaya	1,891	4,311	204	4,107	145	-969	-901	-1.69	0.46	5%	-26.00	-27.00	-770.00
18	STAR	Buana Artha Anugerah	44	44	0	43	0	0	0	155.05	1.01	1%	0.64	0.65	94.00
19	VICO	Victoria Investama	154	2,569	2,039	433	55	15	13	15.47	0.36	471%	0.39	2.30	18.00
H	부동산 PROPERTIES REAL ESTATE	22,019							13.22	0.56	40%			
H1	부동산 PROPERTIES REAL ESTATE	22,019							13.22	0.56	40%			
1	ADCP	Adhi Commuter Properti	94	543	332	211	25	2	2	13.98	0.45	157%	1.24	3.20	28.00

	티커	주식명	시가총액 (십억원)	자산 (십억원)	부채 (십억원)	자본 (십억원)	매출액 (십억원)	영업이익 (십억원)	순이익 (십억원)	PER(x)	PBR(x)	부채비율 (%) 부채/자본	ROA(%)	ROE(%)	순이익률 (%)
2	AMAN	Makmur Berkah Amanda	40	85	26	59	10	4	3	7.14	0.67	44%	6.52	9.39	57.00
3	APLN	Agung Podomoro Land	249	2,431	1,265	1,166	333	126	115	3.17	0.21	108%	3.23	6.73	24.00
4	ARMY	Armidian Karyatama	38	146	20	125	3	0	0	NA	0.31	16%	0.32	0.37	13.00
5	ASPI	Andalan Sakti Primaindo	8	8	2	6	1	0	0	-27.79	1.36	38%	-3.54	-4.89	-48.00
6	ASRI	Alam Sutera Realty	274	1,921	998	923	211	19	18	2.71	0.30	108%	5.26	11.00	48.00
7	ATAP	Trimitra Prawara Goldland	6	10	3	7	2	0	0	28.77	0.81	40%	2.02	2.83	11.00
8	BAPA	Bekasi Asri Pemula	4	11	1	11	1	0	0	-24.23	0.35	5%	-1.36	-1.43	-24.00
9	BAPI	Bhakti Agung Propertindo	24	56	20	36	0	0	0	-206.43	0.66	55%	-0.21	-0.32	-76.00
10	BBSS	Bumi Benowo Sukses Sejahtera	32	21	0	21	0	0	0	-220.08	1.53	2%	-0.68	-0.70	-531.00
11	BCIP	Bumi Citra Permai	7	78	37	41	7	2	2	6.12	0.18	89%	1.53	2.90	17.00
12	BEST	Bekasi Fajar Industrial Estate	112	508	132	377	35	9	9	32.68	0.30	35%	0.68	0.91	9.84
13	BIKA	Binakarya Jaya Abadi	3	252	286	-34	9	-6	-6	-0.32	-0.07	-836%	-3.22	N/A	-86.00
14	BIPP	Bhuwanatala Indah Permai	21	161	71	91	18	1	0	-42.76	0.24	78%	-0.31	-0.55	-2.72
15	BKDP	Bukit Darmo Property	33	64	31	33	2	-2	-2	-14.45	0.98	93%	-3.50	-6.76	-104.00

티커	주식명	시가총액 (십억원)	자산 (십억원)	부채 (십억원)	자본 (십억원)	매출액 (십억원)	영업이익 (십억원)	순이익 (십억원)	PER(x)	PBR(x)	부채비율 (%) 부채/자본	ROA(%)	ROE(%)	순이익률 (%)
16 BKSL	Sentul City	713	1,736	485	1,251	32	3	3	-161.57	0.57	39%	-0.25	-0.35	-14.00
17 BSBK	Wulandari Bangun Laksana	109	214	72	142	20	2	2	60.30	0.77	51%	0.84	1.27	9.04
18 BSDE	Bumi Serpong Damai	1,944	6,045	2,586	3,458	621	171	171	6.96	0.56	75%	4.62	8.07	45.00
19 CBPE	Citra Buana Prasida	16	24	7	17	3	1	1	6.86	0.93	40%	9.69	14.00	73.00
20 CITY	Natura City Developments	29	81	10	71	3	-2	-2	-16.20	0.41	14%	-2.21	-2.51	-70.00
21 COWL	Cowell Development	21	217	218	-2	39	-79	-82	NA	-12.63	-13300%	-38.00	N/A	-208.00
22 CPRI	Capri Nusa Satu Properti	10	18	2	16	0	0	0	NA	0.66	14%	-1.75	-2.00	-127.00
23 CSIS	Cahayasakti Investindo Sukses	6	49	22	27	3	0	0	10.65	0.21	82%	1.09	2.00	20.00
24 CTRA	Ciputra Development	1,843	3,624	1,759	1,865	560	124	107	14.27	0.99	94%	3.56	6.93	23.00
25 DADA	Diamond Citra Propertindo	6	56	26	30	2	0	0	63.42	0.19	88%	0.16	0.30	4.65
26 DART	Duta Anggada Realty	34	539	386	153	26	-21	-24	-1.08	0.22	252%	-5.86	-21.00	-123.00
27 DILD	Intiland Development	174	1,249	708	541	285	62	54	22.27	0.32	131%	0.63	1.45	2.75
28 DMAS	Puradelta Lestari	668	575	78	497	84	54	52	7.43	1.34	16%	16.00	18.00	108.00
29 DUTI	Duta Pertiwi	726	1,288	333	955	247	91	91	7.21	0.76	35%	7.82	11.00	41.00

	티커	주식명	시가총액 (십억원)	자산 (십억원)	부채 (십억원)	자본 (십억원)	매출액 (십억원)	영업이익 (십억원)	순이익 (십억원)	PER(x)	PBR(x)	부채비율 (%) 부채/자본	ROA(%)	ROE(%)	순이익률 (%)
30	ELTY	Bakrieland Development	185	837	224	613	82	-3	-4	-8.69	0.30	37%	-2.54	-3.47	-26.00
31	EMDE	Megapolitan Developments	33	319	184	134	8	-4	-4	-6.52	0.25	137%	-1.60	-3.81	-61.00
32	FMII	Fortune Mate Indonesia	174	66	9	57	3	1	1	93.37	3.07	16%	2.84	3.29	64.00
33	FORZ	Forza Land Indonesia	8	51	26	25	1	0	0	NA	0.34	105%	2.12	4.34	111.00
34	GAMA	Aksara Global Development	15	117	28	89	1	-2	-2	NA	0.17	31%	-2.49	-3.28	-299.00
35	GMTD	Gowa Makassar Tourism Development	206	107	51	55	25	7	7	28.56	3.74	93%	6.78	13.00	29.00
36	GPRA	Perdana Gapuraprima	34	161	55	106	27	6	6	4.60	0.32	51%	4.62	7.00	27.00
37	GRIA	Ingria Pratama Capitalindo	77	41	9	33	3	0	0	181.83	2.34	27%	1.01	1.29	15.00
38	HBAT	Minahasa Membangun Hebat	4	3	0	3	3	1	1	3.29	1.26	9%	35.00	38.00	41.00
39	HOMI	Grand House Mulia	29	20	9	11	4	1	1	51.65	2.60	80%	2.80	5.03	14.00
40	INDO	Royalindo Investa Wijaya	33	85	1	84	1	1	1	19.49	0.39	1%	2.01	2.02	204.00
41	INPP	Indonesian Paradise Property	684	780	276	504	71	11	13	67.11	1.36	55%	1.31	2.02	14.00
42	IPAC	Era Graharealty	8	3	1	3	2	0	0	31.09	3.11	31%	7.65	10.00	17.00

티커	주식명	시가총액 (십억원)	자산 (십억원)	부채 (십억원)	자본 (십억원)	매출액 (십억원)	영업이익 (십억원)	순이익 (십억원)	PER(x)	PBR(x)	부채비율 (%) 부채/자본	ROA(%)	ROE(%)	순이익률 (%)
43	JRPT	Jaya Real Property	818	1,073	308	765	148	62	61	10.18	1.07	40%	7.49	10.00	54.00
44	KBAG	Karya Bersama Anugerah	30	37	4	33	3	0	0	-167.71	0.92	12%	-0.49	-0.55	-5.64
45	KIJA	Kawasan Industri Jababeka	237	1,099	532	567	191	22	20	20.08	0.42	94%	1.07	2.08	6.17
46	KOCI	Kokoh Exa Nusantara	19	7	2	4	2	0	0	10.26	4.22	49%	28.00	41.00	118.00
47	LAND	Trimitra Propertindo	4	66	27	39	3	0	0	-5.93	0.09	68%	-0.91	-1.52	-22.00
48	LCGP	Eureka Prima Jakarta	55	139	3	135	0	0	0	NA	0.40	3%	0.02	0.02	20.00
49	LPCK	Lippo Cikarang	182	827	253	575	68	12	9	15.17	0.32	44%	1.45	2.09	18.00
50	LPKR	Lippo Karawaci	585	4,282	2,541	1,741	1,057	152	106	305.19	0.34	146%	0.04	0.11	0.18
51	LPLI	Star Pacific	23	136	2	134	1	24	23	0.96	0.17	1%	18.00	18.00	1,765.00
52	MDLN	Modernland Realty	66	1,153	800	353	67	-3	-5	-2.80	0.19	226%	-2.05	-6.68	-35.00
53	MKPI	Metropolitan Kentjana	2,192	715	150	565	146	67	54	29.90	3.88	27%	10.00	13.00	50.00
54	MMLP	Mega Manunggal Property	175	568	183	385	22	8	8	24.61	0.45	47%	1.25	1.84	32.00
55	MPRO	Maha Properti Indonesia	1,775	145	35	110	0	-2	-2	-603.28	16.10	32%	-2.03	-2.67	-859.00
56	MSIE	Multisarana Intan Eduka	3	11	1	10	0	0	0	0.51	0.31	10%	55.00	60.00	2,271.00
57	MTLA	Metropolitan Land	263	587	159	429	109	36	31	7.24	0.61	37%	6.18	8.48	33.00

	티커	주식명	시가총액 (십억원)	자산 (십억원)	부채 (십억원)	자본 (십억원)	매출액 (십억원)	영업이익 (십억원)	순이익 (십억원)	PER(x)	PBR(x)	부채비율 (%) 부채/자본	ROA(%)	ROE(%)	순이익률 (%)
58	MTSM	Metro Realty	5	5	2	3	2	0	0	-12.94	1.83	77%	-8.02	-14.00	-25.00
59	MYRX	Hanson International	368	1,097	374	723	78	10	8	NA	0.51	52%	-0.06	-0.09	-0.86
60	MYRXP	Hanson International Seri B	5	1,097	374	723	78	10	8	NA	0.01	52%	-0.06	-0.09	-0.86
61	NASA	Andalan Perkasa Abadi	16	96	4	91	1	0	0	44.29	0.17	5%	0.38	0.39	39.00
62	NIRO	City Retail Developments	264	1,162	656	506	72	-7	-14	-43.46	0.52	130%	-0.52	-1.20	-8.46
63	NZIA	Nusantara Almazia	15	53	9	43	3	0	0	-32.66	0.35	21%	-0.89	-1.08	-14.00
64	OMRE	Indonesia Prima Property	125	342	31	311	4	-8	-8	-10.16	0.40	10%	-3.58	-3.94	-278.00
65	PAMG	Bima Sakti Pertiwi	20	50	14	36	3	0	0	-92.17	0.56	38%	0.44	0.60	6.59
66	PLIN	Plaza Indonesia Realty	815	1,047	138	909	80	36	35	13.93	0.90	15%	5.59	6.44	73.00
67	POLI	Pollux Hotels Group	138	238	69	169	22	9	7	45.88	0.81	41%	1.26	1.77	13.00
68	POLL	Pollux Properties Indonesia	104	410	265	145	15	0	0	20.39	0.72	183%	1.24	3.52	35.00
69	POSA	Bliss Properti Indonesia	36	71	89	-18	4	-6	-6	-3.21	-2.00	-499%	-16.00	N/A	-308.00
70	PPRO	PP Properti	262	1,737	1,357	380	32	-9	-10	-30.08	0.69	357%	-0.50	-2.29	-28.00
71	PUDP	Pudjiadi Prestige	16	45	2	43	2	0	0	0.68	0.38	4%	53.00	55.00	1,092.00
72	PURI	Puri Global Sukses	17	29	19	10	1	-1	-1	-34.31	1.66	188%	-1.68	-4.85	-55.00
73	PWON	Pakuwon Jati	1,858	2,725	843	1,882	388	146	145	11.92	0.99	45%	5.72	8.28	40.00

	티커	주식명	시가총액 (십억원)	자산 (십억원)	부채 (십억원)	자본 (십억원)	매출액 (십억원)	영업이익 (십억원)	순이익 (십억원)	PER(x)	PBR(x)	부채비율 (%) 부채/자본	ROA(%)	ROE(%)	순이익률 (%)
74	RBMS	Ristia Bintang Mahkotasejati	11	60	17	43	11	-1	-1	-8.03	0.26	38%	-2.35	-3.25	-13.00
75	RDTX	Roda Vivatex	325	287	33	255	34	19	19	12.81	1.28	13%	8.83	9.96	75.00
76	REAL	Repower Asia Indonesia	5	30	0	30	1	0	0	1,630.15	0.17	0%	0.01	0.01	0.54
77	RELF	Graha Mitra Asia	11	25	5	20	3	1	1	10.94	0.55	28%	3.92	5.02	37.00
78	RIMO	Rimo International Lestari	192	573	48	525	43	7	7	NA	0.37	9%	1.07	1.17	14.00
79	RISE	Jaya Sukses Makmur Sentosa	926	247	40	208	18	2	2	311.26	4.46	19%	1.20	1.43	17.00
80	ROCK	Rockfields Properti Indonesia	46	84	18	66	7	1	1	34.89	0.70	28%	1.57	2.01	20.00
81	RODA	Pikko Land Development	58	299	113	186	7	-3	-3	-15.12	0.31	61%	-1.28	-2.05	-56.00
82	SAGE	Saptausaha Gemilangindah	34	27	3	24	2	1	0	36.45	1.39	11%	3.43	3.82	56.00
83	SATU	Kota Satu Properti	12	20	15	5	2	0	0	-20.34	2.32	299%	-2.86	-11.00	-37.00
84	SMDM	Suryamas Dutamakmur	79	294	38	257	29	6	5	8.46	0.31	15%	3.16	3.62	32.00
85	SMRA	SummareconN/Agung	807	2,508	1,456	1,052	432	98	80	9.80	0.77	138%	3.28	7.83	19.00
86	SWID	Saraswanti Indoland Development	35	28	9	19	8	2	2	12.98	1.82	48%	9.48	14.00	33.00
87	TARA	Agung Semesta Sejahtera	6	92	2	90	0	0	0	-22.84	0.07	2%	-0.29	-0.29	-146.00

	티커	주식명	시가총액 (십억원)	자산 (십억원)	부채 (십억원)	자본 (십억원)	매출액 (십억원)	영업이익 (십억원)	순이익 (십억원)	PER(x)	PBR(x)	부채비율 (%) 부채/자본	ROA(%)	ROE(%)	순이익률 (%)
88	TRIN	Perintis Triniti Properti	68	189	129	60	6	-6	-6	-22.90	1.13	217%	-1.56	-4.95	-51.00
89	TRUE	Triniti Dinamik	32	67	39	28	5	-1	-1	-13.52	1.16	141%	-3.57	-8.61	-45.00
90	UANG	Pakuan	69	126	102	24	44	26	26	24.95	2.86	423%	2.19	11.00	6.27
91	URBN	Urban Jakarta Propertindo	41	358	191	167	2	-5	-5	-7.68	0.25	114%	-1.50	-3.21	-248.00
92	VAST	Vastland Indonesia	16	27	4	23	2	1	1	17.54	0.68	17%	3.31	3.87	56.00
93	WINR	Winner Nusantara Jaya	22	38	8	30	2	2	2	13.22	0.74	27%	4.39	5.58	93.00
I	기술 TECHNOLOGY		31,591							22.81	1.52	35%			
II	소프트웨어 및 IT서비스 SOFTWARE IT SERVICES		30,127							29.23	1.57	26%			
1	ATIC	Anabatic Technologies	98	412	394	17	556	21	10	28.80	5.64	2300%	0.83	20.00	0.62
2	AWAN	Era Digital Media	90	8	0	8	2	0	0	2,341.59	11.63	6%	0.47	0.50	1.95
3	BELI	Global Digital Niaga	4,948	1,053	376	676	974	-224	-225	-13.23	7.31	56%	-36.00	-55.00	-38.00
4	BUKA	Bukalapak.com	1,893	2,265	72	2,194	284	-64	-67	-9.22	0.86	3%	-9.07	-9.36	-72.00
5	CASH	Cashlez Worldwide Indonesia	13	24	9	15	9	-1	-1	-23.12	0.88	56%	-2.44	-3.81	-6.70
6	CYBR	ITSEC Asia	121	19	11	8	12	-3	-3	-45.07	14.65	128%	-14.00	-32.00	-23.00
7	DCII	DCI Indonesia	8,713	302	127	175	81	36	32	211.66	49.68	72%	14.00	23.00	51.00
8	DIVA	Distribusi Voucher Nusantara	29	133	15	118	241	-64	-65	-0.42	0.24	13%	-51.00	-58.00	-28.00

티커	주식명	시가총액 (십억원)	자산 (십억원)	부채 (십억원)	자본 (십억원)	매출액 (십억원)	영업이익 (십억원)	순이익 (십억원)	PER(x)	PBR(x)	부채비율 (%) 부채/자본	ROA(%)	ROE(%)	순이익률 (%)
9	DMMX	Digital Mediatama Maxima	205	91	18	73	131	6	7	-28.95	2.80	24%	7.76	9.66	5.43
10	EDGE	Indointernet	867	201	83	118	59	20	15	41.63	7.34	70%	10.00	18.00	35.00
11	ELIT	Data Sinergitama Jaya	15	20	10	9	19	1	1	12.40	1.57	108%	6.11	13.00	6.15
12	EMTK	Elang Mahkota Teknologi	3,071	3,665	345	3,320	575	-12	-21	-137.20	0.93	10%	-0.61	-0.67	-3.89
13	ENVY	Envy Technologies Indonesia	8	3	4	-1	0	-3	-3	-2.67	-7.87	-409%	-95.00	N/A	-1,735.00
14	GOTO	GoTo Gojek Tokopedia	8,782	11,223	1,363	9,860	893	-839	-816	-3.59	0.89	14%	-22.00	-25.00	-274.00
15	HDIT	Hensel Davest Indonesia	6	33	4	28	161	0	0	-3.83	0.23	15%	-5.17	-5.95	-1.05
16	IRSX	Aviana Sinar Abadi	21	15	0	14	16	0	0	62.54	1.48	1%	2.33	2.36	2.08
17	JATI	Informasi Teknologi Indonesia	14	26	12	14	28	0	0	34.60	1.03	92%	1.55	2.97	1.41
18	KIOS	Kioson Komersial Indonesia	5	16	1	15	20	0	0	-208.51	0.32	8%	-0.14	-0.15	-0.11
19	KREN	Quantum Clovera Investama	77	243	64	178	785	-2	-3	-8.54	0.43	36%	-3.74	-5.08	-1.16
20	LMAS	Limas Indonesia Makmur	3	29	18	10	3	0	0	NA	0.32	175%	0.59	1.62	6.36
21	MCAS	M Cash Integrasi	321	164	63	101	787	2	1	439.00	3.19	63%	0.44	0.73	0.09
22	MLPT	Multipolar Technology	250	252	198	54	200	17	13	8.39	4.66	369%	12.00	55.00	15.00

	티커	주식명	시가총액 (십억원)	자산 (십억원)	부채 (십억원)	자본 (십억원)	매출액 (십억원)	영업이익 (십억원)	순이익 (십억원)	PER(x)	PBR(x)	부채비율 (%) 부채/자본	ROA(%)	ROE(%)	순이익률 (%)
23	NFCX	NFC Indonesia	230	162	57	105	642	-11	-12	-27.27	2.18	54%	-5.20	-8.01	-1.31
24	PGJO	Tourindo Guide Indonesia	5	1	0	1	0	0	0	-7.49	6.30	4%	-81.00	-84.00	-919.00
25	RUNS	Global Sukses Solusi	4	7	1	6	1	0	0	-13.75	0.70	18%	-4.31	-5.09	-44.00
26	SKYB	Northcliff Citranusa Indonesia	3	3	1	3	0	0	0	NA	0.99	26%	-2.24	-2.83	-23.00
27	TECH	Indosterling Technomedia	5	6	1	5	0	0	0	48.85	0.97	15%	1.74	1.99	347.00
28	TFAS	Telefast Indonesia	96	22	6	16	43	0	0	1,001.79	5.86	35%	0.43	0.59	0.22
29	TRON	Teknologi Karya Digital Nusa	62	22	4	18	12	2	2	29.67	3.45	21%	9.63	12.00	17.00
30	UVCR	Trimegah Karya Pratama	22	10	2	8	39	1	1	15.79	2.73	23%	14.00	17.00	3.57
31	WGSH	Wira Global Solusi	8	5	0	5	1	0	0	28.79	1.78	10%	5.59	6.17	23.00
32	WIFI	Solusi Sinergi Digital	31	130	76	54	32	3	2	5.24	0.57	140%	4.53	11.00	18.00
33	WIRG	WIR ASIA	110	88	29	59	159	6	4	22.81	1.87	50%	5.48	8.20	3.01
12	하드웨어 TECHNOLOGY HARDWARE & EQUIPMENT		1,464							10.82	1.41	70%			
1	AXIO	Tera Data Indonusa	90	84	38	47	71	10	8	8.49	1.92	80%	13.00	23.00	15.00
2	CHIP	Pelita Teknologi Global	156	9	4	5	18	1	1	146.94	30.56	86%	11.00	21.00	5.85
3	GLVA	Galva Technologies	83	83	53	31	119	5	4	13.98	2.71	172%	7.14	19.00	4.98

	티커	주식명	시가총액 (십억원)	자산 (십억원)	부채 (십억원)	자본 (십억원)	매출액 (십억원)	영업이익 (십억원)	순이익 (십억원)	PER(x)	PBR(x)	부채비율 (%) 부채/자본	ROA(%)	ROE(%)	순이익률 (%)
4	IOTF	Sumber Sinergi Makmur	67	5	1	4	1	0	0	540.70	17.89	33%	2.50	3.31	9.08
5	LUCK	Sentral Mitra nformatika	4	15	3	12	7	0	0	47.06	0.37	28%	0.62	0.79	1.34
6	MENN	Menn Teknologi Indonesia	1	4	0	4	1	0	0	13.78	0.37	2%	2.64	2.68	19.00
7	MSTI	Mastersystem Infotama	373	185	76	109	63	5	4	10.82	3.43	70%	19.00	32.00	55.00
8	MTDL	Metrodata Electronics	558	808	410	397	1,285	64	49	10.75	1.41	103%	6.43	13.00	4.04
9	NINE	Techno9 Indonesia	2	4	0	4	1	0	0	-34.37	0.43	11%	-1.14	-1.26	-4.84
10	PTSN	Sat Nusapersada	110	207	65	142	132	17	13	5.88	0.78	46%	9.05	13.00	14.00
11	ZYRX	Zyrexindo Mandiri Buana	19	44	19	25	20	1	3	2.57	0.76	78%	17.00	30.00	37.00
J	인프라스트럭처 INFRASTRUCTURES		161,411							11.05	0.98	83%			
J1	운송 인프라 TRANSPORTATION INFRASTRUCTURE		4,892							6.68	1.07	70%			
1	CASS	Cardig Aero Services	160	150	72	78	135	34	25	10.29	2.06	93%	10.00	20.00	11.00
2	CMNP	Citra Marga Nusaphala Persada	769	1,864	766	1,099	270	100	83	8.16	0.70	70%	5.06	8.58	35.00
3	GMFI	Garuda Maintenance Facility Aero Asia	192	606	1,035	-430	329	9	5	5.92	-0.45	-241%	5.36	N/A	9.86

	티커	주식명	시가총액 (십억원)	자산 (십억원)	부채 (십억원)	자본 (십억원)	매출액 (십억원)	영업이익 (십억원)	순이익 (십억원)	PER(x)	PBR(x)	부채비율 (%) 부채/자본	ROA(%)	ROE(%)	순이익률 (%)
4	IPCC	Indonesia Kendaraan Terminal	111	148	45	103	47	15	12	6.68	1.07	44%	11.00	16.00	36.00
5	IPCM	Jasa Armada Indonesia	126	131	28	104	73	13	10	8.77	1.21	26%	11.00	14.00	20.00
6	JSMR	Jasa Marga Persero	3,004	10,617	7,384	3,232	1,197	578	497	4.58	0.93	228%	6.18	20.00	55.00
7	KARW	ICTSI Jasa Prima	2	18	61	-43	7	2	2	1.47	-0.06	-143%	9.29	N/A	24.00
8	META	Nusantara Infrastructure	358	944	663	281	121	-12	-16	-28.10	1.28	236%	-1.35	-4.54	-11.00
9	PORT	Nusantara Pelabuhan Handal	170	147	67	80	76	5	2	29.39	2.11	83%	3.92	7.18	7.60
J2	건설 HEAVY CONSTRUCTIONS & CIVIL ENGINEERING		2,670							9.14	0.50	94%			
1	ACST	Acset Indonusa	147	219	175	44	134	-13	-13	-4.62	3.33	397%	-14.00	-72.00	-24.00
2	ADHI	Adhi Karya Persero	223	3,351	2,587	764	973	29	7	31.32	0.29	339%	0.21	0.93	0.73
3	BDKR	Berdikari Pondasi Perkasa	209	125	61	64	38	6	5	33.31	3.23	94%	5.00	9.71	17.00
4	BUKK	Bukaka Teknik Utama	247	658	290	369	333	51	44	4.60	0.67	79%	8.15	15.00	16.00
5	DGIK	Nusa Konstruksi Enjiniring	45	82	29	53	25	2	1	15.06	0.85	54%	3.67	5.65	12.00
6	FIMP	Fimperkasa Utama	3	3	0	2	0	0	0	15.71	1.04	15%	5.76	6.61	39.00
7	IDPR	Indonesia Pondasi Raya	24	146	94	52	79	-1	-1	-16.25	0.45	180%	-1.00	-2.80	-1.85

	티커	주식명	시가총액 (십억원)	자산 (십억원)	부채 (십억원)	자본 (십억원)	매출액 (십억원)	영업이익 (십억원)	순이익 (십억원)	PER(x)	PBR(x)	부채비율 (%) 부채/자본	ROA(%)	ROE(%)	순이익률 (%)
8	JKON	Jaya Konstruksi Manggala Pratama	123	393	147	246	248	10	8	7.89	0.50	60%	3.98	6.36	6.31
9	KOKA	Koka Indonesia	12	9	3	7	6	1	1	6.15	1.85	38%	22.00	30.00	33.00
10	KRYA	Bangun Karya Perkasa Jaya	8	14	5	9	7	0	0	-50.50	0.91	58%	-1.14	-1.81	-2.13
11	MTPS	Meta Epsi	2	10	5	5	0	-1	-1	-0.82	0.44	112%	-25.00	-54.00	N/A
12	MTRA	Mitra Pemuda	16	11	18	-6	0	0	0	NA	-2.60	-286%	-57.00	N/A	-1,463.00
13	NRCA	Nusa Raya Cipta	70	194	93	101	170	11	7	9.17	0.70	92%	3.97	7.63	4.52
14	PBSA	Paramita Bangun Sarana	78	62	12	50	32	7	6	9.12	1.55	23%	14.00	17.00	27.00
15	PPRE	PP Presisi	69	606	332	274	219	14	8	13.15	0.25	121%	0.86	1.91	2.39
16	PTDU	Djasa Ubersakti	6	21	18	4	7	-2	-2	-0.99	1.77	490%	-30.00	-179.00	-92.00
17	PTPP	PP Persero	226	5,042	3,759	1,283	1,039	19	15	7.16	0.18	293%	0.62	2.45	3.03
18	PTPW	Pratama Widya	73	55	7	47	23	5	5	12.34	1.54	16%	11.00	12.00	26.00
19	RONY	Aesler Grup Internasional	33	1	0	0	0	0	0	-13.91	81.23	66%	-352.00	-584.00	-893.00
20	SMKM	Sumber Mas Konstruksi	6	18	1	17	7	1	1	7.21	0.33	4%	4.39	4.55	12.00
21	SSIA	Surya Semesta Internusa	174	680	320	361	257	4	2	25.10	0.48	89%	1.02	1.92	2.69
22	TAMA	Lancartama Sejati	2	17	12	5	2	0	0	-3.26	0.34	255%	-2.94	-10.00	-25.00
23	TOPS	Totalindo Eka Persada	26	206	146	60	23	-4	-5	-2.01	0.43	245%	-6.18	-21.00	-54.00

티커	주식명	시가총액 (십억원)	자산 (십억원)	부채 (십억원)	자본 (십억원)	매출액 (십억원)	영업이익 (십억원)	순이익 (십억원)	PER(x)	PBR(x)	부채비율 (%) 부채/자본	ROA(%)	ROE(%)	순이익률 (%)
24 TOTL	Total Bangun Persada	109	259	173	86	177	10	9	9.48	1.27	202%	4.44	13.00	6.51
25 WEGE	Wijaya Karya Bangunan Gedung	65	450	234	216	219	2	2	4.80	0.30	109%	3.01	6.29	6.20
26 WIKA	Wijaya Karya Persero	183	5,665	4,733	933	1,282	-550	-549	-0.37	0.20	507%	-8.82	-54.00	-39.00
27 WSKT	Waskita Karya Persero	495	8,206	7,149	1,057	664	-257	-275	-1.23	0.47	677%	-4.90	-38.00	-61.00
J3 통신 TELECOMMUNICATION		63,321							19.77	1.30	73%			
1 BALI	Bali Towerindo Sentra	276	453	241	212	61	12	11	17.23	1.30	114%	3.53	7.55	26.00
2 BTEL	Bakrie Telecom	156	4	510	-506	4	-7	-7	-12.63	-0.31	-101%	-343.00	N/A	-339.00
3 CENT	Centratama Telekomunikasi Indonesia	146	1,688	1,852	-164	157	-50	-62	-0.92	-0.89	-1100%	-9.35	N/A	-101.00
4 EXCL	XL Axiata	2,232	7,318	5,087	2,231	2,029	106	87	23.06	1.00	228%	1.32	4.34	4.77
5 FREN	Smartfren Telecom	1,425	3,902	2,612	1,291	734	-55	-51	-14.23	1.10	202%	-2.57	-7.76	-14.00
6 GHON	Gihon Telekomunikasi Indonesia	89	105	36	69	13	7	6	10.24	1.30	53%	8.32	13.00	68.00
7 GOLD	Visi Telekomunikasi Infrastruktur	31	36	3	32	3	1	1	22.78	0.96	10%	3.84	4.22	45.00
8 IBST	Inti Bangun Sejahtera	643	791	287	503	46	3	3	330.16	1.28	57%	0.25	0.39	4.22
9 INET	Sinergi Inti Andalan Prima	53	19	1	18	2	0	0	342.82	2.89	4%	0.81	0.84	9.18

티커	주식명	시가총액 (십억원)	자산 (십억원)	부채 (십억원)	자본 (십억원)	매출액 (십억원)	영업이익 (십억원)	순이익 (십억원)	PER(x)	PBR(x)	부채비율(%) 부채/자본	ROA(%)	ROE(%)	순이익률(%)
10 ISAT	Indosat	6,425	9,537	6,816	2,721	3,184	306	254	19.77	2.36	251%	3.41	12.00	10.00
11 JAST	Jasnita Telekomindo	5	12	4	8	8	0	0	-18.93	0.61	55%	-2.08	-3.22	-3.04
12 KBLV	First Media	11	100	141	-41	6	-4	-4	-1.87	-0.26	-343%	-5.69	N/A	-94.00
13 KETR	Ketrosden Triasmitra	57	151	70	81	27	8	7	5.34	0.70	87%	6.99	13.00	40.00
14 LCKM	LCK Global Kedaton	24	12	1	12	1	0	0	-320.84	2.11	5%	-0.63	-0.66	-6.07
15 LINK	Link Net	322	1,072	682	390	249	-26	-23	-13.56	0.83	175%	-2.22	-6.10	-9.54
16 MORA	Mora Telematika Indonesia	908	1,288	709	579	284	65	49	18.89	1.57	122%	3.73	8.30	17.00
17 MTEL	Dayamitra Telekomunikasi	5,007	4,790	1,946	2,844	533	167	122	29.62	1.76	68%	3.53	5.94	32.00
18 OASA	Maharaksa Biru Energi	74	63	7	56	3	0	0	84.76	1.32	13%	1.39	1.56	34.00
19 SUPR	Solusi Tunas Pratama	3,858	805	350	454	119	61	65	47.02	8.49	77%	10.00	18.00	69.00
20 TBIG	Tower Bersama Infrastructure	4,025	3,720	2,760	959	421	107	99	30.89	4.20	288%	3.50	14.00	31.00
21 TLKM	Telkom Indonesia Persero	33,260	23,478	10,771	12,707	9,455	2,744	2,158	16.53	2.62	85%	8.57	16.00	21.00
22 TOWR	Sarana Menara Nusantara	4,293	5,799	4,431	1,368	741	264	210	15.26	3.14	324%	4.85	21.00	38.00
J4 유틸리티 UTILITIES		90,528							15.80	0.98	79%			
1 ARKO	Arkora Hydro	176	91	53	38	11	5	4	37.10	4.63	141%	5.18	12.00	42.00

	티커	주식명	시가총액 (십억원)	자산 (십억원)	부채 (십억원)	자본 (십억원)	매출액 (십억원)	영업이익 (십억원)	순이익 (십억원)	PER(x)	PBR(x)	부채비율 (%) 부채/자본	ROA(%)	ROE(%)	순이익률 (%)
2	BREN	Barito Renewables Energy	85,004	4,587	3,981	606	586	294	150	631.22	140.29	657%	2.94	22.00	23.00
3	HADE	Himalaya Energi Perkasa	1	1	0	1	0	0	0	-25.09	0.67	13%	-2.35	-2.67	-11.00
4	KEEN	Kencana Energi Lestari	241	443	196	247	46	22	19	11.05	0.98	79%	4.94	8.85	48.00
5	LAPD	Leyand International	2	16	12	4	4	0	0	0.10	0.48	284%	130.00	500.00	516.00
6	MPOW	Megapower Makmur	4	16	5	10	2	0	0	-5.75	0.39	50%	-4.54	-6.82	-37.00
7	PGEO	Pertamina Geothermal Energy	4,117	3,825	1,273	2,553	407	260	176	20.56	1.61	50%	5.23	7.84	49.00
8	POWR	Cikarang Listrindo	971	1,767	803	964	537	124	101	7.99	1.01	83%	6.88	13.00	23.00
9	TGRA	Terregra Asia Energy	12	40	9	31	0	0	0	21.55	0.37	29%	1.34	1.73	653.00
K	운송 및 물류 TRANSPORTATION & LOGISTIC		3,801							10.27	1.04	40%			
K1	운송 TRANSPORTATION		1,662							9.63	0.71	44%			
1	ASSA	Adi Sarana Armada	248	616	390	226	294	7	6	32.40	1.10	173%	1.24	3.39	2.60
2	BIRD	Blue Bird	381	627	157	471	274	40	31	9.63	0.81	33%	6.30	8.40	14.00
3	BPTR	Batavia Prosperindo Trans	26	119	76	43	28	5	3	9.13	0.62	179%	2.44	6.79	10.00
4	CMPP	AirAsia Indonesia	114	489	1,143	-654	419	-74	-74	-1.28	-0.17	-175%	-18.00	N/A	-21.00

	티커	주식명	시가총액 (십억원)	자산 (십억원)	부채 (십억원)	자본 (십억원)	매출액 (십억원)	영업이익 (십억원)	순이익 (십억원)	PER(x)	PBR(x)	부채비율 (%) 부채/자본	ROA(%)	ROE(%)	순이익률 (%)
5	GIAA	Garuda Indonesia Persero	537	8,104	10,224	-2,120	2,940	-136	-95	7.92	-0.25	-482%	0.84	N/A	2.31
6	HELI	Jaya Trishindo	29	16	13	4	3	-1	-1	-3.42	7.73	343%	-51.00	-226.00	-281.00
7	IMJS	Indomobil Multi Jasa	206	2,385	2,008	377	326	10	5	20.50	0.55	533%	0.42	2.67	3.09
8	LRNA	Eka Sari Lorena Transport	5	19	4	15	6	0	0	-7.37	0.36	30%	-3.81	-4.95	-12.00
9	SAFE	Steady Safe	18	22	26	-4	11	1	1	13.64	-4.48	-632%	6.17	N/A	13.00
10	TAXI	Express Transindo Utama	43	6	1	5	0	0	0	-120.76	8.77	19%	-6.10	-7.26	-118.00
11	TRJA	Transkon Jaya	35	89	57	32	39	3	2	12.06	1.10	180%	3.24	9.08	7.51
12	WEHA	WEHA Transportasi Indonesia	21	29	10	19	16	2	2	8.05	1.11	54%	8.96	14.00	16.00
K2	물류 및 배달 LOGISTICS & DELIVERIES		2,139							10.42	1.14	40%			
1	AKSI	Mineral Sumberdaya Mandiri	9	27	12	15	26	1	0	-9.69	0.57	80%	-3.27	-5.88	-3.47
2	BLTA	Berlian Laju Tanker	110	114	46	69	38	17	17	5.16	1.60	66%	19.00	31.00	57.00
3	DEAL	Dewata Freightinternational	1	13	18	-5	3	-1	-1	-0.57	-0.18	-364%	-12.00	N/A	-54.00
4	ELPI	Pelayaran Nasional Ekalya Purnamasari	180	197	40	158	69	14	13	12.72	1.14	25%	7.18	8.99	21.00

	티커	주식명	시가총액 (십억원)	자산 (십억원)	부채 (십억원)	자본 (십억원)	매출액 (십억원)	영업이익 (십억원)	순이익 (십억원)	PER(x)	PBR(x)	부채비율 (%) 부채/자본	ROA(%)	ROE(%)	순이익률 (%)
5	GTRA	Grahaprima Suksesmandiri	52	78	56	23	20	2	2	28.78	2.30	246%	2.31	8.00	8.93
6	HAIS	Hasnur Internasional Shipping	48	75	22	53	58	11	10	3.62	0.91	42%	18.00	25.00	23.00
7	HATM	Habco Trans Maritima	158	82	14	68	33	12	11	10.27	2.32	20%	19.00	23.00	46.00
8	JAVA	Armada Berjaya Trans	8	14	4	11	5	1	1	7.94	0.73	34%	6.89	9.24	18.00
9	KJEN	Krida Jaringan Nusantara	4	6	0	5	0	0	0	-2,090.65	0.71	8%	-0.03	-0.03	-0.39
10	KLAS	Pelayaran Kurnia Lautan Semesta	15	27	9	18	10	2	2	NA	0.86	52%	N/A	N/A	N/A
11	LAJU	Jasa Berdikari Logistics	11	15	4	11	10	1	1	10.56	1.04	38%	7.14	9.88	10.00
12	LOPI	Logisticsplus International	6	3	1	2	1	0	0	39.03	2.64	42%	4.75	6.75	13.00
13	MIRA	Mitra International Resources	2	21	7	14	5	-1	-1	-0.85	0.17	50%	-13.00	-20.00	-58.00
14	MITI	Mitra Investindo	57	42	5	37	21	5	4	14.64	1.55	14%	9.33	11.00	19.00
15	MPXL	MPX Logistics International	37	11	3	8	8	1	1	50.40	4.91	40%	6.93	9.74	8.93
16	NELY	Pelayaran Nelly Dwi Putri	97	68	8	61	33	16	15	4.99	1.60	13%	28.00	32.00	59.00
17	PPGL	Prima Globalindo Logistik	7	17	5	12	8	1	1	6.10	0.55	39%	6.55	9.10	14.00

티커	주식명	시가총액 (십억원)	자산 (십억원)	부채 (십억원)	자본 (십억원)	매출액 (십억원)	영업이익 (십억원)	순이익 (십억원)	PER(x)	PBR(x)	부채비율 (%) 부채/자본	ROA(%)	ROE(%)	순이익률 (%)
18 PURA	Putra Rajawali Kencana	27	49	7	43	13	1	1	108.45	0.63	16%	0.50	0.58	1.96
19 RCCC	Utama Radar Cahaya	8	6	2	3	3	0	0	23.24	2.23	64%	5.85	9.59	12.00
20 SAPX	Satria Antaran Prima	84	25	10	15	38	1	1	-163.57	5.62	68%	-2.05	-3.44	-1.35
21 SDMU	Sidomulyo Selaras	5	14	13	0	6	0	0	32.95	13.14	3600%	1.08	40.00	2.49
22 SMDR	Samudera Indonesia	445	1,595	718	877	757	130	122	3.10	0.51	82%	9.00	16.00	19.00
23 TMAS	Temas	757	340	133	207	274	61	56	9.12	3.65	64%	24.00	40.00	30.00
24 TNCA	Trimuda Nuansa Citra	7	5	1	4	5	0	0	40.77	1.64	21%	3.32	4.01	3.69
25 TRUK	Guna Timur Raya	3	6	1	5	3	0	0	-10.72	0.71	29%	-5.13	-6.63	-10.00

인도네시아 주식 투자의 거의 모든 것

초판 1쇄 인쇄 2024년 8월 23일
초판 1쇄 발행 2024년 8월 30일

지은이   노영래
기획   장동원 이상욱
편집   오윤근
디자인   위하영
제작   제이오엘앤피

발행처   워터베어프레스
등록   2017년 3월 3일 제2017-000028호
주소   서울시 강서구 마곡서로 152 두산더랜드타워 B동 1101호
홈페이지 www.waterbearpress.com
이메일   book@waterbearpress.com
ISBN   979-11-91484-28-1 03320

* 이 책 내용의 전부 또는 일부를 재사용하려면 반드시 저자와 출판사의 서면 동의를 받아야 합니다.
* 책값은 뒤표지에 있습니다.
* 잘못 만들어진 책은 구입하신 곳에서 바꿔드립니다.